T0204174

Contemporánea

Contemporánea

Antonio Machado (Sevilla, 1875 - Colliure, 1939) fue el más joven poeta de la generación del 98. Su vida en Madrid y en París lo acercó a los círculos de destacados literatos como Rubén Darío, Miguel de Unamuno, Ramón María del Valle-Inclán o Juan Ramón Jiménez. Autor prolífico, se dio a conocer en 1903 con el poemario *Soledades*, de marcado carácter modernista. Unos años más tarde, en 1912, publicó uno de sus libros más populares, *Campos de Castilla*. Destacan también, entre sus obras, *Nuevas canciones* (1914) y *Páginas escogidas* (1917). Miembro de la Real Academia Española, se exilió en el pueblo francés de Colliure tras estallar la guerra civil española. Allí murió y allí se encuentra su tumba, símbolo del exilio republicano.

Víctor Fernández (Barcelona, 1975) es periodista, escritor, comisario de exposiciones y jefe de Cultura en Cataluña del diario *La Razón*. Ha editado, entre otros libros, *Cartas de Vicenta Lorca a su hijo Federico* (2008) y *Querido Salvador, Querido Lorquito* (2013). En Debolsillo, ha tenido a su cargo la edición de *Romancero gitano*, *Bodas de sangre*, *La casa de Bernarda Alba*, *El maleficio de la mariposa* y el volumen misceláneo *De viva voz*, que reúne las conferencias y alocuciones de Lorca.

Antonio Machado

Poesía completa

Este sol de la infancia

Edición a cargo de
Víctor Fernández

DEBOLS!LLO

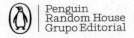

Primera edición: enero de 2023

© 2023, Penguin Random House Grupo Editorial, S. A. U.
Travessera de Gràcia, 47-49. 08021 Barcelona
© 2023, Víctor Fernández, por la edición, la introducción y la cronología
Diseño de la cubierta: Penguin Random House Grupo Editorial / Sergi Bautista
Imagen de la cubierta: composición fotográfica a partir de las imágenes de © Getty Images
Fotografía del autor: © Album / Oronoz

Printed in Spain – Impreso en España

ISBN: 978-84-663-6039-5
Depósito legal: B-20.345-2022

Compuesto en M. I. Maquetación, S. L.

Impreso en Novoprint
Sant Andreu de la Barca (Barcelona)

P 3 6 0 3 9 5

Índice

Poesías completas

Poesías sueltas

Poemas no incluidos por Antonio Machado
en *Poesías completas*

Nota sobre la edición

Antonio Machado siempre se mostró muy cuida̶o̶ ̶s̶o̶ ̶ ̶u̶
obra poética. Buena prueba de ello fue su empeñ̶o̶ ̶ ̶ ̶,̶
bajo la denominación de «Poesías completas», su p̶r̶o̶ ̶ ̶n̶
lírica más relevante, una edición que renovó sin cesar des̶de
que apareció la primera en 1917 de la mano de la Residencia
de Estudiantes y hasta la última, que vio y pudo preparar el
poeta, en 1936. Cuando falleció en el exilio, en 1939, Machado
dejaba tras él un puñado de poemas que no constaban en la
última entrega de «Poesías completas», principalmente los
escritos durante la Guerra Civil y el último verso conocido
redactado en el destierro: «Estos días azules y este sol de la
infancia».

La presente edición tiene en cuenta el trabajo que a lo
largo de los años han realizado los responsables del estudio y
publicación de los poemas de Antonio Machado, muy espe-
cialmente a Oreste Macrì y a Manuel Alvar, así como los des-
cubrimientos llevados a cabo por Jordi Doménech, Ian Gibson
y Rafael Alarcón Sierra. En los últimos años, los estudios ma-
chadianos se han visto enriquecidos con la apertura a los in-
vestigadores de una serie de manuscritos del poeta que han
sido milagrosamente conservados por sus herederos y están

hoy custodiados por la Fundación Unicaja. A ellos, se le suman también los que se guardan en la Institución Fernán González, de Burgos, y que son los que tuvo en su poder Manuel Machado, hermano de Antonio, hasta su muerte. En este libro, se recoge una pequeña muestra de ese material, así como el primer poema publicado de don Antonio.

Asimismo se incluye el poema que Machado siempre puso como prólogo en todas sus ediciones y que firma Rubén Darío. También aparece una composición escrita por un lector, que se enamoró de la poesía de Machado, tras leer la edición de 1917. Ese lector se llamaba Federico García Lorca.

Exilio y muerte: Manuel y Antonio Machado
o cómo se dispersaron los papeles del poeta

El 23 de febrero de 1939, en Burgos, un corresponsal de guerra extranjero oyó que Antonio Machado había muerto muy cerca de la frontera francesa. La noticia llegó hasta su hermano Manuel, que logró hacerse con los salvoconductos necesarios para poder viajar y atravesar un país en ruinas que salía de una guerra demasiado larga y sangrienta.

A Manuel le había sorprendido el inicio de la guerra en Burgos. Sabemos que, en esos primeros días, el poeta fue detenido y encerrado en el calabozo durante un breve tiempo. Es un hecho del que tenemos escasa información y del que se han empezado a conocer detalles gracias al testimonio de José María Zugaza, recogido por Rafael Alarcón Sierra, y a las recientes investigaciones del hispanista Ian Gibson. Es evidente que esa pequeña temporada entre rejas, del 29 de septiembre al 1 de octubre de 1936, dejó una honda impresión en Manuel, que salió de la cárcel con aspecto envejecido, al menos según apuntan los testimonios familiares. El hombre que había simpatizado con la Segunda República, al igual que sus otros her-

manos, se cambió de bando y se pasó la guerra escribiendo
sonetos a mayor gloria de Franco y de José Antonio Primo
de Rivera.

De esos días, del compromiso político de Manuel Macha-
do, han sobrevivido afortunadamente algunos ejemplos do-
cumentales. Se conservan en el archivo de la Institución Fer-
nán González de Burgos, donde se guarda una parte de los
papeles de Manuel, además de no pocos manuscritos de An-
tonio. Del primero, hay algunas cartas recibidas durante la
guerra. Aquí reproducimos un par de ejemplos.

Es el caso de esta misiva escrita desde Sevilla, la Sevilla de
los Machado y fechada el 6 de junio de 1937.

> General en Jefe del Ejército del Sur de España
> Sr. Don Manuel Machado.
> Burgos
>
> Mi distinguido amigo:
> En mi poder su estimada de 1.º del actual, en la que me
> ofrece su amistad que desde luego acepto.
> Nada tiene que agradecerme por la charla que en ella hace
> referencia, pues sólo hice rebatir a la canalla marxista, pues me
> constaba era incierto cuanto habían dicho de V.
> Suyo affmo. amigo q. e. s. m.
>
> GONZALO Q DE LLANO

Queipo de Llano, el llamado virrey de Andalucía, respon-
sable de la dura represión que se llevó a cabo en el sur de
España durante la guerra, no fue el único con el que se carteó
Manuel Machado en ese tiempo. En el citado fondo burgalés,
encontramos otro testimonio sorprendente y que es respues-

ta a una comunicación del poeta. Es un telegrama del 15 de noviembre de 1938.

> Manuel Machado
> Aparicio Ruiz 8
> Telégrafos, 15 Nov. 1938, Burgos
> 63 Burgos del Burgos reexpedido de San Sebastián
> 868 50 14 24

> Coronel Secretario Generalísimo su Excelencia el Jefe del Estado y Generalísimo al agradecer el sentido pésame por gloriosa muerte de su hermano Teniente Coronel Ramón Franco me encarga le haga llegar su afectuoso saludo.

Creo que sobran los comentarios.

Todo esto contrasta con la aventura de Antonio Machado durante la Guerra Civil. Al autor de *Campos de Castilla* el inicio de la contienda le coge en Madrid. No durará en ningún momento sobre qué partido tomar. Fiel a sus ideales, donde mejor se refleja su compromiso político es en sus textos, algunos de ellos no publicados hasta mucho tiempo después de su muerte. El asesinato de Federico García Lorca, a quien había conocido en 1916 en Baeza, lo marcó profundamente y le sirvió para comprender que la represión llevada a cabo por los nacionales no tendría ningún tipo de miramientos, hasta el punto de acabar con la vida de los más inocentes. En 2003, la fundación Unicaja compró un importante conjunto de manuscritos machadianos. Entre ellos, se encuentra esta breve y emocionada nota redactada a mano por Antonio Machado, tras conocer la noticia del crimen.

Día 8 de septiembre

Por la prensa de esta mañana me llega la noticia: Federico García Lorca ha sido asesinado en Granada, su ciudad natal. Un grupo de hombres —¿de hombres?— lo acribillaron a balazos, no sabemos en qué rincón de la vieja ciudad del Genil y el Darro, los ríos que él había cantado. ¡Pobre de ti, Granada! Más pobre todavía si fuiste algo culpable de su muerte. Porque la sangre de Federico, tu Federico, no la seca el tiempo.

Sí, Granada. Federico García Lorca era tu poeta. Lo era tan tuyo que habría dejado de serlo de todas las Españas pulsando su [tu] propio corazón.

Pero el compromiso de Machado en esos días en Madrid no se limita a textos privados que no son editados. La voz del poeta se extiende por diversas publicaciones. Son textos que, en muchos casos, todavía no han sido incluidos en la ya envejecida edición de su obra completa y cuya última actualización data de 1989. Desde entonces, varios investigadores, especialmente Jordi Doménech, han dado a conocer artículos que habían permanecido ocultos entre las páginas de los periódicos y las revistas de ese tiempo. En este sentido, permítanme hablarles de una deliciosa colección llamada *22 de febrero* y publicada por la editorial La Huerta Grande de Santander. Es allí donde en los últimos años se han ido recogiendo textos y testimonios machadianos inéditos o perdidos. En este sentido resulta fundamental *Madrid (febrero 1937) y otros escritos inéditos*, en una edición de Jordi Doménech, donde se reproduce un artículo para el diario *El Sol* y que dice mucho del compromiso político y social de Antonio Machado.

Tres meses de asedio, bajo el hierro y el fuego, viene resistiendo Madrid, y todavía tiene, según me dicen, la sonrisa en los labios. Yo no lo dudo. Porque Madrid es la sonrisa de España y la flor inmarcesible de esa misma sonrisa. La gracia madrileña, que tanto han enturbiado y desmedido sus malos comediógrafos y que tan finamente han captado los buenos, es eso, precisamente eso: una sonrisa a pesar de todo, no exenta nunca de ironía. En la vida cotidiana, más dura, más incierta, más amarga y más laboriosa que en ninguna otra de nuestras ciudades, Madrid, centro y capital de España, rompeolas de sus varias regiones, crisol también de todas ellas, Madrid, tantas veces tachado de frívolo, aprendió a sonreír a pesar de todo, quiero decir con plena conciencia de los motivos del llanto, que Madrid llegue a la plena tragedia y al sacrificio heroico sin perder la sonrisa es algo muy digno de admiración, pero no de extrañeza. A los que no podemos acudir al frente de combate por viejos o por enfermos o por falta de ánimo, no nos incumbe la misión de reforzar la moral de los combatientes. Son los combatientes quienes están reforzando la nuestra, al poner al tablero la moneda única que se juega en estos lances. Es esto lo que no debemos olvidar cuantos escribimos sobre la guerra. Ítem más: por respeto a los que luchan, para contribuir en la medida de nuestras fuerzas al éxito final de nuestra causa, hemos de evitar o corregir lo que sería el más grave pecado de la retaguardia: el de pensar que incrementando el odio a nuestros adversarios aumentaríamos el valor polémico, la eficacia guerrera de los luchadores. Esto sería un error psicológico y un yerro moral. Como supremo resorte de combate, el amor a una causa es mucho más fuerte que el odio a los adversarios a ella.

He aquí la gran lección que el frente de combate dicta a la retaguardia. Es la lección de Madrid, que todos debemos aprender. Y si preguntáis: ¿Es que esos hombres heroicos, que a tan crueles enemigos combaten, no dudan de la victoria? Yo no vacilaría en contestaros: Lo propio del heroísmo no es la seguridad del triunfo, sino la ferviente aspiración a merecerlo.

Madrid lucha hoy por defender a toda España, como tantas veces y con tanta razón se ha dicho; a toda España, sin excluir a la España de sus adversarios. Porque Madrid sabe muy bien que no todos sus enemigos son teutones y bereberes, que hay muchos españoles entre ellos, cuyos hijos sólo podrán salvarse con la derrota de sus padres. Madrid lucha sin odio —es su mayor grandeza y el secreto de su energía milagrosa—; por eso puede sonreír y merece vencer.

Cuando Machado publica estas palabras, ya estaba instalado en Rocafort, una población cercana a Valencia. La familia del poeta había sido obligada a dejar Madrid poco después de que el Gobierno se hubiera trasladado a Valencia. No querían que hubiera más caídos entre los intelectuales, como había ocurrido en Granada con Lorca. Todo esto había pasado el 23 de noviembre de 1936 gracias a gestiones, en las que tuvieron un papel destacado Rafael Alberti y León Felipe. El autor de *Soledades* abandonó su hogar acompañado de su madre, Ana Ruiz, su hermano José, su cuñada Matea y sus sobrinas.

Antonio Machado se integró en la vida cultural y política dejando en ocasiones su retiro en Villa Amparo, en Rocafort, para participar en varias iniciativas en Valencia a favor del Gobierno republicano. Un buen ejemplo de ello es su presencia en la inauguración de la plaza dedicada a Emilio Castelar en Valencia el 11 de diciembre de 1936. Fue allí donde leyó por primera vez su elegía «El crimen fue en Granada», dedicada a García Lorca:

I

EL CRIMEN

Se le vio, caminando entre fusiles,
por una calle larga,
salir al campo frío,
aún con estrellas de la madrugada.
Mataron a Federico
cuando la luz asomaba.
El pelotón de verdugos
no osó mirarle la cara.
Todos cerraron los ojos;
rezaron: ¡ni Dios te salva!
Muerto cayó Federico
—sangre en la frente y plomo en las entrañas—
... Que fue en Granada el crimen
sabed —¡pobre Granada!—, en su Granada.

II

EL POETA Y LA MUERTE

Se le vio caminar solo con Ella,
sin miedo a su guadaña.
—Ya el sol en torre y torre, los martillos
en yunque— yunque y yunque de las fraguas.
Hablaba Federico,
requebrando a la muerte. Ella escuchaba.
«Porque ayer en mi verso, compañera,
sonaba el golpe de tus secas palmas,
y diste el hielo a mi cantar, y el filo

a mi tragedia de tu hoz de plata,
te cantaré la carne que no tienes,
los ojos que te faltan,
tus cabellos que el viento sacudía,
los rojos labios donde te besaban...
Hoy como ayer, gitana, muerte mía,
qué bien contigo a solas,
por estos aires de Granada, ¡mi Granada!».

III

Se le vio caminar...
Labrad, amigos,
de piedra y sueño en el Alhambra,
un túmulo al poeta,
sobre una fuente donde llore el agua,
y eternamente diga:
el crimen fue en Granada, ¡en su Granada!

A Antonio Machado también se le pudo ver en la Conferencia Nacional de las Juventudes Socialistas que se celebró del 15 al 17 de enero de 1937 o en el II Congreso Internacional de Escritores en Defensa de la Cultura, del 4 al 8 de julio de ese mismo año, y donde coincidió con personalidades como Rafael Alberti, Jacinto Benavente, José Bergamín, León Felipe, María Teresa León, Margarita Nelken o Nicolás Guillén. A todo ello se le suma una gran actividad literaria en numerosas publicaciones, entre las que merece una especial atención la sección que mantiene en el diario *La Vanguardia* de Barcelona. En «Desde el mirador de la guerra», posteriormente rebautizada «Desde el mirador de la contienda», Machado plasmará sus impresiones de lo que está sucediendo en un país herido y en el que ha perdido todo contacto con su querido hermano Manuel.

Encerrado en Burgos, Manuel Machado colaboró en ese tiempo con la Oficina de Prensa y Propaganda, además de reincorporarse al Cuerpo Facultativo de Archiveros, Bibliotecarios y Arqueólogos, en la Comisión de Cultura. Tampoco dudó en mostrar su apoyo a las tropas rebeldes a través de las ondas de Radio Nacional de España y Radio Castilla de Burgos. No se conoce ninguna carta cruzada entre Antonio y Manuel en esos días.

Mientras, otra vez, Antonio Machado y los suyos tienen que dejar su hogar. Una tarde de abril de ese 1938, la última que pasó en Rocafort, Machado recibió un telegrama en el que se le anunciaba que a la mañana siguiente se pondría un coche a su disposición para ser trasladado a la capital catalana. No se podía perder tiempo; Valencia ya no era un lugar seguro para los simpatizantes de la Segunda República, como lo demostraba el ataque de las tropas franquistas.

Unos días antes de salir de Valencia, Machado había empezado a colaborar con el diario *La Vanguardia*. El 27 de marzo de 1938 se había publicado el primero de los muchos artículos que publicaría en ese medio. Junto a su texto titulado «Notas inactuales, a la manera de Juan de Mairena», el periódico barcelonés añadía una nota editorial con la que se quiso dar la bienvenida a tan ilustre firma: «Don Antonio Machado, el más glorioso de los poetas españoles contemporáneos, inicia con el presente artículo su colaboración en *La Vanguardia*, que con ella se honra altísimamente. Bastarían estas líneas para el saludo ritual; pero, además de un gran escritor, entra con don Antonio en nuestra casa uno de los ejemplos máximos de dignidad que la tragedia española ha ofrecido. Don Antonio, cargado de años, de laureles y de achaques, ha renunciado a su derecho al descanso, y mantiene vivo, juvenil y heroico el espíritu liberal que informó su vida y su obra, y, sobreponiéndose a sí mismo, su pluma mantiene la gallardía y la gracia poética de sus mejores horas. Con don Antonio Machado nos llegan un escritor y un hombre. Bienvenidos ambos».

Su primer hogar en Barcelona, a instancias del Ministerio de Instrucción Pública, fue un hotel. Para ello debemos acercarnos hasta el hotel Majestic. En la recepción, una placa —colocada a instancias de la Sociedad Cultural Andaluza Almenara— recuerda desde 1989 el paso de Machado por este establecimiento, al igual que una suite que lleva su nombre y que está decorada con algunas imágenes y libros suyos. Pero el Majestic no fue del agrado de Antonio Machado, como lo recuerda su hermano José. «En este odioso ambiente de hotel, tan poco propicio a su amada soledad, pasó un mes. Allí, como en un andén de estación, pasaban, se cruzaban toda clase de personas conocidas y desconocidas, sospechosas. Baja al hall solamente en las horas de las comidas y algunas noches permanecía en él un rato más, para tomar café, cuando los amigos iban a visitarle. Pero en general se quedaba en sus habitaciones pensando y trabajando».

Sin embargo, el Majestic le dio la oportunidad de coincidir con su amigo el también poeta León Felipe, que lo acompañó en sus paseos por las escaleras de un hotel donde ya no funcionaban los ascensores. Allí también conoció al novelista estadounidense Waldo Frank, «con el que solía conversar algunas noches en la no muy larga estancia de éste en Barcelona», en palabras de José.

Finalmente la familia se acabará alojando en Torre Castanyer, un viejo palacete requisado por la Generalitat y situado en el barrio de Sant Gervasi. Será allí donde Antonio Machado seguirá escribiendo sus colaboraciones para *La Vanguardia*, además de otros textos. Igualmente en este lugar recibe a varios amigos y abre también las puertas a los intelectuales catalanes como Carles Riba o Joaquim Xirau. La salud de Machado se va agravando en este tiempo con problemas respiratorios, a los que parece no querer hacer caso. ¿Intuye que el final está cerca? ¿Sabe que está a punto de emprender el último tramo de este viaje?

El 6 de octubre de ese año publica en su sección un texto que es toda una declaración de principios sobre lo que piensa de Cataluña: «En esta egregia Barcelona —hubiera dicho Mairena en nuestros días—, perla del mar latino, y en los campos que la rodean, y que yo me atrevo a llamar virgilianos, porque en ellos se da un perfecto equilibrio entre la obra de la Naturaleza y la del hombre, gusto de releer a Juan Maragall, a Mosén Cinto, a Ausias March, grandes poetas de ayer, y otros, grandes también, de nuestros días. Como a través de un cristal coloreado y no del todo transparente para mí, la lengua catalana, donde yo creo sentir la montaña, la campiña y el mar, me deja ver algo de estas mentes iluminadas, de estos corazones, ardientes de nuestra Iberia. Y recuerdo al gigantesco Lulio, el gran mallorquín». En el mismo artículo, Machado añade: «¡Qué bien nos entendemos en lenguas maternas diferentes cuantos decimos, de este lado del Ebro, bajo un diluvio de iniquidades: "Nosotros no hemos vendido nuestra España!". Y el que esto se diga en catalán o en castellano en nada amengua ni acrecienta su verdad».

Otra vez, la llegada del enemigo, las bombas y la represión provoca que Machado y los suyos tengan que dejarlo todo. El 23 de enero de 1939 salen de Barcelona formando parte de un grupo de veinte personas. Se alojarán durante tres días en una masía en Cervià de Ter. El 27 de enero, al igual que otros centenares de refugiados, cruzan la frontera. Machado pierde su maleta, aquella en la que guardaba sus últimos escritos, sus últimas impresiones del drama, sus últimas soledades… Tal vez allí estaban las cartas de su querida Guiomar, algún recuerdo de Manuel, de los días en Sevilla, Madrid, Soria, Baeza, Segovia, Valencia, Barcelona… Todo eso quedó extraviado para siempre. La primera noche en suelo francés la pasaron en un vagón en vía muerta en Cerbère junto con otros exiliados, como Joan Sales y Carles Riba. Al día siguiente llegaban a un destino incierto, Colliure, un pequeño pueblo marinero, sin saber qué sería de su futuro en tierra extraña. Ellos eran Antonio Machado, su madre, Ana Ruiz, su hermano José y su cuñada Matea, además del escritor Corpus Barga. Comenzaron a andar perdidos y a la octogenaria Ana Ruiz debieron llevarla en brazos porque le resultaba imposible poder dar un paso.

Llegaron hasta una plaza donde los ancianos del pueblo suelen jugar todavía hoy a la petanca. Fue allí donde Juliette Figueres, la propietaria de una tienda de ropa masculina, acogió a la familia Machado. En 2014, el autor de estas líneas pudo hablar con Georges Figueres, hijo de Juliette y en 1939 un niño de cuatro años. «Mi madre los atendió y les dio café. En ese momento ella no sabía de quiénes se trataba. Eran gente como las que veíamos esos días. José y su mujer vinieron al día siguiente a la tienda de mi madre para darle las gracias. Ella les dio ropa —camisas y una muda—, pero se negaron en un primer momento. Era una cuestión de orgullo. Finalmente José dijo que en el grupo estaba "mi hermano Antonio que es un gran poeta español"», dijo Figueres. Casi a la par, el ferroviario que los atendió en la estación, Jacques Baills, descubrió la identidad de Antonio Machado al revisar el libro de registros del hotel: era el autor de los poemas que había aprendido estudiando español. «¿Es usted el poeta?», le preguntó. El autor de *Campos de Castilla* lo admitió con expresión triste y con la mirada perdida: «Sí, soy yo». Machado venía ya herido de muerte tras haber dejado su domicilio en Madrid y pasar los años de la Guerra Civil primero en Valencia y después en Barcelona. Figueres rememoraba en 2014 que «él era consciente de su final. Sabía que su salud era mala y se encontraba muy desmoralizado. Le dolía mucho haberlo perdido todo, especialmente la maleta con sus últimos escritos al cruzar la frontera. Le afectó».

Se instalaron en el hotel Bougnol Quintana que sería la última morada del poeta. Pese a la tristeza, Machado tuvo algún pequeño momento de felicidad en el pueblo, y se acercó hasta la playa, como recuerda su hermano José en su libro *Últimas soledades del poeta Antonio Machado: Recuerdos de su hermano José*. «Nos encaminamos a la playa. Allí nos sentamos en una de las barcas que reposaban sobre la arena», escribió José. «Al cabo de un largo rato de contemplación, me dijo señalando a una de las humildes casitas de los pescadores: "Quién pudiera vivir ahí tras una de esas ventanas, libre ya de toda preocupación"». A partir de aquel día, no volvió a salir a la calle. Su estado de salud se agravó y falleció el 22 de febrero de 1939 a las tres y media de la tarde. Tres días después, en la habitación contigua a la del poeta, murió su madre, Ana Ruiz. Fueron enterrados en el pequeño cementerio, a pocos metros de la pensión, y por el que se puede ir a través de la hoy llamada rue Antonio Machado. Ambos fueron depositados provisionalmente en un nicho cedido por unos vecinos, hasta que en 1958 trasladaron sus restos a la que hoy es su tumba. Fue sufragada por amigos y admiradores de Machado, anónimos y conocidos, desde Pau Casals hasta Albert Camus.

Cuando a los pocos días Manuel Machado llegó al pue-
blecito francés, descubrió que también su madre había muer-
to. Se sabe que se reunió con su hermano José, pero ninguno
de los dos dejó testimonio escrito de todo aquello. Lo que sí
se sabe es que Manuel se pasó esos pocos días en el cementerio
junto a las tumbas de su hermano y su madre. Igualmente se
hizo cargo de los gastos de su familia en la pensión antes de
emprender el viaje de vuelta a Burgos.

En su equipaje, Manuel se llevó el pasaporte de su hermano,
su bastón y un papelito que había sido encontrado en el bolsillo
de su gabán. En él, Antonio Machado había escrito el célebre
inicio del monólogo de *Hamlet* «Ser o no ser». En la segunda
anotación se leía «Estos días azules y este sol de la infancia». En
la tercera, recuperaba unos versos dedicados a Guiomar, su úl-
timo amor: «Y te daré mi canción: / Se canta lo que se pierde /
con un papagayo verde / que la diga en tu balcón». Nunca más
volvió a saberse de ese papelito.

El escritor y pintor José Moreno Villa escribiría tiempo
después: «Pobre Manolo, víctima de su manolería. ¿Cómo no
diste un salto de garrocha y te plantaste con tu hermano al
otro lado de la frontera?». Sin embargo, Manuel sí se plantó
en Colliure, aunque ya era demasiado tarde.

Tras el final de la guerra, Manuel Machado regresó a su
domicilio de Madrid, el mismo que había dejado atrás a con-
secuencia del estallido de la contienda. A diferencia del ho-
gar de Juan Ramón Jiménez o de la redacción de la revista y
editorial Cruz y Raya, el del poeta sevillano no había sufrido
ningún tipo de pillaje y todo se conservaba tal cual estaba.
Lo mismo pasaba con el que había sido hogar de su hermano
Antonio.

Manuel fue uno de los más destacados intelectuales que
apoyó los primeros años del franquismo, aunque no vivió

mucho, ya que falleció el 19 de enero de 1947. Sus papeles fueron custodiados por su viuda, que los donó a la Institución Fernán González de Burgos. Allí, entre los documentos que Manuel guardó de su hermano, destaca el manuscrito original de «El crimen fue en Granada». Uno no puede evitar pensar que tal vez Antonio se lo envió a su hermano para que este fuera consciente de las terribles consecuencias de esa guerra. Probablemente nunca sabremos la verdad.

La historia de ese fondo documental es ciertamente peculiar porque durante años, demasiados años, han estado fuera del alcance de los investigadores. Tenemos que partir de la base que la muy beata viuda de Manuel Machado, Eulalia Cáceres, no parece que sintiera un gran interés por la conservación del legado de su marido y, mucho menos, de su cuñado Antonio. Un año después de la muerte de su marido, Eulalia decidió ceder parte del archivo a la Diputación de Burgos. El resto quedó en manos de un sacerdote, amigo de la viuda, Bonifacio Zamora, quien complementaría la generosa donación en 1977. El cura, miembro y fundador de la Institución Fernán González, depositó el legado en ese centro, dependiente de la Diputación de Burgos. Parece que Bonifacio Zamora fue muy descuidado con la conservación del fondo, en el que hay cuadernos con páginas rasgadas, algo impensable si tenemos en cuenta cómo trabajaba Antonio Machado. Igualmente, en alguna hoja, hay anotaciones al margen realizadas con bolígrafo, algo que difícilmente podemos atribuir al autor de *Campos de Castilla*.

Por otra parte, en el pasado, los investigadores no lo han tenido fácil a la hora de estudiar estos documentos, como le sucedió a Ian Gibson, biógrafo de Machado, a quien se le negó el acceso mientras preparaba un estudio sobre la vida del poeta. Todo cambió a partir de 2005 con la publicación de tres voluminosos tomos, en los que se recogía facsimilarmente la totalidad de los manuscritos conservados, además de la correspondencia que se guarda en la Institución Fernán González recibida y enviada por los Machado. Lo que no se ha dado a conocer todavía es el fondo fotográfico. Hoy en día, también pueden consultarse todos estos documentos en la página web de la citada institución.

¿Y el resto de los manuscritos? Para contestar a esa pregunta tenemos que remontarnos a 2003, cuando se anunció una importantísima subasta, en la que se recogían una ingente colección de cuadernos y cuartillas, buena parte de ellas inéditas, que había sido milagrosamente conservada por los herederos del poeta. El conjunto fue adquirido por Unicaja, que no tardó en anunciar que estudiaría y publicaría todo lo comprado, una labor que llevó a cabo un equipo de especialistas en Manuel y Antonio Machado, formado por Rafael Alarcón, Pablo del Barco y Antonio Rodríguez Almodóvar, sin olvidar la restauración de Carmen Molina. Los volúmenes publicados pueden consultarse en la página web de Unicaja, pero no están todos los manuscritos del poeta. En 2019, la entidad anunció la adquisición de otra colección de manuscritos, aquellos que estaban aún en manos de los varios sobrinos de Machado.

Todos estos cuadernos y cuartillas son esenciales para seguir estudiando al poeta, para seguir buscando con él ese «sol de la infancia».

CRONOLOGÍA

1875   Antonio Machado Ruiz nace en el palacio de las Dueñas de Sevilla, el 26 de julio. Es hijo del jurista y folclorista Antonio Machado Álvarez (más conocido por su pseudónimo Demófilo) y de Ana Ruiz.

1881   Asiste a la escuela de párvulos de don Antonio Sánchez, junto con su hermano Manuel.

1883   Toda la familia Machado Ruiz se instala en Madrid, en la calle Claudio Coello, tras obtener Antonio Machado Núñez, abuelo del poeta, una cátedra en la Universidad Central. Antonio y Manuel se convierten en alumnos de la Institución Libre de Enseñanza, cuyo director es Francisco Giner de los Ríos, y uno de los maestros que más influyeron en el futuro escritor.

1888   Nuevo traslado, a la calle Alcalá, número 110.

1889   Estudios de bachillerato en el instituto de San Isidro.

1890   Prosigue sus estudios en el instituto Cardenal Cisneros.

1893   El 4 de febrero fallece su padre en Sevilla. Publica sus primeros escritos en prosa en el periódico *La Caricatura*.

1894   El 12 de junio, en Almenar de Soria, nace Leonor Izquierdo Cuevas.

1895 Fallece su abuelo, Antonio Machado Núñez. Joaquín, el hermano menor de Antonio, se marcha a Guatemala. La familia se muda de nuevo, esta vez a la calle Fuencarral, número 148. Tanto Antonio como Manuel Machado se convierten en asiduos de la tertulia del exministro Eduardo Benot. Conoce a Ramón del Valle-Inclán.

1896 Empieza a colaborar en el *Diccionario de ideas afines*, de Eduardo Bonet.

1899 Primer viaje a París en junio, ciudad en la que ya estaba su hermano Manuel desde marzo. Ambos trabajan para la casa Garnier como redactores y traductores de un diccionario. Conocen a Oscar Wilde. Traban amistad con Pío Baroja. En octubre, Antonio regresa a Madrid.

1900 En Madrid conoce a Unamuno, a Valle-Inclán y a Juan Ramón Jiménez. Es un asiduo de las tertulias de Francisco Villaespesa. En la casa de los Machado se funda la llamada Academia de la Poesía.

1901 Colabora en la revista *Electra*, ideada por Villaespesa, y en la que también participan su hermano Manuel, además de Juan Ramón Jiménez, Pío Baroja, Azorín, Ramón del Valle-Inclán o Ramiro de Maeztu. Participa en varias tertulias literarias en los cafés de Madrid, como la del Lion d'Or o El Gato Negro, donde es asiduo Jacinto Benavente.

1902 Participa en la *Revista Ibérica*, una nueva publicación de Villaespesa. En su segundo y breve viaje a París, conoce a Rubén Darío, y entre ambos se inicia una gran amistad. Ya de vuelta en Madrid, tanto Antonio como Manuel asisten a menudo a la tertulia de Juan Ramón Jiménez en el Sanatorio del Rosario. Colabora con Manuel y Villaespesa en una adaptación de *Hernani*, de Victor Hugo.

1903 A principios de año, viaje a Granada con Valle-Inclán para presenciar el estreno de *Andrea Doria*. En esos días publica su primer libro de poesías, *Soledades*. En abril aparece *Helios*, revista dirigida por Juan Ramón Jiménez y en la que colaborará.

1904 Aparece su firma en publicaciones como *Helios*, *Blanco y Negro* y *Alma Española*.

1905 Firma la protesta de los jóvenes escritores, encabezados por Unamuno, contra la concesión del Premio Nobel a José de Echegaray. Continúa realizando colaboraciones en prensa, como en *Renacimiento Latino* y *República de las Letras*.

1906 Se plantea la posibilidad de trabajar en el Banco de España. Sin embargo, animado por Giner de los Ríos, decide opositar a una cátedra de francés.

1907 En marzo, obtiene una de las cátedras y escoge la del Instituto Nacional de Segunda Enseñanza de Soria, obtenida vía Real Decreto del 16 de abril. El 4 de abril llega a la ciudad y se aloja en una pensión de la calle Collado, número 54. Regresa a Madrid, y en septiembre se establece definitivamente en Soria. En diciembre conoce a la sobrina de los dueños de la pensión: Leonor Izquierdo. Un poco antes, a finales de octubre, se publica *Soledades. Galerías. Otros poemas*.

1908 En marzo es nombrado vicerrector del instituto de Soria. Su firma aparece en la revista *La Lectura* y en el diario *Tierra Soriana*.

1909 El 27 de junio, pide la mano de Leonor Izquierdo. La boda se celebra el 30 de julio. Viaje de bodas a Barcelona, aunque interrumpido en Zaragoza por los sucesos de la Semana Trágica. El viaje se prolonga por Pamplona, Irún, Fuenterrabía y finalmente Madrid, desde donde regresan a Soria. Machado retoma las clases el 7 de octubre.

1910   Visita en septiembre las fuentes del Duero, paisaje que tendrá una gran importancia en *Campos de Castilla* y en *La tierra de Alvargonzález*. En diciembre, tras conseguir una pensión de la Junta de Ampliación de Estudios, más el dinero obtenido por el libro que ha entregado a Martínez Sierra, viaja a París acompañado de Leonor.

1911   Se alojan en el hotel de l'Académie. Asiste a los cursos del Colegio de Francia, además de presenciar como oyente algunas conferencias de Henri Bergson. Coinciden en París con Rubén Darío. El 13 de julio, Leonor enferma de hemoptisis, iniciándose la tragedia que perseguirá a la pareja de manera atroz. Finalmente los Machado regresan a Soria el 15 de septiembre. Antonio llega a plantearse el suicidio al ver cómo se agrava en diciembre el estado de salud de Leonor.

1912   En junio aparece *Campos de Castilla*, que tiene un gran éxito. El 1 de agosto fallece Leonor a los dieciocho años y la entierran dos días después en el cementerio de Soria. El 8 de agosto, Antonio Machado abandona la ciudad y regresa a Madrid, donde trata de obtener una plaza en otro instituto. Pide el traslado a Baeza, donde es nombrado oficialmente catedrático del Instituto General y Técnico el 15 de octubre. Llega a la ciudad andaluza el 29 de octubre y toma posesión del cargo el 1 de noviembre.

1913   Correspondencia con Unamuno. Se adhiere al homenaje que Ortega y Gasset y Juan Ramón organizan en Aranjuez por el cuarenta aniversario de Azorín y por la publicación de *Castilla*, del mismo autor.

1915 El 17 de febrero fallece Francisco Giner de los Ríos, a quien dedica un sentido poema que se publicará en *España*, la revista de Ortega y Gasset. Realiza los estudios de Filosofía y Letras, examinándose en Madrid. Visita las fuentes del Guadalquivir.

1916 Asiste a la boda de su hermano Francisco, en El Puerto de Santa María, y al año siguiente es padrino de la hija de este. El 6 de febrero fallece Rubén Darío, a quien dedica el poema «A la muerte de Rubén Darío». En junio, recibe la visita de un grupo de estudiantes granadinos, encabezados por su maestro Martín Domínguez Berrueta. Entre ellos, está un jovencísimo Federico García Lorca, quien admira profundamente al poeta sevillano. Machado recita para ellos *La tierra de Alvargonzález*, y Lorca interpreta, entre otras piezas, un fragmento de *La vida breve*, de Falla.

1917 Visita el santuario de la Virgen de Tíscar. Publica dos libros: *Páginas escogidas* y *Poesías completas*, este último en la Biblioteca de la Residencia de Estudiantes, con el apoyo de Juan Ramón Jiménez. En diciembre, Joaquín Sorolla comienza a pintar su retrato.

1918 El 10 de diciembre obtiene la licenciatura en Filosofía y Letras.

1919 Se publica la segunda edición de *Soledades. Galerías. Otros poemas*. El 25 de noviembre llega a Segovia para ejercer de catedrático en el Instituto General y Técnico de esta ciudad, tras anunciarse el 30 de octubre la Real Orden del traslado.

1920 Participa en las tertulias organizadas por Mariano Quintanilla y Fernando Arranz. El 2 de febrero inicia el curso de francés en la Universidad Popular. Colabora en *La Pluma*, *Los Lunes del Imparcial* y *El Sol*. Funda con unos amigos la Liga Provincial de Derechos del Hombre.

1921   Colabora en *Índice*, revista fundada por Juan Ramón Jiménez.

1922   En febrero, Unamuno visita Segovia para dar una conferencia en la Universidad Popular, y Machado lo acompaña durante su estancia en la ciudad. El 6 de abril, el poeta pronuncia su primer discurso público sobre literatura rusa en la Casa de los Picos. Escribe en *La Voz de Soria*.

1923   Comienza a colaborar en *Revista de Occidente*, la publicación dirigida por Ortega y Gasset. Un grupo de jóvenes poetas, entre ellos Pedro Salinas, Mauricio Bacarisse, Ardavín y Juan Chabás, lo visitan en Segovia y le dedican un homenaje.

1924   El 2 de enero se estrena la adaptación de *El condenado por desconfianza*, de Tirso de Molina, realizada por Manuel y Antonio Machado, con la colaboración de José López Hernández. En abril se publica *Nuevas canciones*. En Soria, se le hace un homenaje, al que no asiste, y que culmina con la ofrenda de flores en la tumba de Leonor.

1925   El 1 de enero se estrena la versión que realizó con su hermano Manuel y Villaespesa de *Hernani*, de Victor Hugo. Aparece la segunda edición de *Páginas escogidas*. En junio, forma parte del jurado del Premio Nacional de Literatura, que se otorga a *Marinero en tierra*, de Rafael Alberti.

1926   El 9 de febrero se estrena *Las desdichas de la fortuna o Julianillo Valcárcel*, en el teatro de la Princesa de Madrid, obra escrita con su hermano Manuel. Dos días más tarde, es uno de los firmantes del manifiesto de la

Alianza Republicana, junto con Unamuno, Blasco Ibáñez y Pérez de Ayala, entre otros. Aparecen en *Revista de Occidente* los primeros fragmentos de *Cancionero apócrifo de Abel Martín*.

1927 El 17 de marzo, Pepita Díaz y Santiago Artigas estrenan en el teatro Reina Victoria de Madrid *Juan de Mañara*, escrita con su hermano Manuel. El 24 de ese mes es elegido miembro de la Real Academia Española, aunque nunca llegará a tomar posesión de su cargo.

1928 En junio conoce en Segovia a Guiomar, su último amor, pseudónimo tras el que se oculta la escritora Pilar de Valderrama. En octubre, Lola Membrives estrena *Las adelfas*, escrita con su hermano Manuel. Aparece la segunda edición de *Poesías completas*.

1929 El 8 de noviembre se estrena en el teatro Fontalba *La Lola se va a los puertos*, obra escrita con su hermano Manuel, e interpretada por Lola Membrives. Aparece en *Revista de Occidente* las *Canciones a Guiomar*.

1930 El ayuntamiento de Sevilla nombra a Manuel y a Antonio Machado hijos predilectos de la ciudad.

1931 El 14 de febrero interviene en un acto de la Agrupación al Servicio de la República en el teatro Juan Bravo de Segovia, en el que presenta a los fundadores de la misma: José Ortega y Gasset, Gregorio Marañón y Ramón Pérez de Ayala. El 14 de abril se proclama la República, y es uno de los encargados de izar la bandera republicana en el ayuntamiento de Segovia. El 24 de ese mes estrena *La prima Fernanda* en el teatro Victoria de Madrid, obra escrita con su hermano Manuel. En septiembre, es trasladado al Instituto Calderón de la Barca de Madrid.

1932 El 26 de marzo Margarita Xirgu estrena *La duquesa de*

Benamejí, en el Teatro Español de Madrid, obra escrita con su hermano Manuel. Se instala en la calle General Arrando, número 4, con la familia de su hermano José y su madre. Visita Soria al ser nombrado hijo adoptivo por el ayuntamiento de la ciudad. Asiste a varias tertulias, como las del Café Europeo y las del Café Varela.

1933   Aparece la tercera edición de las *Poesías completas*. La Barraca, la compañía de teatro universitario dirigida por Federico García Lorca y Eduardo Ugarte, incorpora a su repertorio *La tierra de Alvargonzález*. El 8 de marzo, Machado asiste al estreno en Madrid de *Bodas de sangre*, de García Lorca.

1934   Comienza la publicación en *Diario de Madrid* de las prosas de *Juan de Mairena*.

1935   Colabora en *El Diario de Madrid*. En una entrevista en *La Voz*, afirma haber terminado con su hermano Manuel *El hombre que murió en la guerra*, aunque esta obra no se estrenará hasta 1941. Se adhiere a la Asociación Internacional de Escritores por la Defensa de la Cultura. En agosto firma, junto con Unamuno, el manifiesto en protesta por el asesinato de Luis Sirval y, en noviembre, otro contra la invasión de la Italia fascista de Etiopía.

1936   El 5 de enero fallece Ramón María del Valle-Inclán, muerte que afecta sobremanera a Machado. En abril se publica la cuarta edición de sus *Poesías completas*, y en mayo *Juan de Mairena*, con una ilustración de su hermano José. El 18 de julio estalla la Guerra Civil en la península, un día después de que un grupo de militares perpetrara un golpe de Estado en el norte de África y Canarias. Antonio se adhiere desde el primer momento a la causa republicana, mientras que Manuel se queda en el Burgos de los sublevados. Nunca volverán a ver-

se. En agosto Federico García Lorca es detenido y ase-
sinado, y Antonio le dedicará una célebre elegía, «El
crimen fue en Granada», que se publica en *Ayuda*, don-
de colabora. La situación en Madrid se complica, y el
Gobierno decide trasladar a los intelectuales a Valencia,
el 24 de noviembre. Junto con su madre, Ana Ruiz, sus
hermanos José, Francisco, Joaquín y sus respectivas
familias, se marcha a la ciudad del Turia. El poeta se
instala en Villa Amparo, en Rocafort, a poca distancia
de Valencia. El 11 de diciembre, en Valencia, lee en un
acto público su poema dedicado a Lorca. El 31 de di-
ciembre fallece en Salamanca Miguel de Unamuno, lo
cual le afectará profundamente.

1937   Colabora en *Hora de España* y en otras publicaciones
republicanas. Es nombrado presidente del Patronato de
la Casa de la Cultura. Participa en la Conferencia Na-
cional de Juventudes Socialistas y en el II Congreso
Internacional de Escritores, organizado por la Alianza
Internacional de Escritores Antifascistas. Publica *La
guerra*, con ilustraciones de su hermano José.

1938   El avance de las tropas de los sublevados obliga a un
nuevo traslado, en esta ocasión a Barcelona. El poeta,
junto con su madre, su hermano José y la familia de
este, se instalan en el hotel Majestic para trasladarse lue-
go a Torre Castanyer, en el barrio de Sant Gervasi. Co-
labora en *Hora de España* y en *La Vanguardia*. Firma
los prólogos de los libros de Manuel Azaña, *Los espa-
ñoles en guerra*, y de Ramón del Valle-Inclán, *La corte
de los milagros*. La editorial Nuestro Pueblo publica
una edición popular en un único volumen de *La tierra
de Alvargonzález* y *Canciones del Alto Duero*. En di-
ciembre, conoce a Iliá Ehrenburg.

1939 La guerra está perdida. La inminente llegada de las tropas sublevadas obliga al poeta y a su familia a huir. Su intención es pasar la frontera, lo cual lograrán el 27 de enero. Por el camino, se ve obligado a desprenderse de la maleta en la que guarda sus últimos textos y, tal vez, las cartas que le escribió Guiomar y que nunca han sido encontradas. Antonio Machado, su madre Ana Ruiz, su hermano José y la esposa de este, Matea Monedero, junto con sus tres hijas, llegan derrotados y cansados a un pequeño pueblo francés llamado Colliure. Se instalarán, gracias a la buena disposición de los vecinos, en el hotel Bougnol Quintana. Antonio escribirá cartas pidiendo ayuda y trabajo, pero la enfermedad y el cansancio acabarán con su salud y fallecerá el 22 de febrero. Es enterrado en Colliure, donde tres días después también fallece su madre. Al saber la triste noticia, Manuel parte de Burgos y logra cruzar la frontera. Al llegar a Colliure, su hermano José le cuenta lo sucedido. Manuel pasa los pocos días que estará en el pueblo junto a la tumba de Antonio y de su madre. Puede que con él se lleve una hojita con un verso, el último escrito por su hermano: «Estos días azules y este sol de la infancia». Nunca se ha encontrado ese manuscrito.

RETRATO DE ANTONIO MACHADO

Misterioso y silencioso
iba una vez y otra vez.
Su mirada era tan profunda
que apenas se podía ver.
Cuando hablaba tenía un dejo
de timidez y de altivez.
Y la luz de sus pensamientos
casi siempre se veía arder.
Era luminoso y profundo
como era hombre de buena fe.
Fuera pastor de mil leones
y de corderos a la vez.
Conduciría tempestades
o traería un panal de miel.
Las maravillas de la vida
y del amor y del placer,
cantaba en versos profundos
cuyo secreto era de él.
Montado en un raro Pegaso,
un día al imposible fue.
Ruego por Antonio a mis dioses,
ellos le salven siempre. Amén.

RUBÉN DARÍO

Poesías completas

SOLEDADES (1899-1907)

I

EL VIAJERO

Está en la sala familiar, sombría,
y entre nosotros, el querido hermano
que en el sueño infantil de un claro día
vimos partir hacia un país lejano.
Hoy tiene ya las sienes plateadas,
un gris mechón sobre la angosta frente;
y la fría inquietud de sus miradas
revela un alma casi toda ausente.
Deshójanse las copas otoñales
del parque mustio y viejo.
La tarde, tras los húmedos cristales,
se pinta, y en el fondo del espejo.
El rostro del hermano se ilumina
suavemente. ¿Floridos desengaños
dorados por la tarde que declina?
¿Ansias de vida nueva en nuevos años?
¿Lamentará la juventud perdida?
Lejos quedó —la pobre loba— muerta.
¿La blanca juventud nunca vivida

teme, que ha de cantar ante su puerta?
¿Sonríe al sol de oro,
de la tierra de un sueño no encontrada;
y ve su nave hender el mar sonoro,
de viento y luz la blanca vela hinchada?
Él ha visto las hojas otoñales,
amarillas, rodar, las olorosas
ramas del eucalipto, los rosales
que enseñan otra vez sus blancas rosas...
Y este dolor que añora o desconfía
el temblor de una lágrima reprime,
y un resto de viril hipocresía
en el semblante pálido se imprime.
Serio retrato en la pared clarea
todavía. Nosotros divagamos.
En la tristeza del hogar golpea
el tic-tac del reloj. Todos callamos.

II

He andado muchos caminos,
he abierto muchas veredas;
he navegado en cien mares,
y atracado en cien riberas.
En todas partes he visto
caravanas de tristeza,
soberbios y melancólicos
borrachos de sombra negra,
y pedantones al paño
que miran, callan, y piensan
que saben, porque no beben
el vino de las tabernas.

Mala gente que camina
y va apestando la tierra...
Y en todas partes he visto
gentes que danzan o juegan,
cuando pueden, y laboran
sus cuatro palmos de tierra.
Nunca, si llegan a un sitio,
preguntan a dónde llegan.
Cuando caminan, cabalgan
a lomos de mula vieja,
y no conocen la prisa
ni aun en los días de fiesta.
Donde hay vino, beben vino;
donde no hay vino, agua fresca.
Son buenas gentes que viven,
laboran, pasan y sueñan,
y en un día como tantos,
descansan bajo la tierra.

III

La plaza y los naranjos encendidos
con sus frutas redondas y risueñas.
Tumulto de pequeños colegiales
que, al salir en desorden de la escuela,
llenan el aire de la plaza en sombra
con la algazara de sus voces nuevas.
¡Alegría infantil en los rincones
de las ciudades muertas...!
¡Y algo nuestro de ayer, que todavía
vemos vagar por estas calles viejas!

IV

EN EL ENTIERRO DE UN AMIGO

Tierra le dieron una tarde horrible
del mes de julio, bajo el sol de fuego.
A un paso de la abierta sepultura,
había rosas de podridos pétalos,
entre geranios de áspera fragancia
y roja flor. El cielo
puro y azul. Corría
un aire fuerte y seco.
De los gruesos cordeles suspendido,
pesadamente, descender hicieron
el ataúd al fondo de la fosa
los dos sepultureros…
Y al resonar sonó con recio golpe,
solemne, en el silencio.
Un golpe de ataúd en tierra es algo
perfectamente serio.
Sobre la negra caja se rompían
los pesados terrones polvorientos…
El aire se llevaba
de la honda fosa el blanquecino aliento.
—Y tú, sin sombra ya, duerme y reposa,
larga paz a tus huesos…
Definitivamente,
duerme un sueño tranquilo y verdadero.

V

RECUERDO INFANTIL

Una tarde parda y fría
de invierno. Los colegiales
estudian. Monotonía
de lluvia tras los cristales.
Es la clase. En un cartel
se representa a Caín
fugitivo, y muerto Abel,
junto a una mancha carmín.
Con timbre sonoro y hueco
truena el maestro, un anciano
mal vestido, enjuto y seco,
que lleva un libro en la mano.
Y todo un coro infantil
va cantando la lección;
mil veces ciento, cien mil,
mil veces mil, un millón.
Una tarde parda y fría
de invierno. Los colegiales
estudian. Monotonía
de la lluvia en los cristales.

VI

Fue una clara tarde, triste y soñolienta
tarde de verano. La hiedra asomaba
al muro del parque, negra y polvorienta...
La fuente sonaba.

Rechinó en la vieja cancela mi llave;
con agrio ruido abrióse la puerta
de hierro mohoso y, al cerrarse, grave
golpeó el silencio de la tarde muerta.
En el solitario parque, la sonora
copla borbollante del agua cantora
me guió a la fuente. La fuente vertía
sobre el blanco mármol su monotonía.
La fuente cantaba: ¿Te recuerda, hermano,
un sueño lejano mi canto presente?
Fue una tarde lenta del lento verano.
Respondí a la fuente:
No recuerdo, hermana,
mas sé que tu copla presente es lejana.
Fue esta misma tarde: mi cristal vertía
como hoy sobre el mármol su monotonía.
¿Recuerdas, hermano…? Los mirtos talares,
que ves, sombreaban los claros cantares
que escuchas. Del rubio color de la llama,
el fruto maduro pendía en la rama,
lo mismo que ahora. ¿Recuerdas, hermano…?
Fue esta misma lenta tarde de verano.
—No sé qué me dice tu copla riente
de ensueños lejanos, hermana la fuente.
Yo sé que tu claro cristal de alegría
ya supo del árbol la fruta bermeja;
yo sé que es lejana la amargura mía
que sueña en la tarde de verano vieja.
Yo sé que tus bellos espejos cantores
copiaron antiguos delirios de amores:
mas cuéntame, fuente de lengua encantada,
cuéntame mi alegre leyenda olvidada.

—Yo no sé leyendas de antigua alegría,
sino historias viejas de melancolía.
Fue una clara tarde del lento verano...
Tú venías solo con tu pena, hermano;
tus labios besaron mi linfa serena,
y en la clara tarde dijeron tu pena.
Dijeron tu pena tus labios que ardían;
la sed que ahora tienen, entonces tenían.
—Adiós para siempre, la fuente sonora,
del parque dormido eterna cantora.
Adiós para siempre, tu monotonía,
fuente, es más amarga que la pena mía.
Rechinó en la vieja cancela mi llave;
con agrio ruido abrióse la puerta
de hierro mohoso y, al cerrarse, grave
sonó en el silencio de la tarde muerta.

VII

El limonero lánguido suspende
una pálida rama polvorienta,
sobre el encanto de la fuente limpia,
y allá en el fondo sueñan
los frutos de oro...
Es una tarde clara,
casi de primavera,
tibia tarde de marzo,
que el hálito de abril cercano lleva;
y estoy solo, en el patio silencioso,
buscando una ilusión cándida y vieja:
alguna sombra sobre el blanco muro,

algún recuerdo, en el pretil de piedra
de la fuente dormido, o, en el aire,
algún vagar de túnica ligera.
En el ambiente de la tarde flota
ese aroma de ausencia,
que dice al alma luminosa: nunca,
y al corazón: espera.
Ese aroma que evoca los fantasmas
de las fragancias vírgenes y muertas.
Sí, te recuerdo, tarde alegre y clara,
casi de primavera,
tarde sin flores, cuando me traías
el buen perfume de la hierbabuena,
y de la buena albahaca,
que tenía mi madre en sus macetas.
Que tú me viste hundir mis manos puras
en el agua serena,
para alcanzar los frutos encantados
que hoy en el fondo de la fuente sueñan...
Sí, te conozco, tarde alegre y clara,
casi de primavera.

VIII

Yo escucho los cantos
de viejas cadencias,
que los niños cantan
cuando en corro juegan,
y vierten en coro
sus almas que sueñan,
cual vierten sus aguas
las fuentes de piedra:

con monotonías
de risas eternas,
que no son alegres,
con lágrimas viejas,
que no son amargas
y dicen tristezas,
tristezas de amores
de antiguas leyendas.
En los labios niños,
las canciones llevan
confusa la historia
y clara la pena;
como clara el agua
lleva su conseja
de viejos amores,
que nunca se cuentan.
Jugando, a la sombra
de una plaza vieja,
los niños cantaban...
La fuente de piedra
vertía su eterno
cristal de leyenda.
Cantaban los niños
canciones ingenuas,
de un algo que pasa
y que nunca llega:
la historia confusa
y clara la pena.
Seguía su cuento
la fuente serena;
borrada la historia,
contaba la pena.

IX

ORILLAS DEL DUERO

Se ha asomado una cigüeña a lo alto del campanario.
Girando en torno a la torre y al caserón solitario,
ya las golondrinas chillan. Pasaron del blanco invierno,
de nevascas y ventiscas los crudos soplos de infierno.
Es una tibia mañana.
El sol calienta un poquito la pobre tierra soriana.
Pasados los verdes pinos,
casi azules, primavera
se ve brotar en los finos
chopos de la carretera
y del río. El Duero corre, terso y mudo, mansamente.
El campo parece, más que joven, adolescente.
Entre las hierbas alguna humilde flor ha nacido,
azul o blanca. ¡Belleza del campo apenas florido,
y mística primavera!
¡Chopos del camino blanco, álamos de la ribera,
espuma de la montaña
ante la azul lejanía,
sol del día, claro día!
¡Hermosa tierra de España!

X

A la desierta plaza
conduce un laberinto de callejas.
A un lado, el viejo paredón sombrío
de una ruinosa iglesia;

a otro lado, la tapia blanquecina
de un huerto de cipreses y palmeras,
y, frente a mí, la casa,
y en la casa, la reja,
ante el cristal que levemente empaña
su figurilla plácida y risueña.
Me apartaré. No quiero
llamar a tu ventana... Primavera
viene —su veste blanca
flota en el aire de la plaza muerta—;
viene a encender las rosas
rojas de tus rosales... Quiero verla...

XI

Yo voy soñando caminos
de la tarde. ¡Las colinas
doradas, los verdes pinos,
las polvorientas encinas...!
¿Adónde el camino irá?
Yo voy cantando, viajero
a lo largo del sendero...
—La tarde cayendo está—,
«En el corazón tenía
la espina de una pasión;
logré arrancármela un día:
ya no siento el corazón».
Y todo el campo un momento
se queda, mudo y sombrío,
meditando. Suena el viento
en los álamos del río.

La tarde más se obscurece;
y el camino que serpea
y débilmente blanquea,
se enturbia y desaparece.
Mi cantar vuelve a plañir:
«Aguda espina dorada,
quién te pudiera sentir
en el corazón clavada».

XII

Amada, el aura dice
tu pura veste blanca...
No te verán mis ojos;
¡mi corazón te aguarda!
El viento me ha traído
tu nombre en la mañana;
el eco de tus pasos
repite la montaña...
No te verán mis ojos;
¡mi corazón te aguarda!
En las sombrías torres
repican las campanas...
No te verán mis ojos;
¡mi corazón te aguarda!
Los golpes del martillo
dicen la negra caja;
y el sitio de la fosa,
los golpes de la azada...
No te verán mis ojos;
¡mi corazón te aguarda!

XIII

Hacia un ocaso radiante
caminaba el sol de estío,
y era, entre nubes de fuego, una trompeta gigante,
tras de los álamos verdes de las márgenes del río.
Dentro de un olmo sonaba la sempiterna tijera
de la cigarra cantora, el monorritmo jovial,
entre metal y madera,
que es la canción estival.
En una huerta sombría,
giraban los cangilones de la noria soñolienta.
Bajo las ramas obscuras el son del agua se oía.
Era una tarde de julio, luminosa y polvorienta.
Yo iba haciendo mi camino,
absorto en el solitario crepúsculo campesino.
Y pensaba: «¡Hermosa tarde, nota de la lira inmensa
toda desdén y armonía;
hermosa tarde, tú curas la pobre melancolía
de este rincón vanidoso, obscuro rincón que piensa!».
Pasaba el agua rizada bajo los ojos del puente.
Lejos la ciudad dormía,
como cubierta de un mago fanal de oro transparente.
Bajo los arcos de piedra el agua clara corría.
Los últimos arreboles coronaban las colinas
manchadas de olivos grises y de negruzcas encinas.
Yo caminaba cansado,
sintiendo la vieja angustia que hace el corazón pesado.
El agua en sombra pasaba tan melancólicamente,
bajo los arcos del puente,
como si al pasar dijera:
«Apenas desamarrada

la pobre barca, viajero, del árbol de la ribera,
se canta: no somos nada.
Donde acaba el pobre río la inmensa mar nos espera».
Bajo los ojos del puente pasaba el agua sombría.
(Yo pensaba: ¡el alma mía!).
Y me detuve un momento,
en la tarde, a meditar…
¿Qué es esta gota en el viento
que grita al mar: soy el mar?
Vibraba el aire asordado
por los élitros cantores que hacen el campo sonoro,
cual si estuviera sembrado
de campanitas de oro.
En el azul fulguraba
un lucero diamantino.
Cálido viento soplaba,
alborotando el camino.
Yo, en la tarde polvorienta,
hacia la ciudad volvía.
Sonaban los cangilones de la noria soñolienta.
Bajo las ramas obscuras caer el agua se oía.

XIV

CANTE HONDO

Yo meditaba absorto, devanando
los hilos del hastío y la tristeza,
cuando llegó a mi oído,
por la ventana de mi estancia, abierta
a una caliente noche de verano,

el plañir de una copla soñolienta,
quebrada por los trémolos sombríos
de las músicas magas de mi tierra.
… Y era el Amor, como una roja llama…
—Nerviosa mano en la vibrante cuerda
ponía un largo suspirar de oro,
que se trocaba en surtidor de estrellas—.
… Y era la Muerte, al hombro la cuchilla,
el paso largo, torva y esquelética.
—Tal cuando yo era niño la soñaba—.
Y en la guitarra, resonante y trémula,
la brusca mano, al golpear, fingía
el reposar de un ataúd en tierra.
Y era un plañido solitario el soplo
que el polvo barre y la ceniza avienta.

XV

La calle en sombra. Ocultan los altos caserones
el sol que muere; hay ecos de luz en los balcones.
¿No ves, en el encanto del mirador florido,
el óvalo rosado de un rostro conocido?
La imagen, tras el vidrio de equívoco reflejo,
surge o se apaga como daguerrotipo viejo.
Suena en la calle sólo el ruido de tu paso;
se extinguen lentamente los ecos del ocaso.
¡Oh, angustia! Pesa y duele el corazón… ¿Es ella?
No puede ser… Camina… En el azul, la estrella.

XVI

Siempre fugitiva y siempre
cerca de mí, en negro manto
mal cubierto el desdeñoso
gesto de tu rostro pálido.
No sé adónde vas, ni dónde
tu virgen belleza tálamo
busca en la noche. No sé
qué sueños cierran tus párpados,
ni de quién haya entreabierto
tu lecho inhospitalario.
....

Detén el paso, belleza
esquiva, detén el paso.
Besar quisiera la amarga,
amarga flor de tus labios.

XVII

HORIZONTE

En una tarde clara y amplia como el hastío,
cuando su lanza blande el tórrido verano,
copiaban el fantasma de un grave sueño mío
mil sombras en teoría, enhiestas, sobre el llano.
La gloria del ocaso era un purpúreo espejo,
era un cristal de llamas, que al infinito viejo
iba, arrojando el grave soñar en la llanura...
Y yo sentí la espuela sonora de mi paso
repercutir lejana en el sangriento ocaso,
y más allá, la alegre canción de un alba pura.

XVIII

EL POETA

Para el libro *La casa de la primavera*,
de Gregorio Martínez Sierra

Maldiciendo su destino
como Glauco, el dios marino,
mira, turbia la pupila
de llanto, el mar, que le debe su blanca virgen Scyla.
Él sabe que un Dios más fuerte
con la sustancia inmortal está jugando a la muerte,
cual niño bárbaro. Él piensa
que ha de caer como rama que sobre las aguas flota,
antes de perderse, gota
de mar en la mar inmensa.
En sueños oyó el acento de una palabra divina;
en sueños se le ha mostrado la cruda ley diamantina,
sin odio ni amor, y el frío
soplo del olvido sabe, sobre un arenal de hastío.
Bajo las palmeras del oasis el agua buena
miró brotar de la arena;
y se abrevó entre las dulces gacelas, y entre los fieros
animales carniceros...
Y supo cuánto es la vida hecha de sed y de dolor.
Y fue compasivo para el ciervo y el cazador,
para el ladrón y el robado,
para el pájaro azorado,
para el sanguinario azor.
Con el sabio amargo dijo: Vanidad de vanidades,

todo es negra vanidad;
y oyó otra voz que clamaba, alma de sus soledades:
sólo eres tú, luz que fulges en el corazón, verdad.
Y viendo cómo lucían
miles de blancas estrellas,
pensaba que todas ellas
en su corazón ardían.
¡Noche de amor!
Y otra noche
sintió la mala tristeza
que enturbia la pura llama,
y el corazón que bosteza,
y el histrión que declama.
Y dijo: las galerías
del alma que espera están
desiertas, mudas, vacías:
las blancas sombras se van.
Y el demonio de los sueños abrió el jardín encantado
del ayer. ¡Cuán bello era!
¡Qué hermosamente el pasado
fingía la primavera,
cuando del árbol de otoño estaba el fruto colgado,
mísero fruto podrido,
que en el hueco acibarado
guarda el gusano escondido!
¡Alma, que en vano quisiste ser más joven cada día,
arranca tu flor, la humilde flor de la melancolía!

XIX

¡Verdes jardinillos,
claras plazoletas,
fuente verdinosa
donde el agua sueña,
donde el agua muda
resbala en la piedra...!
Las hojas de un verde
mustio, casi negras,
de la acacia, el viento
de septiembre besa,
y se lleva algunas
amarillas, secas,
jugando, entre el polvo
blanco de la tierra.
Linda doncellita,
que el cántaro llenas
de agua transparente,
tú, al verme, no llevas
a los negros bucles
de tu cabellera,
distraídamente,
la mano morena,
ni, luego, en el limpio
cristal te contemplas...
Tú miras al aire
de la tarde bella,
mientras de agua clara
el cántaro llenas.

DEL CAMINO

PRELUDIO

Mientras la sombra pasa de un santo amor, hoy quiero
poner un dulce salmo sobre mi viejo atril.
Acordaré las notas del órgano severo
al suspirar fragante del pífano de abril.
Madurarán su aroma las pomas otoñales,
la mirra y el incienso salmodiarán su olor;
exhalarán su fresco perfume los rosales,
bajo la paz en sombra del tibio huerto en flor.
Al grave acorde lento de música y aroma,
la sola y vieja y noble razón de mi rezar
levantará su vuelo suave de paloma,
y la palabra blanca se elevará al altar.

Daba el reloj las doce… y eran doce
golpes de azada en tierra…
… ¡Mi hora! —grité—… El silencio

me respondió: —No temas;
tú no verás caer la última gota
que en la clepsidra tiembla.
Dormirás muchas horas todavía
sobre la orilla vieja,
y encontrarás una mañana pura
amarrada tu barca a otra ribera.

XXII

Sobre la tierra amarga,
caminos tiene el sueño
laberínticos, sendas tortuosas,
parques en flor y en sombra y en silencio;
criptas hondas, escalas sobre estrellas;
retablos de esperanzas y recuerdos.
Figurillas que pasan y sonríen
—juguetes melancólicos de viejo—;
imágenes amigas,
a la vuelta florida del sendero,
y quimeras rosadas
que hacen camino... lejos...

XXIII

En la desnuda tierra del camino
la hora florida brota,
espino solitario,
del valle humilde en la revuelta umbrosa.
El salmo verdadero

de tenue voz hoy torna
al corazón, y al labio,
la palabra quebrada y temblorosa.
Mis viejos mares duermen; se apagaron
sus espumas sonoras
sobre la playa estéril. La tormenta
camina lejos en la nube torva.
Vuelve la paz al cielo;
la brisa tutelar esparce aromas
otra vez sobre el campo, y aparece,
en la bendita soledad, tu sombra.

XXIV

El sol es un globo de fuego,
la luna es un disco morado.
Una blanca paloma se posa
en el alto ciprés centenario.
Los cuadros de mirtos parecen
de marchito velludo empolvado.
¡El jardín y la tarde tranquila…!
Suena el agua en la fuente de mármol.

XXV

¡Tenue rumor de túnicas que pasan
sobre la infértil tierra…!
¡Y lágrimas sonoras
de las campanas viejas!
Las ascuas mortecinas

del horizonte humean…
Blancos fantasmas lares
van encendiendo estrellas.
—Abre el balcón. La hora
de una ilusión se acerca…
La tarde se ha dormido,
y las campanas sueñan.

XXVI

¡Oh, figuras del atrio, más humildes
cada día y lejanas:
mendigos harapientos
sobre marmóreas gradas;
miserables ungidos
de eternidades santas,
manos que surgen de los mantos viejos
y de las rotas capas!
¿Pasó por vuestro lado
una ilusión velada,
de la mañana luminosa y fría
en las horas más plácidas…?
Sobre la negra túnica, su mano
era una rosa blanca…

XXVII

La tarde todavía
dará incienso de oro a tu plegaria,
y quizás el cenit de un nuevo día

amenguará tu sombra solitaria.
Mas no es tu fiesta el Ultramar lejano,
sino la ermita junto al manso río;
no tu sandalia el soñoliento llano
pisará, ni la arena del hastío.
Muy cerca está, romero,
la tierra verde y santa y florecida
de tus sueños; muy cerca, peregrino
que desdeñas la sombra del sendero
y el agua del mesón en tu camino.

XXVIII

Crear fiestas de amores
en nuestro amor pensamos,
quemar nuevos aromas
en montes no pisados,
y guardar el secreto
de nuestros rostros pálidos,
porque en las bacanales de la vida
vacías nuestras copas conservamos,
mientras con eco de cristal y espuma
ríen los zumos de la vid dorados.
. . . .
Un pájaro escondido entre las ramas
del parque solitario,
silba burlón…
Nosotros exprimimos
la penumbra de un sueño en nuestro vaso…
Y algo, que es tierra en nuestra carne, siente
la humedad del jardín como un halago.

XXIX

Arde en tus ojos un misterio, virgen
esquiva y compañera.
No sé si es odio o es amor la lumbre
inagotable de tu aljaba negra.
Conmigo irás mientras proyecte sombra
mi cuerpo y quede a mi sandalia arena.
—¿Eres la sed o el agua en mi camino?
Dime, virgen esquiva y compañera.

XXX

Algunos lienzos del recuerdo tienen
luz de jardín y soledad de campo;
la placidez del sueño
en el paisaje familiar soñado.
Otros guardan las fiestas
de días aun lejanos;
figurillas sutiles
que pone un titerero en su retablo...
....
Ante el balcón florido,
está la cita de un amor amargo.
Brilla la tarde en el resol bermejo...
La hiedra efunde de los muros blancos...
A la revuelta de una calle en sombra,
un fantasma irrisorio besa un nardo.

XXXI

Crece en la plaza en sombra
el musgo, y en la piedra vieja y santa
de la iglesia. En el atrio hay un mendigo…
Más vieja que la iglesia tiene el alma.
Sube muy lento, en las mañanas frías,
por la marmórea grada,
hasta un rincón de piedra… Allí aparece
su mano seca entre la rota capa.
Con las órbitas huecas de sus ojos
ha visto cómo pasan
las blancas sombras, en los claros días,
las blancas sombras de las horas santas.

XXXII

Las ascuas de un crepúsculo morado
detrás del negro cipresal humean…
En la glorieta en sombra está la fuente
con su alado y desnudo Amor de piedra,
que sueña mudo. En la marmórea taza
reposa el agua muerta.

XXXIII

¿Mi amor…? ¿Recuerdas, dime,
aquellos juncos tiernos,
lánguidos y amarillos
que hay en el cauce seco…?

¿Recuerdas la amapola
que calcinó el verano,
la amapola marchita,
negro crespón del campo...?
¿Te acuerdas del sol yerto
y humilde, en la mañana,
que brilla y tiembla roto
sobre una fuente helada...?

XXXIV

Me dijo un alba de la primavera:
Yo florecí en tu corazón sombrío
ha muchos años, caminante viejo
que no cortas las flores del camino.
Tu corazón de sombra, ¿acaso guarda
el viejo aroma de mis viejos lirios?
¿Perfuman aún mis rosas la alba frente
del hada de tu sueño adamantino?
Respondí a la mañana:
Sólo tienen cristal los sueños míos.
Yo no conozco el hada de mis sueños;
ni sé si está mi corazón florido.
Pero si aguardas la mañana pura
que ha de romper el vaso cristalino,
quizás el hada te dará tus rosas,
mi corazón, tus lirios.

XXXV

Al borde del sendero un día nos sentamos.
Ya nuestra vida es tiempo, y nuestra sola cuita
son las desesperantes posturas que tomamos
para aguardar… Mas Ella no faltará a la cita.

XXXVI

Es una forma juvenil que un día
a nuestra casa llega.
Nosotros le decimos: ¿por qué tornas
a la morada vieja?
Ella abre la ventana, y todo el campo
en luz y aroma entra.
En el blanco sendero,
los troncos de los árboles negrean;
las hojas de sus copas
son humo verde que a lo lejos sueña.
Parece una laguna
el ancho río entre la blanca niebla
de la mañana. Por los montes cárdenos
camina otra quimera.

XXXVII

¡Oh, dime, noche amiga, amada vieja,
que me traes el retablo de mis sueños
siempre desierto y desolado, y sólo
con mi fantasma dentro,

mi pobre sombra triste
sobre la estepa y bajo el sol de fuego,
o soñando amarguras
en las voces de todos los misterios,
dime, si sabes, vieja amada, dime
si son mías las lágrimas que vierto!
Me respondió la noche:
Jamás me revelaste tu secreto.
Yo nunca supe, amado,
si eras tú ese fantasma de tu sueño,
ni averigüé si era su voz la tuya,
o era la voz de un histrión grotesco.
Dije a la noche: Amada mentirosa,
tú sabes mi secreto;
tú has visto la honda gruta
donde fabrica su cristal mi sueño,
y sabes que mis lágrimas son mías,
y sabes mi dolor, mi dolor viejo.
¡Oh! Yo no sé, dijo la noche, amado,
yo no sé tu secreto,
aunque he visto vagar ese, que dices
desolado fantasma, por tu sueño.
Yo me asomo a las almas cuando lloran
y escucho su hondo rezo,
humilde y solitario,
ese que llamas salmo verdadero;
pero en las hondas bóvedas del alma
no sé si el llanto es una voz o un eco.
Para escuchar tu queja de tus labios
yo te busqué en tu sueño,
y allí te vi vagando en un borroso
laberinto de espejos.

CANCIONES

Abril florecía
frente a mi ventana.
Entre los jazmines
y las rosas blancas
de un balcón florido,
vi las dos hermanas.
La menor cosía,
la mayor hilaba…
Entre los jazmines
y las rosas blancas,
la más pequeñita,
risueña y rosada
—su aguja en el aire—,
miró a mi ventana.
La mayor seguía
silenciosa y pálida,
el huso en su rueca
que el lino enroscaba.
Abril florecía
frente a mi ventana.
Una clara tarde

la mayor lloraba,
entre los jazmines
y las rosas blancas,
y ante el blanco lino
que en su rueca hilaba.
—¿Qué tienes —le dije—,
silenciosa y pálida?
Señaló el vestido
que empezó la hermana.
En la negra túnica
la aguja brillaba;
sobre el blanco velo,
el dedal de plata.
Señaló a la tarde
de abril que soñaba,
mientras que se oía
tañer de campanas.
Y en la clara tarde
me enseñó sus lágrimas…
Abril florecía
frente a mi ventana.
Fue otro abril alegre
y otra tarde plácida.
El balcón florido
solitario estaba…
Ni la pequeñita
risueña y rosada,
ni la hermana triste,
silenciosa y pálida,
ni la negra túnica,
ni la toca blanca…
Tan sólo en el huso

el lino giraba
por mano invisible,
y en la obscura sala
la luna del limpio
espejo brillaba…
Entre los jazmines
y las rosas blancas
del balcón florido,
me miré en la clara
luna del espejo
que lejos soñaba…
Abril florecía
frente a mi ventana.

XXXIX

COPLAS ELEGÍACAS

¡Ay del que llega sediento
a ver el agua correr,
y dice: la sed que siento
no me la calma el beber!
¡Ay de quien bebe y, saciada
la sed, desprecia la vida:
moneda al tahúr prestada,
que sea al azar rendida!
Del iluso que suspira
bajo el orden soberano,
y del que sueña la lira
pitagórica en su mano.
¡Ay del noble peregrino

que se para a meditar,
después de largo camino,
en el horror de llegar!
¡Ay de la melancolía
que llorando se consuela,
y de la melomanía
de un corazón de zarzuela!
¡Ay de nuestro ruiseñor,
si en una noche serena
se cura del mal de amor
que llora y canta sin pena!
¡De los jardines secretos,
de los pensiles soñados,
y de los sueños poblados
de propósitos discretos!
¡Ay del galán sin fortuna
que ronda a la luna bella;
de cuantos caen de la luna,
de cuantos se marchan a ella!
¡De quien el fruto prendido
en la rama no alcanzó,
de quien el fruto ha mordido
y el gusto amargo probó!
¡Y de nuestro amor primero
y de su fe mal pagada,
y, también, del verdadero
amante de nuestra amada!

XL

INVENTARIO GALANTE

Tus ojos me recuerdan
las noches de verano,
negras noches sin luna,
orilla al mar salado,
y el chispear de estrellas
del cielo negro y bajo.
Tus ojos me recuerdan
las noches de verano.
Y tu morena carne,
los trigos requemados,
y el suspirar de fuego
de los maduros campos.
Tu hermana es clara y débil
como los juncos lánguidos,
como los sauces tristes,
como los linos glaucos.
Tu hermana es un lucero
en el azul lejano...
Y es alba y aura fría
sobre los pobres álamos
que en las orillas tiemblan
del río humilde y manso.
Tu hermana es un lucero
en el azul lejano.
De tu morena gracia,
de tu soñar gitano,
de tu mirar de sombra
quiero llenar mi vaso.

Me embriagaré una noche
de cielo negro y bajo,
para cantar contigo,
orilla al mar salado,
una canción que deje
cenizas en los labios…
De tu mirar de sombra
quiero llenar mi vaso.
Para tu linda hermana
arrancaré los ramos
de florecillas nuevas
a los almendros blancos,
en un tranquilo y triste
alborear de marzo.
Los regaré con agua
de los arroyos claros,
los ataré con verdes
junquillos del remanso…
Para tu linda hermana
yo haré un ramito blanco.

XLI

Me dijo una tarde
de la primavera:
Si buscas caminos
en flor en la tierra,
mata tus palabras
y oye tu alma vieja.
Que el mismo albo lino
que te vista, sea
tu traje de duelo,

tu traje de fiesta.
Ama tu alegría
y ama tu tristeza,
si buscas caminos
en flor en la tierra.
Respondí a la tarde
de la primavera:
Tú has dicho el secreto
que en mi alma reza:
yo odio la alegría
por odio a la pena.
Mas antes que pise
tu florida senda,
quisiera traerte
muerta mi alma vieja.

XLII

La vida hoy tiene ritmo
de ondas que pasan,
de olitas temblorosas
que fluyen y se alcanzan.
La vida hoy tiene el ritmo de los ríos,
la risa de las aguas
que entre los verdes junquerales corren,
y entre las verdes cañas.
Sueño florido lleva el manso viento;
bulle la savia joven en las nuevas ramas;
tiemblan alas y frondas,
y la mirada sagital del águila
no encuentra presa… treme el campo en sueños,
vibra el sol como un arpa.

¡Fugitiva ilusión de ojos guerreros,
que por las selvas pasas
a la hora del cenit: tiemble en mi pecho
el oro de tu aljaba!
En tus labios florece la alegría
de los campos en flor; tu veste alada
aroman las primeras velloritas,
las violetas perfuman tus sandalias.
Yo he seguido tus pasos en el viejo bosque,
arrebatados tras la corza rápida,
y los ágiles músculos rosados
de tus piernas silvestres entre verdes ramas.
¡Pasajera ilusión de ojos guerreros
que por las selvas pasas
cuando la tierra reverdece y ríen
los ríos en las cañas!
¡Tiemble en mi pecho el oro
que llevas en tu aljaba!

XLIII

Era una mañana y abril sonreía.
Frente al horizonte dorado moría
la luna, muy blanca y opaca; tras ella,
cual tenue ligera quimera, corría
la nube que apenas enturbia una estrella.
....
Como sonreía la rosa mañana
al sol del Oriente abrí mi ventana;
y en mi triste alcoba penetró el Oriente
en canto de alondras, en risa de fuente

y en suave perfume de flora temprana.
Fue una clara tarde de melancolía.
Abril sonreía. Yo abrí las ventanas
de mi casa al viento… El viento traía
perfume de rosas, dolor de campanas…
Doblar de campanas lejanas, llorosas,
suave de rosas aromado aliento…
… ¿Dónde están los huertos floridos de rosas?
¿Qué dicen las dulces campanas al viento?
....

Pregunté a la tarde de abril que moría:
¿Al fin la alegría se acerca a mi casa?
La tarde de abril sonrió: La alegría
pasó por tu puerta —y luego, sombría:
Pasó por tu puerta. Dos veces no pasa.

XLIV

El casco roído y verdoso
del viejo falucho
reposa en la arena…
La vela tronchada parece
que aún sueña en el sol y en el mar.
El mar hierve y canta…
El mar es un sueño sonoro
bajo el sol de abril.
El mar hierve y ríe
con olas azules y espumas de leche y de plata,
el mar hierve y ríe
bajo el cielo azul.
El mar lactescente,

el mar rutilante,
que ríe en sus liras de plata sus risas azules…
¡Hierve y ríe el mar…!
El aire parece que duerme encantado
en la fúlgida niebla de sol blanquecino.
La gaviota palpita en el aire dormido, y al lento
volar soñoliento, se aleja y se pierde en la bruma del sol.

XLV

El sueño bajo el sol que aturde y ciega,
tórrido sueño en la hora de arrebol;
el río luminoso el aire surca;
esplende la montaña;
la tarde es polvo y sol.
El sibilante caracol del viento
ronco dormita en el remoto alcor;
emerge el sueño ingrave en la palmera,
luego se enciende en el naranjo en flor.
La estúpida cigüeña
su garabato escribe en el sopor
del molino parado; el toro abate
sobre la hierba la testuz feroz.
La verde, quieta espuma del ramaje
efunde sobre el blanco paredón,
lejano, inerte, del jardín sombrío,
dormido bajo el cielo fanfarrón.
…………………………………………………

Lejos, enfrente de la tarde roja,
refulge el ventanal del torreón.
…………………………………………………

HUMORISMOS, FANTASÍAS Y APUNTES

LOS GRANDES INVENTOS

XLVI

LA NORIA

La tarde caía
triste y polvorienta.
El agua cantaba
su copla plebeya
en los cangilones
de la noria lenta.
Soñaba la mula
¡pobre mula vieja!,
al compás de sombra
que en el agua suena.
La tarde caía
triste y polvorienta.
Yo no sé qué noble,
divino poeta,
unió a la amargura
de la eterna rueda
la dulce armonía

del agua que sueña,
y vendó tus ojos,
¡pobre mula vieja…!
Mas sé que fue un noble,
divino poeta,
corazón maduro
de sombra y de ciencia.

XLVII

EL CADALSO

La aurora asomaba
lejana y siniestra.
El lienzo de Oriente
sangraba tragedias,
pintarrajeadas
con nubes grotescas.
……………………
En la vieja plaza
de una vieja aldea,
erguía su horrible
pavura esquelética
el tosco patíbulo
de fresca madera…
La aurora asomaba
lejana y siniestra.

XLVIII

LAS MOSCAS

Vosotras, las familiares,
inevitables golosas,
vosotras, moscas vulgares,
me evocáis todas las cosas.
¡Oh, viejas moscas voraces
como abejas en abril,
viejas moscas pertinaces
sobre mi calva infantil!
¡Moscas del primer hastío
en el salón familiar,
las claras tardes de estío
en que yo empecé a soñar!
Y en la aborrecida escuela,
raudas moscas divertidas,
perseguidas
por amor de lo que vuela,
—que todo es volar— sonoras,
rebotando en los cristales
en los días otoñales…
Moscas de todas las horas,
de infancia y adolescencia,
de mi juventud dorada;
de esta segunda inocencia,
que da en no creer en nada,
de siempre… Moscas vulgares,
que de puro familiares
no tendréis digno cantor:
yo sé que os habéis posado

sobre el juguete encantado,
sobre el librote cerrado,
sobre la carta de amor,
sobre los párpados yertos
de los muertos.
Inevitables golosas,
que ni labráis como abejas,
ni brilláis cual mariposas;
pequeñitas, revoltosas,
vosotras, amigas viejas,
me evocáis todas las cosas.

XLIX

ELEGÍA DE UN MADRIGAL

Recuerdo que una tarde de soledad y hastío,
¡oh tarde como tantas!, el alma mía era,
bajo el azul monótono, un ancho y terso río
que ni tenía un pobre juncal en su ribera.
¡Oh mundo sin encanto, sentimental inopia
que borra el misterioso azogue del cristal!
¡Oh el alma sin amores que el Universo copia
con un irremediable bostezo universal!

*

Quiso el poeta recordar a solas,
las ondas bien amadas, la luz de los cabellos
que él llamaba en sus rimas rubias olas.
Leyó… La letra mata: no se acordaba de ellos…

Y un día —como tantos— al aspirar un día
aromas de una rosa que en el rosal se abría,
brotó como una llama la luz de los cabellos
que él en sus madrigales llamaba rubias olas,
brotó, porque un aroma igual tuvieron ellos...
Y se alejó en silencio para llorar a solas.

                                                        1907

                            L

                        ACASO...

Como atento no más a mi quimera
no reparaba en torno mío, un día
me sorprendió la fértil primavera
que en todo el ancho campo sonreía.
Brotaban verdes hojas
de las hinchadas yemas del ramaje,
y flores amarillas, blancas, rojas,
alegraban la mancha del paisaje.
Y era una lluvia de saetas de oro,
el sol sobre las frondas juveniles;
del amplio río en el caudal sonoro
se miraban los álamos gentiles.
Tras de tanto camino es la primera
vez que miro brotar la primavera,
dije, y después, declamatoriamente:
—¡Cuán tarde ya para la dicha mía!—
Y luego, al caminar, como quien siente
alas de otra ilusión: —Y todavía
¡yo alcanzaré mi juventud un día!

LI

JARDÍN

Lejos de tu jardín quema la tarde
inciensos de oro en purpurinas llamas,
tras el bosque de cobre y de ceniza.
En tu jardín hay dalias.
¡Malhaya tu jardín…! Hoy me parece
la obra de un peluquero,
con esa pobre palmerilla enana,
y ese cuadro de mirtos recortados…
y el naranjito en su tonel… El agua
de la fuente de piedra
no cesa de reír sobre la concha blanca.

LII

FANTASÍA DE UNA NOCHE DE ABRIL

¿Sevilla…? ¿Granada…? La noche de luna.
Angosta la calle, revuelta y moruna,
de blancas paredes y obscuras ventanas.
Cerrados postigos, corridas persianas…
El cielo vestía su gasa de abril.
Un vino risueño me dijo el camino.
Yo escucho los áureos consejos del vino,
que el vino es a veces escala de ensueño.
Abril y la noche y el vino risueño
cantaron en coro su salmo de amor.
La calle copiaba, con sombra en el muro,

el paso fantasma y el sueño maduro
de apuesto embozado, galán caballero:
espada tendida, calado sombrero…
La luna vertía su blanco soñar.
Como un laberinto mi sueño torcía
de calle en calleja. Mi sombra seguía
de aquel laberinto la sierpe encantada,
en pos de una oculta plazuela cerrada.
La luna lloraba su dulce blancor.
La casa y la clara ventana florida,
de blancos jazmines y nardos prendida,
más blancos que el blanco soñar de la luna…
—Señora, la hora, tal vez importuna…
¿Que espere? (La dueña se lleva el candil).
Ya sé que sería quimera, señora,
mi sombra galante buscando a la aurora
en noches de estrellas y luna, si fuera
mentira la blanca nocturna quimera
que usurpa a la luna su trono de luz.
¡Oh dulce señora, más cándida y bella
que la solitaria matutina estrella
tan clara en el cielo! ¿Por qué silenciosa
oís mi nocturna querella amorosa?
¿Quién hizo, señora, cristal vuestra voz…?
La blanca quimera parece que sueña.
Acecha en la obscura estancia la dueña.
—Señora, si acaso otra sombra emboscada
teméis, en la sombra, fiad en mi espada…
Mi espada se ha visto a la luna brillar.
¿Acaso os parece mi gesto anacrónico?
El vuestro es, señora, sobrado lacónico.
¿Acaso os asombra mi sombra embozada,

de espada tendida y toca plumada…?
¿Seréis la cautiva del moro Gazul…?
Dijéraislo, y pronto mi amor os diría
el son de mi guzla y la algarabía
más dulce que oyera ventana moruna.
Mi guzla os dijera la noche de luna,
la noche de cándida luna de abril.
Dijera la clara cantiga de plata
del patio moruno, y la serenata
que lleva el aroma de floridas preces
a los miradores y a los ajimeces,
los salmos de un blanco fantasma lunar.
Dijera las danzas de trenzas lascivas,
las muelles cadencias de ensueños, las vivas
centellas de lánguidos rostros velados,
los tibios perfumes, los huertos cerrados;
dijera el aroma letal del harén.
Yo guardo, señora, en viejo salterio
también una copla de blanco misterio,
la copla más suave, más dulce y más sabia
que evoca las claras estrellas de Arabia
y aromas de un moro jardín andaluz.
Silencio… en la noche la paz de la luna
alumbra la blanca ventana moruna.
Silencio… es el musgo que brota, y la hiedra
que lenta desgarra la tapia de piedra…
El llanto que vierte la luna de abril.
—Si sois una sombra de la primavera
blanca entre jazmines, o antigua quimera
soñada en las trovas de dulces cantores,
yo soy una sombra de viejos cantares,
y el signo de un álgebra vieja de amores.

Los gayos, lascivos decires mejores,
los árabes albos nocturnos soñares,
las coplas mundanas, los salmos talares,
poned en mis labios;
yo soy una sombra también del amor.
Ya muerta la luna, mi sueño volvía
por la retorcida, moruna calleja.
El sol en Oriente reía
su risa más vieja.

LIII

A UN NARANJO Y A UN LIMONERO

VISTOS EN UNA TIENDA DE PLANTAS Y FLORES

Naranjo en maceta, ¡qué triste es tu suerte!
Medrosas tiritan tus hojas menguadas.
Naranjo en la corte, qué pena de verte
con tus naranjitas secas y arrugadas.
Pobre limonero de fruto amarillo
cual pomo pulido de pálida cera,
¡qué pena mirarte, mísero arbolito
criado en mezquino tonel de madera!
De los claros bosques de la Andalucía,
¿quién os trajo a esta castellana tierra
que barren los vientos de la adusta sierra,
hijos de los campos de la tierra mía?
¡Gloria de los huertos, árbol limonero,
que enciendes los frutos de pálido oro,
y alumbras del negro cipresal austero
las quietas plegarias erguidas en coro;

y fresco naranjo del patio querido,
del campo risueño y el huerto soñado,
siempre en mi recuerdo maduro o florido
de frondas y aromas y frutos cargado!

LIV

LOS SUEÑOS MALOS

Está la plaza sombría;
muere el día.
Suenan lejos las campanas.
De balcones y ventanas
se iluminan las vidrieras,
con reflejos mortecinos,
como huesos blanquecinos
y borrosas calaveras.
En toda la tarde brilla
una luz de pesadilla.
Está el sol en el ocaso.
Suena el eco de mi paso.
—¿Eres tú? Ya te esperaba…
—No eres tú a quien yo buscaba.

LV

HASTÍO

Pasan las horas de hastío
por la estancia familiar,
el amplio cuarto sombrío

donde yo empecé a soñar.
Del reloj arrinconado,
que en la penumbra clarea,
el tic-tac acompasado
odiosamente golpea.
Dice la monotonía
del agua clara al caer:
un día es como otro día;
hoy es lo mismo que ayer.
Cae la tarde. El viento agita
el parque mustio y dorado…
¡Qué largamente ha llorado
toda la fronda marchita!

LVI

Sonaba el reloj la una,
dentro de mi cuarto. Era
triste la noche. La luna,
reluciente calavera,
ya del cenit declinado,
iba del ciprés del huerto
fríamente iluminado
el alto ramaje yerto.
Por la entreabierta ventana
llegaban a mis oídos
metálicos alaridos
de una música lejana.
Una música tristona,
una mazurca olvidada,
entre inocente y burlona,

mal tañida y mal soplada.
Y yo sentí el estupor
del alma cuando bosteza
el corazón, la cabeza,
y... morirse es lo mejor.

LVII

CONSEJOS

I

Este amor que quiere ser
acaso pronto será;
pero ¿cuándo ha de volver
lo que acaba de pasar?
Hoy dista mucho de ayer.
¡Ayer es Nunca jamás!

II

Moneda que está en la mano
quizá se deba guardar;
la monedita del alma
se pierde si no se da.

LVIII

GLOSA

Nuestras vidas son los ríos,
que van a dar a la mar,
que es el morir. ¡Gran cantar!
Entre los poetas míos
tiene Manrique un altar.
Dulce goce de vivir:
mala ciencia del pasar,
ciego huir a la mar.
Tras el pavor del morir
está el placer de llegar.
¡Gran placer!
Mas ¿y el horror de volver?
¡Gran pesar!

LIX

Anoche cuando dormía
soñé, ¡bendita ilusión!,
que una fontana fluía
dentro de mi corazón.
Di, ¿por qué acequia escondida,
agua, vienes hasta mí,
manantial de nuestra vida
en donde nunca bebí?
Anoche cuando dormía
soñé, ¡bendita ilusión!,
que una colmena tenía
dentro de mi corazón;

y las doradas abejas
iban fabricando en él,
con las amarguras viejas,
blanca cera y dulce miel.
Anoche cuando dormía
soñé, ¡bendita ilusión!,
que un ardiente sol lucía
dentro de mi corazón.
Era ardiente porque daba
calores de rojo hogar,
y era sol porque alumbraba
y porque hacía llorar.
Anoche cuando dormía
soñé, ¡bendita ilusión!,
que era Dios lo que tenía
dentro de mi corazón.

LX

¿Mi corazón se ha dormido?
Colmenares de mis sueños,
¿ya no labráis? ¿Está seca
la noria del pensamiento,
los cangilones vacíos,
girando, de sombra llenos?
No, mi corazón no duerme.
Está despierto, despierto.
Ni duerme ni sueña, mira,
los claros ojos abiertos,
señas lejanas y escucha
a orillas del gran silencio.

GALERÍAS

LXI

INTRODUCCIÓN

Leyendo un claro día
mis bien amados versos,
he visto en el profundo
espejo de mis sueños
que una verdad divina
temblando está de miedo,
y es una flor que quiere
echar su aroma al viento.
El alma del poeta
se orienta hacia el misterio.
Sólo el poeta puede
mirar lo que está lejos
dentro del alma, en turbio
y mago sol envuelto.
En esas galerías,
sin fondo, del recuerdo,
donde las pobres gentes
colgaron cual trofeo
el traje de una fiesta

apolillado y viejo,
allí el poeta sabe
el laborar eterno
mirar de las doradas
abejas de los sueños.
Poetas, con el alma
atenta al hondo cielo,
en la cruel batalla
o en el tranquilo huerto,
la nueva miel labramos
con los dolores viejos,
la veste blanca y pura
pacientemente hacemos,
y bajo el sol bruñimos
el fuerte arnés de hierro.
El alma que no sueña,
el enemigo espejo,
proyecta nuestra imagen
con un perfil grotesco.
Sentimos una ola
de sangre, en nuestro pecho,
que pasa… y sonreímos,
y a laborar volvemos.

LXII

Desgarrada la nube; el arco iris
brillando ya en el cielo,
y en un fanal de lluvia
y sol el campo envuelto.
Desperté. ¿Quién enturbia

los mágicos cristales de mi sueño?
Mi corazón latía
atónito y disperso.
… ¡El limonar florido,
el cipresal del huerto,
el prado verde, el sol, el agua, el iris…!
¡el agua en tus cabellos…!
Y todo en la memoria se perdía
como una pompa de jabón al viento.

LXIII

Y era el demonio de mi sueño, el ángel
más hermoso. Brillaban
como aceros los ojos victoriosos,
y las sangrientas llamas
de su antorcha alumbraron
la honda cripta del alma.
—¿Vendrás conmigo? —No, jamás; las tumbas
y los muertos me espantan.
Pero la férrea mano
mi diestra atenazaba.
—Vendrás conmigo… Y avancé en mi sueño,
cegado por la roja luminaria.
Y en la cripta sentí sonar cadenas,
y rebullir de fieras enjauladas.

LXIV

Desde el umbral de un sueño me llamaron...
Era la buena voz, la voz querida.
—Dime: ¿vendrás conmigo a ver el alma...?
Llegó a mi corazón una caricia.
—Contigo siempre... Y avancé en mi sueño
por una larga, escueta galería,
sintiendo el roce de la veste pura
y el palpitar suave de la mano amiga.

LXV

SUEÑO INFANTIL

Una clara noche
de fiesta y de luna,
noche de mis sueños,
noche de alegría
—era luz de mi alma,
que hoy es bruma toda,
no eran mis cabellos
negros todavía—,
el hada más joven
me llevó en sus brazos
a la alegre fiesta
que en la plaza ardía.
So el chisporroteo
de las luminarias
amor sus madejas
de danzas tejía.

Y en aquella noche
de fiesta y de luna,
noche de mis sueños,
noche de alegría,
el hada más joven
besaba mi frente...,
con su linda mano
su adiós me decía...
Todos los rosales
daban sus aromas,
todos los amores
amor entreabría.

LXVI

¡Y esos niños en hilera,
llevando el sol de la tarde
en sus velitas de cera...!

*

¡De amarillo calabaza,
en el azul, cómo sube
la luna, sobre la plaza!

*

Duro ceño.
Pirata, rubio africano,
barbitaheño.
Lleva un alfanje en la mano.
Estas figuras del sueño...

*

Donde las niñas cantan en corro,
en los jardines del limonar,
sobre la fuente, negro abejorro
pasa volando, zumba al volar.
Se oyó su bronco gruñir de abuelo
entre las claras voces sonar,
superflua nota de violoncelo
en los jardines del limonar.
Entre las cuatro blancas paredes,
cuando una mano cerró el balcón,
por los salones de sal-si-puedes
suena el rebato de su bordón.
Muda en el techo, quieta, ¿dormida?
la negra nota de angustia está,
y en la pradera verdiflorida
de un sueño niño volando va...

LXVII

Si yo fuera un poeta
galante, cantaría
a vuestros ojos un cantar tan puro
como en el mármol blanco el agua limpia.
Y en una estrofa de agua
todo el cantar sería:
«Ya sé que no responden a mis ojos,
que ven y no preguntan cuando miran,
los vuestros claros, vuestros ojos tienen
la buena luz tranquila,

la buena luz del mundo en flor, que he visto
desde los brazos de mi madre un día».

LXVIII

Llamó a mi corazón, un claro día,
con un perfume de jazmín, el viento.
—A cambio de este aroma,
todo el aroma de tus rosas quiero.
—No tengo rosas; flores
en mi jardín no hay ya; todas han muerto.
Me llevaré los llantos de las fuentes,
las hojas amarillas y los mustios pétalos.
Y el viento huyó… Mi corazón sangraba…
Alma, ¿qué has hecho de tu pobre huerto?

LXIX

Hoy buscarás en vano
a tu dolor consuelo.
Lleváronse tus hadas
el lino de tus sueños.
Está la fuente muda,
y está marchito el huerto.
Hoy sólo quedan lágrimas
para llorar. No hay que llorar, ¡silencio!

LXX

Y nada importa ya que el vino de oro
rebose de tu copa cristalina,
o el agrio zumo enturbie el puro vaso...
Tú sabes las secretas galerías
del alma, los caminos de los sueños,
y la tarde tranquila
donde van a morir... Allí te aguardan
las hadas silenciosas de la vida,
y hacia un jardín de eterna primavera
te llevarán un día.

LXXI

¡Tocados de otros días,
mustios encajes y marchitas sedas;
salterios arrumbados,
rincones de las salas polvorientas;
daguerrotipos turbios,
cartas que amarillean;
libracos no leídos
que guardan grises florecitas secas;
romanticismos muertos,
cursilerías viejas,
cosas de ayer que sois el alma, y cantos
y cuentos de la abuela...!

LXXII

La casa tan querida
donde habitaba ella,
sobre un montón de escombros arruinada
o derruida, enseña
el negro y carcomido
maltrabado esqueleto de madera.
La luna está vertiendo
su clara luz en sueños que platea
en las ventanas. Mal vestido y triste,
voy caminando por la calle vieja.

LXXIII

Ante el pálido lienzo de la tarde,
la iglesia, con sus torres afiladas
y el ancho campanario, en cuyos huecos
voltean suavemente las campanas,
alta y sombría, surge.
La estrella es una lágrima
en el azul celeste.
Bajo la estrella clara,
flota, vellón disperso,
una nube quimérica de plata.

LXXIV

Tarde tranquila, casi
con placidez de alma,
para ser joven, para haberlo sido

cuando Dios quiso, para
tener algunas alegrías... lejos,
y poder dulcemente recordarlas.

LXXV

Yo, como Anacreonte,
quiero cantar, reír y echar al viento
las sabias amarguras
y los graves consejos,
y quiero, sobre todo, emborracharme,
ya lo sabéis... ¡Grotesco!
Pura fe en el morir, pobre alegría
y macabro danzar antes de tiempo.

LXXVI

¡Oh tarde luminosa!
El aire está encantado.
La blanca cigüeña
dormita volando,
y las golondrinas se cruzan, tendidas
las alas agudas al viento dorado,
y en la tarde risueña se alejan
volando, soñando...
Y hay una que torna como la saeta,
las alas agudas tendidas al aire sombrío,
buscando su negro rincón del tejado.
La blanca cigüeña,
como un garabato,

tranquila y disforme ¡tan disparatada!
sobre el campanario.

LXXVII

Es una tarde cenicienta y mustia,
destartalada, como el alma mía;
y es esta vieja angustia
que habita mi usual hipocondría.
La causa de esta angustia no consigo
ni vagamente comprender siquiera;
pero recuerdo y, recordando, digo:
—Sí, yo era niño, y tú, mi compañera.

*

Y no es verdad, dolor, yo te conozco,
tú eres nostalgia de la vida buena
y soledad de corazón sombrío,
de barco sin naufragio y sin estrella.
Como perro olvidado que no tiene
huella ni olfato y yerra
por los caminos, sin camino, como
el niño que en la noche de una fiesta
se pierde entre el gentío
y el aire polvoriento y las candelas
chispeantes, atónito, y asombra
su corazón de música y de pena,
así voy yo, borracho melancólico,
guitarrista lunático, poeta,
y pobre hombre en sueños,
siempre buscando a Dios entre la niebla.

LXXVIII

¿Y ha de morir contigo el mundo mago
donde guarda el recuerdo
los hálitos más puros de la vida,
la blanca sombra del amor primero,
la voz que fue a tu corazón, la mano
que tú querías retener en sueños,
y todos los amores
que llegaron al alma, al hondo cielo?
¿Y ha de morir contigo el mundo tuyo,
la vieja vida en orden tuyo y nuevo?
¿Los yunques y crisoles de tu alma
trabajan para el polvo y para el viento?

LXXIX

Desnuda está la tierra,
y el alma aúlla al horizonte pálido
como loba famélica. ¿Qué buscas,
poeta, en el ocaso?
¡Amargo caminar, porque el camino
pesa en el corazón! ¡El viento helado,
y la noche que llega, y la amargura
de la distancia…! En el camino blanco
algunos yertos árboles negrean;
en los montes lejanos
hay oro y sangre… El sol murió… ¿Qué buscas,
poeta, en el ocaso?

LXXX

CAMPO

La tarde está muriendo
como un hogar humilde que se apaga.
Allá, sobre los montes,
quedan algunas brasas.
Y ese árbol roto en el camino blanco
hace llorar de lástima.
¡Dos ramas en el tronco herido, y una
hoja marchita y negra en cada rama!
¿Lloras…? Entre los álamos de oro,
lejos, la sombra del amor te aguarda.

LXXXI

A UN VIEJO Y DISTINGUIDO SEÑOR

Te he visto, por el parque ceniciento
que los poetas aman
para llorar, como una noble sombra
vagar, envuelto en tu levita larga.
El talante cortés, ha tantos años
compuesto de una fiesta en la antesala,
¡qué bien tus pobres huesos
ceremoniosos guardan!
Yo te he visto, aspirando distraído,
con el aliento que la tierra exhala
—hoy, tibia tarde en que las mustias hojas

húmedo viento arranca—,
del eucalipto verde
el frescor de las hojas perfumadas.
Y te he visto llevar la seca mano
a la perla que brilla en tu corbata.

LXXXII

LOS SUEÑOS

El hada más hermosa ha sonreído
al ver la lumbre de una estrella pálida,
que en hilo suave, blanco y silencioso
se enrosca al huso de su rubia hermana.
Y vuelve a sonreír, porque en su rueca
el hilo de los campos se enmaraña.
Tras la tenue cortina de la alcoba
está el jardín envuelto en luz dorada.
La cuna, casi en sombra. El niño duerme.
Dos hadas laboriosas lo acompañan,
hilando de los sueños los sutiles
copos en ruecas de marfil y plata.

LXXXIII

Guitarra del mesón que hoy suenas jota,
mañana petenera,
según quien llega y tañe
las empolvadas cuerdas,
guitarra del mesón de los caminos,

no fuiste nunca, ni serás, poeta.
Tú eres alma que dice su armonía
solitaria a las almas pasajeras...
Y siempre que te escucha el caminante
sueña escuchar un aire de su tierra.

LXXXIV

El rojo sol de un sueño en el Oriente asoma.
Luz en sueños. ¿No tiemblas, andante peregrino?
Pasado el llano verde, en la florida loma,
acaso está el cercano final de tu camino.
Tú no verás del trigo la espiga sazonada
y de macizas pomas cargado el manzanar,
ni de la vid rugosa la uva aurirrosada
ha de exprimir su alegre licor en tu lagar.
Cuando el primer aroma exhalen los jazmines
y cuando más palpiten las rosas del amor,
una mañana de oro que alumbre los jardines,
¿no huirá, como una nube dispersa, el sueño en flor?
Campo recién florido y verde, ¡quién pudiera
soñar aún largo tiempo en estas pequeñitas
corolas azuladas que manchan la pradera,
y en esas diminutas primeras margaritas!

LXXXV

La primavera besaba
suavemente la arboleda,
y el verde nuevo brotaba

como una verde humareda.
Las nubes iban pasando
sobre el campo juvenil...
Yo vi en las hojas temblando
las frescas lluvias de abril.
Bajo ese almendro florido,
todo cargado de flor,
—recordé—, yo he maldecido
mi juventud sin amor.
Hoy, en mitad de la vida,
me he parado a meditar...
¡Juventud nunca vivida
quién te volviera a soñar!

LXXXVI

Eran ayer mis dolores
como gusanos de seda
que iban labrando capullos;
hoy son mariposas negras.
¡De cuántas flores amargas
ha sacado blanca cera!
¡Oh, tiempo en que mis pesares
trabajaban como abejas!
Hoy son como avenas locas,
o cizaña en sementera,
como tizón en espiga,
como carcoma en madera.
¡Oh, tiempo en que mis dolores
tenían lágrimas buenas,
y eran como agua de noria

que va regando una huerta!
Hoy son agua de torrente
que arranca el limo a la tierra.
Dolores que ayer hicieron
de mi corazón colmena,
hoy tratan mi corazón
como a una muralla vieja:
quieren derribarlo, y pronto,
al golpe de la piqueta.

LXXXVII

RENACIMIENTO

Galería del alma… ¡El alma niña!
Su clara luz risueña;
y la pequeña historia,
y la alegría de la vida nueva…
¡Ah, volver a nacer, y andar camino,
ya recobrada la perdida senda!
Y volver a sentir en nuestra mano
aquel latido de la mano buena
de nuestra madre… Y caminar en sueños
por amor de la mano que nos lleva.

*

En nuestras almas todo
por misteriosa mano se gobierna.
Incomprensibles, mudas,
nada sabemos de las almas nuestras.

Las más hondas palabras
del sabio nos enseñan,
lo que el silbar del viento cuando sopla,
o el sonar de las aguas cuando ruedan.

LXXXVIII

Tal vez la mano, en sueños,
del sembrador de estrellas,
hizo sonar la música olvidada
como una nota de la lira inmensa,
y la ola humilde a nuestros labios vino
de unas pocas palabras verdaderas.

LXXXIX

Y podrás conocerte, recordando
del pasado soñar los turbios lienzos,
en este día triste en que caminas
con los ojos abiertos.
De toda la memoria, sólo vale
el don preclaro de evocar los sueños.

XC

Los árboles conservan
verdes aún las copas,
pero del verde mustio
de las marchitas frondas.

El agua de la fuente,
sobre la piedra tosca
y de verdín cubierta,
resbala silenciosa.
Arrastra el viento algunas
amarillentas hojas.
¡El viento de la tarde
sobre la tierra en sombra!

XCI

Húmedo está, bajo el laurel, el banco
de verdinosa piedra;
lavó la lluvia, sobre el muro blanco,
las empolvadas hojas de la hiedra.
Del viento del otoño el tibio aliento
los céspedes undula, y la alameda
conversa con el viento...
¡el viento de la tarde en la arboleda!
Mientras el sol en el ocaso esplende
que los racimos de la vid orea,
y el buen burgués, en su balcón, enciende
la estoica pipa en que el tabaco humea,
voy recordando versos juveniles...
¿Qué fue de aquel mi corazón sonoro?
¿Será cierto que os vais, sombras gentiles,
huyendo entre los árboles de oro?

VARIA

XCII

Pegasos, lindos pegasos,
caballitos de madera.
....
Yo conocí, siendo niño,
la alegría de dar vueltas
sobre un corcel colorado,
en una noche de fiesta.
En el aire polvoriento
chispeaban las candelas,
y la noche azul ardía
toda sembrada de estrellas.
¡Alegrías infantiles
que cuestan una moneda
de cobre, lindos pegasos,
caballitos de madera!

XCIII

Deletreos de armonía
que ensaya inexperta mano.
Hastío. Cacofonía
del sempiterno piano
que yo de niño escuchaba
soñando… no sé con qué,
con algo que no llegaba,
todo lo que ya se fue.

XCIV

En medio de la plaza y sobre tosca piedra,
el agua brota y brota. En el cercano huerto
eleva, tras el muro ceñido por la hiedra,
alto ciprés la mancha de su ramaje yerto.
La tarde está cayendo frente a los caserones
de la ancha plaza, en sueños. Relucen las vidrieras
con ecos mortecinos de sol. En los balcones
hay formas que parecen confusas calaveras.
La calma es infinita en la desierta plaza,
donde pasea el alma su traza de alma en pena.
El agua brota y brota en la marmórea taza.
En todo el aire en sombra no más que el agua suena.

XCV

COPLAS MUNDANAS

Poeta ayer, hoy triste y pobre
filósofo trasnochado,
tengo en monedas de cobre
el oro de ayer cambiado.
Sin placer y sin fortuna,
pasó como una quimera
mi juventud, la primera...
la sola, no hay más que una:
la de dentro es la de fuera.
Pasó como un torbellino,
bohemia y aborrascada,
harta de coplas y vino,
mi juventud bien amada.
Y hoy miro a las galerías
del recuerdo, para hacer
aleluyas de elegías
desconsoladas de ayer.
¡Adiós, lágrimas cantoras,
lágrimas que alegremente
brotabais, como en la fuente
las limpias aguas sonoras!
¡Buenas lágrimas vertidas
por un amor juvenil,
cual frescas lluvias caídas
sobre los campos de abril!
No canta ya el ruiseñor
de cierta noche serena;
sanamos del mal de amor

que sabe llorar sin pena.
Poeta ayer, hoy triste y pobre
filósofo trasnochado,
tengo en monedas de cobre
el oro de ayer cambiado.

XCVI

SOL DE INVIERNO

Es mediodía. Un parque.
Invierno. Blancas sendas;
simétricos montículos
y ramas esqueléticas.
Bajo el invernadero,
naranjos en maceta,
y en su tonel, pintado
de verde, la palmera.
Un viejecillo dice,
para su capa vieja:
«¡El sol, esta hermosura
de sol…!». Los niños juegan.
El agua de la fuente
resbala, corre y sueña
lamiendo, casi muda,
la verdinosa piedra.

CAMPOS DE CASTILLA (1907-1917)

RETRATO

Mi infancia son recuerdos de un patio de Sevilla,
y un huerto claro donde madura el limonero;
mi juventud, veinte años en tierra de Castilla;
mi historia, algunos casos que recordar no quiero.
Ni un seductor Mañara, ni un Bradomín he sido
—ya conocéis mi torpe aliño indumentario—,
mas recibí la flecha que me asignó Cupido,
y amé cuanto ellas pueden tener de hospitalario.
Hay en mis venas gotas de sangre jacobina,
pero mi verso brota de manantial sereno;
y, más que un hombre al uso que sabe su doctrina,
soy, en el buen sentido de la palabra, bueno.
Adoro la hermosura, y en la moderna estética
corté las viejas rosas del huerto de Ronsard;
mas no amo los afeites de la actual cosmética,
ni soy un ave de esas del nuevo gay-trinar.
Desdeño las romanzas de los tenores huecos
y el coro de los grillos que cantan a la luna.
A distinguir me paro las voces de los ecos,

y escucho solamente, entre las voces, una.
¿Soy clásico o romántico? No sé. Dejar quisiera
mi verso, como deja el capitán su espada:
famosa por la mano viril que la blandiera,
no por el docto oficio del forjador preciada.
Converso con el hombre que siempre va conmigo
—quien habla solo espera hablar a Dios un día—;
mi soliloquio es plática con este buen amigo
que me enseñó el secreto de la filantropía.
Y al cabo, nada os debo; debéisme cuanto he escrito.
A mi trabajo acudo, con mi dinero pago
el traje que me cubre y la mansión que habito,
el pan que me alimenta y el lecho en donde yago.
Y cuando llegue el día del último viaje,
y esté al partir la nave que nunca ha de tornar,
me encontraréis a bordo ligero de equipaje,
casi desnudo, como los hijos de la mar.

XCVIII

A ORILLAS DEL DUERO

Mediaba el mes de julio. Era un hermoso día.
Yo, solo, por las quiebras del pedregal subía,
buscando los recodos de sombra, lentamente.
A trechos me paraba para enjugar mi frente
y dar algún respiro al pecho jadeante;
o bien, ahincando el paso, el cuerpo hacia adelante
y hacia la mano diestra vencido y apoyado
en un bastón, a guisa de pastoril cayado,
trepaba por los cerros que habitan las rapaces

aves de altura, hollando las hierbas montaraces
de fuerte olor —romero, tomillo, salvia, espliego—.
Sobre los agrios campos caía un sol de fuego.
Un buitre de anchas alas con majestuoso vuelo
cruzaba solitario el puro azul del cielo.
Yo divisaba, lejos, un monte alto y agudo,
y una redonda loma cual recamado escudo,
y cárdenos alcores sobre la parda tierra
—harapos esparcidos de un viejo arnés de guerra—,
las serrezuelas calvas por donde tuerce el Duero
para formar la corva ballesta de un arquero
en torno a Soria. —Soria es una barbacana,
hacia Aragón, que tiene la torre castellana—.
Veía el horizonte cerrado por colinas
obscuras, coronadas de robles y de encinas;
desnudos peñascales, algún humilde prado
donde el merino pace y el toro, arrodillado
sobre la hierba, rumia; las márgenes del río
lucir sus verdes álamos al claro sol de estío,
y, silenciosamente, lejanos pasajeros,
¡tan diminutos! —carros, jinetes y arrieros—
cruzar el largo puente, y bajo las arcadas
de piedra ensombrecerse las aguas plateadas
del Duero.
El Duero cruza el corazón de roble
de Iberia y de Castilla.
¡Oh, tierra triste y noble,
la de los altos llanos y yermos y roquedas,
de campos sin arados, regatos ni arboledas;
decrépitas ciudades, caminos sin mesones,
y atónitos palurdos sin danzas ni canciones
que aún van, abandonando el mortecino hogar,

como tus largos ríos, Castilla, hacia la mar!
Castilla miserable, ayer dominadora,
envuelta en sus andrajos desprecia cuanto ignora.
¿Espera, duerme o sueña? ¿La sangre derramada
recuerda, cuando tuvo la fiebre de la espada?
Todo se mueve, fluye, discurre, corre o gira;
cambian la mar y el monte y el ojo que los mira.
¿Pasó? Sobre sus campos aún el fantasma yerra
de un pueblo que ponía a Dios sobre la guerra.
La madre en otro tiempo fecunda en capitanes,
madrastra es hoy apenas de humildes ganapanes.
Castilla no es aquella tan generosa un día,
cuando Myo Cid Rodrigo el de Vivar volvía,
ufano de su nueva fortuna y su opulencia,
a regalar a Alfonso los huertos de Valencia;
o que, tras la aventura que acreditó sus bríos,
pedía la conquista de los inmensos ríos
indianos a la corte, la madre de soldados,
guerreros y adalides que han de tornar, cargados
de plata y oro, a España, en regios galeones,
para la presa cuervos, para la lid leones.
Filósofos nutridos de sopa de convento
contemplan impasibles el amplio firmamento;
y se les llega en sueños, como un rumor distante,
clamor de mercaderes de muelles de Levante,
no acudirán siquiera a preguntar ¿qué pasa?
Y ya la guerra ha abierto las puertas de su casa.
Castilla miserable, ayer dominadora,
envuelta en sus harapos desprecia cuanto ignora.
El sol va declinando. De la ciudad lejana
me llega un armonioso tañido de campana
—ya irán a su rosario las enlutadas viejas—.

De entre las peñas salen dos lindas comadrejas;
me miran y se alejan, huyendo, y aparecen
de nuevo, ¡tan curiosas...! Los campos se obscurecen.
Hacia el camino blanco está el mesón abierto
al campo ensombrecido y al pedregal desierto.

XCIX

POR TIERRAS DE ESPAÑA

El hombre de estos campos que incendia los pinares
y su despojo aguarda como botín de guerra,
antaño hubo raído los negros encinares,
talado los robustos robledos de la sierra.
Hoy ve a sus pobres hijos huyendo de sus lares;
la tempestad llevarse los limos de la tierra
por los sagrados ríos hacia los anchos mares;
y en páramos malditos trabaja, sufre y yerra.
Es hijo de una estirpe de rudos caminantes,
pastores que conducen sus hordas de merinos
a Extremadura fértil, rebaños trashumantes
que mancha el polvo y dora el sol de los caminos.
Pequeño, ágil, sufrido, los ojos de hombre astuto,
hundidos, recelosos, movibles; y trazadas
cual arco de ballesta, en el semblante enjuto
de pómulos salientes, las cejas muy pobladas.
Abunda el hombre malo del campo y de la aldea,
capaz de insanos vicios y crímenes bestiales,
que bajo el pardo sayo esconde un alma fea,
esclava de los siete pecados capitales.
Los ojos siempre turbios de envidia o de tristeza,

guarda su presa y libra la que el vecino alcanza;
ni para su infortunio ni goza su riqueza;
le hieren y acongojan fortuna y malandanza.
El numen de estos campos es sanguinario y fiero;
al declinar la tarde, sobre el remoto alcor,
veréis agigantarse la forma de un arquero,
la forma de un inmenso centauro flechador.
Veréis llanuras bélicas y páramos de asceta
—no fue por estos campos el bíblico jardín—;
son tierras para el águila, un trozo de planeta
por donde cruza errante la sombra de Caín.

C

EL HOSPICIO

Es el hospicio, el viejo hospicio provinciano,
el caserón ruinoso de ennegrecidas tejas
en donde los vencejos anidan en verano
y graznan en las noches de invierno las cornejas.
Con su frontón al Norte, entre los dos torreones
de antigua fortaleza, el sórdido edificio
de grietados muros y sucios paredones,
es un rincón de sombra eterna. ¡El viejo hospicio!
Mientras el sol de enero su débil luz envía,
su triste luz velada sobre los campos yermos,
a un ventanuco asoman, al declinar el día,
algunos rostros pálidos, atónitos y enfermos,
a contemplar los montes azules de la sierra;
o, de los cielos blancos, como sobre una fosa,
caer la blanca nieve sobre la fría tierra,
¡sobre la tierra fría la nieve silenciosa...!

CI

EL DIOS IBERO

Igual que el ballestero
tahúr de la cantiga,
tuviera una saeta el hombre ibero
para el Señor que apedreó la espiga
y malogró los frutos otoñales,
y un «gloria a ti» para el Señor que grana
centenos y trigales
que el pan bendito le darán mañana.
«Señor de la ruina,
adoro porque aguardo y porque temo:
con mi oración se inclina
hacia la tierra un corazón blasfemo.
»¡Señor, por quien arranco el pan con pena,
sé tu poder, conozco mi cadena!
¡Oh dueño de la nube del estío
que la campiña arrasa,
del seco otoño, del helar tardío,
y del bochorno que la mies abrasa!
»¡Señor del iris, sobre el campo verde
donde la oveja pace,
Señor del fruto que el gusano muerde
y de la choza que el turbión deshace,
»tu soplo el fuego del hogar aviva,
tu lumbre da sazón al rubio grano,
y cuaja el hueso de la verde oliva,
la noche de San Juan, tu santa mano!
»¡Oh dueño de fortuna y de pobreza,
ventura y malandanza,

que al rico das favores y pereza
y al pobre su fatiga y su esperanza!
»¡Señor, Señor: en la voltaria rueda
del año he visto mi simiente echada,
corriendo igual albur que la moneda
del jugador en el azar sembrada!
»¡Señor, hoy paternal, ayer cruento,
con doble faz de amor y de venganza,
a ti, en un dado de tahúr al viento
va mi oración, blasfemia y alabanza!».
Este que insulta a Dios en los altares,
no más atento al ceño del destino,
también soñó caminos en los mares
y dijo: es Dios sobre la mar camino.
¿No es él quien puso a Dios sobre la guerra,
más allá de la suerte,
más allá de la tierra,
más allá de la mar y de la muerte?
¿No dio la encina ibera
para el fuego de Dios la buena rama,
que fue en la santa hoguera
de amor una con Dios en pura llama?
Mas hoy... ¡Qué importa un día!
Para los nuevos lares
estepas hay en la floresta umbría,
leña verde en los viejos encinares.
Aún larga patria espera
abrir el corvo arado sus besanas;
para el grano de Dios hay sementera
bajo cardos y abrojos y bardanas.
¡Qué importa un día! Está el ayer alerto
al mañana, mañana al infinito,

hombre de España, ni el pasado ha muerto,
no está el mañana —ni el ayer— escrito.
¿Quién ha visto la faz al Dios hispano?
Mi corazón aguarda
al hombre ibero de la recia mano,
que tallará en el roble castellano
el Dios adusto de la tierra parda.

CII

ORILLAS DEL DUERO

¡Primavera soriana, primavera
humilde, como el sueño de un bendito,
de un pobre caminante que durmiera
de cansancio en un páramo infinito!
¡Campillo amarillento,
como tosco sayal de campesina,
pradera de velludo polvoriento
donde pace la escuálida merina!
¡Aquellos diminutos pegujales
de tierra dura y fría,
donde apuntan centenos y trigales
que el pan moreno nos darán un día!
Y otra vez roca y roca, pedregales
desnudos y pelados serrijones,
la tierra de las águilas caudales,
malezas y jarales,
hierbas monteses, zarzas y cambrones.
¡Oh tierra ingrata y fuerte, tierra mía!
¡Castilla, tus decrépitas ciudades!
¡La agria melancolía

que puebla tus sombrías soledades!
¡Castilla varonil, adusta tierra,
Castilla del desdén contra la suerte,
Castilla del dolor y de la guerra,
tierra inmortal, Castilla de la muerte!
Era una tarde, cuando el campo huía
del sol, y en el asombro del planeta,
como un globo morado aparecía
la hermosa luna, amada del poeta.
En el cárdeno cielo violeta
alguna clara estrella fulguraba.
El aire ensombrecido
oreaba mis sienes, y acercaba
el murmullo del agua hasta mi oído.
Entre cerros de plomo y de ceniza
manchados de roídos encinares,
y entre calvas roquedas de caliza,
iba a embestir los ocho tajamares
del puente el padre río,
que surca de Castilla el yermo frío.
¡Oh Duero, tu agua corre
y correrá mientras las nieves blancas
de enero el sol de mayo
haga fluir por hoces y barrancas,
mientras tengan las sierras su turbante
de nieve y de tormenta,
y brille el olifante
del sol, tras de la nube cenicienta...!
¿Y el viejo romancero
fue el sueño de un juglar junto a tu orilla?
¿Acaso como tú y por siempre, Duero,
irá corriendo hacia la mar Castilla?

CIII

LAS ENCINAS

A los señores de Masriera, en recuerdo
de una expedición a El Pardo

¡Encinares castellanos
en laderas y altozanos,
serrijones y colinas
llenos de obscura maleza,
encinas, pardas encinas;
humildad y fortaleza!
Mientras que llenándoos va
el hacha de calvijares,
¿nadie cantaros sabrá,
encinares?
El roble es la guerra, el roble
dice el valor y el coraje,
rabia inmoble
en su torcido ramaje;
y es más rudo
que la encina, más nervudo,
más altivo y más señor.
El alto roble parece
que recalca y enmudece
su robustez como atleta
que, erguido, afinca en el suelo.
El pino es el mar y el cielo
y la montaña: el planeta.
La palmera es el desierto,

el sol y la lejanía:
la sed; una fuente fría
soñada en el campo yerto.
Las hayas son la leyenda.
Alguien, en las viejas hayas,
leía una historia horrenda
de crímenes y batallas.
¿Quién ha visto sin temblar
un hayedo en un pinar?
Los chopos son la ribera,
liras de la primavera,
cerca del agua que fluye,
pasa y huye,
viva o lenta,
que se emboca turbulenta
o en remanso se dilata.
En su eterno escalofrío
copian del agua del río
las vivas ondas de plata.
De los parques las olmedas
son las buenas arboledas
que nos han visto jugar,
cuando eran nuestros cabellos
rubios y, con nieve en ellos,
nos han de ver meditar.
Tiene el manzano el olor
de su poma,
el eucalipto el aroma
de sus hojas, de su flor
el naranjo la fragancia;
y es del huerto
la elegancia

el ciprés obscuro y yerto.
¿Qué tienes tú, negra encina
campesina,
con tus ramas sin color
en el campo sin verdor;
con tu tronco ceniciento
sin esbeltez ni altiveza,
con tu vigor sin tormento,
y tu humildad que es firmeza?
En tu copa ancha y redonda
nada brilla,
ni tu verdiobscura fronda
ni tu flor verdiamarilla.
Nada es lindo ni arrogante
en tu porte, ni guerrero,
nada fiero
que aderece su talante.
Brotas derecha o torcida
con esa humildad que cede
sólo a la ley de la vida,
que es vivir como se puede.
El campo mismo se hizo
árbol en ti, parda encina.
Ya bajo el sol que calcina,
ya contra el hielo invernizo,
el bochorno y la borrasca,
el agosto y el enero,
los copos de la nevasca,
los hilos del aguacero,
siempre firme, siempre igual,
impasible, casta y buena,
¡oh tú, robusta y serena,

eterna encina rural
de los negros encinares
de la raya aragonesa
y las crestas militares
de la tierra pamplonesa;
encinas de Extremadura,
de Castilla, que hizo a España,
encinas de la llanura,
del cerro y de la montaña;
encinas del alto llano
que el joven Duero rodea,
y del Tajo que serpea
por el suelo toledano;
encinas de junto al mar
—en Santander—, encinar
que pones tu nota arisca,
como un castellano ceño,
en Córdoba la morisca,
y tú, encinar madrileño,
bajo Guadarrama frío,
tan hermoso, tan sombrío,
con tu adustez castellana
corrigiendo
la vanidad y el atuendo
y la hetiquez cortesana…!
Ya sé, encinas
campesinas
que os pintaron, con lebreles
elegantes y corceles,
los más egregios pinceles,
y os cantaron los poetas
augustales,

que os asordan escopetas
de cazadores reales;
mas sois el campo y el lar
y la sombra tutelar
de los buenos aldeanos
que visten parda estameña,
y que cortan vuestra leña
con sus manos.

CIV

¿Eres tú, Guadarrama, viejo amigo,
la sierra gris y blanca,
la sierra de mis tardes madrileñas
que yo veía en el azul pintada?
Por tus barrancos hondos
y por tus cumbres agrias,
mil Guadarramas y mil soles vienen,
cabalgando conmigo, a tus entrañas.

Camino de Balsaín, 1911

CV

EN ABRIL, LAS AGUAS MIL

Son de abril las aguas mil.
Sopla el viento achubascado,
y entre nublado y nublado
hay trozos de cielo añil.
Agua y sol. El iris brilla.
En una nube lejana,

zigzaguea
una centella amarilla.
La lluvia da en la ventana
y el cristal repiquetea.
A través de la neblina
que forma la lluvia fina,
se divisa un prado verde,
y un encinar se esfumina,
y una sierra gris se pierde.
Los hilos del aguacero
sesgan las nacientes frondas,
y agitan las turbias ondas
en el remanso del Duero.
Lloviendo está en los habares
y en las pardas sementeras;
hay sol en los encinares,
charcos por las carreteras.
Lluvia y sol. Ya se obscurece
el campo, ya se ilumina;
allí un cerro desaparece,
allá surge una colina.
Ya son claros, ya sombríos
los dispersos caseríos,
los lejanos torreones.
Hacia la sierra plomiza
van rodando en pelotones
nubes de guata y ceniza.

CVI

UN LOCO

Es una tarde mustia y desabrida
de un otoño sin frutos, en la tierra
estéril y raída
donde la sombra de un centauro yerra.
Por un camino en la árida llanura,
entre álamos marchitos,
a solas con su sombra y su locura
va el loco, hablando a gritos.
Lejos se ven sombríos estepares,
colinas con malezas y cambrones,
y ruinas de viejos encinares,
coronando los agrios serrijones.
El loco vocifera
a solas con su sombra y su quimera.
Es horrible y grotesca su figura;
flaco, sucio, maltrecho y mal rapado,
ojos de calentura
iluminan su rostro demacrado.
Huye de la ciudad… Pobres maldades,
misérrimas virtudes y quehaceres
de chulos aburridos, y ruindades
de ociosos mercaderes.
Por los campos de Dios el loco avanza.
Tras la tierra esquelética y sequiza
—rojo de herrumbre y pardo de ceniza—
hay un sueño de lirio en lontananza.
Huye de la ciudad. ¡El tedio urbano!
—¡carne triste y espíritu villano!—.

No fue por una trágica amargura
esta alma errante desgajada y rota;
purga un pecado ajeno: la cordura,
la terrible cordura del idiota.

CVII

FANTASÍA ICONOGRÁFICA

La calva prematura
brilla sobre la frente amplia y severa;
bajo la piel de pálida tersura
se trasluce la fina calavera.
Mentón agudo y pómulos marcados
por trazos de un punzón adamantino;
y de insólita púrpura manchados
los labios que soñara un florentino.
Mientras la boca sonreír parece,
los ojos perspicaces,
que un ceño pensativo empequeñece,
miran y ven, profundos y tenaces.
Tiene sobre la mesa un libro viejo
donde posa la mano distraída.
Al fondo de la cuadra, en el espejo,
una tarde dorada está dormida.
Montañas de violeta
y grisientos breñales,
la tierra que ama el santo y el poeta,
los buitres y las águilas caudales.
Del abierto balcón al blanco muro
va una franja de sol anaranjada

que inflama el aire, en el ambiente obscuro
que envuelve la armadura arrinconada.

CVIII

UN CRIMINAL

El acusado es pálido y lampiño.
Arde en sus ojos una fosca lumbre,
que repugna a su máscara de niño
y ademán de piadosa mansedumbre.
Conserva del obscuro seminario
el talante modesto y la costumbre
de mirar a la tierra o al breviario.
Devoto de María,
madre de pecadores,
por Burgos bachiller en teología,
presto a tomar las órdenes menores.
Fue su crimen atroz. Hartóse un día
de los textos profanos y divinos,
sintió pesar del tiempo que perdía
enderezando hipérbatons latinos.
Enamoróse de una hermosa niña,
subiósele el amor a la cabeza
como el zumo dorado de la viña,
y despertó su natural fiereza.
En sueños vio a sus padres —labradores
de mediano caudal— iluminados
del hogar por los rojos resplandores,
los campesinos rostros atezados.
Quiso heredar. ¡Oh, guindos y nogales

del huerto familiar, verde y sombrío,
y doradas espigas candeales,
que colmarán los trojes del estío!
Y se acordó del hacha que pendía
en el muro, luciente y afilada,
el hacha fuerte que la leña hacía
de la rama de roble cercenada.
....

Frente al reo, los jueces con sus viejos
ropones enlutados;
y una hilera de obscuros entrecejos
y de plebeyos rostros: los jurados.
El abogado defensor perora,
golpeando el pupitre con la mano;
emborrona papel un escribano,
mientras oye el fiscal, indiferente,
el alegato enfático y sonoro,
y repasa los autos judiciales
o, entre sus dedos, de las gafas de oro
acaricia los límpidos cristales.
Dice un ujier: «Va sin remedio al palo».
El joven cuervo la clemencia espera.
Un pueblo, carne de horca, la severa
justicia aguarda que castiga al malo.

CIX

AMANECER DE OTOÑO

A Julio Romero de Torres

Una larga carretera
entre grises peñascales,
y alguna humilde pradera
donde pacen negros toros. Zarzas, malezas, jarales.
Está la tierra mojada
por las gotas del rocío,
y la alameda dorada,
hacia la curva del río.
Tras los montes de violeta
quebrado el primer albor;
a la espalda la escopeta,
entre sus galgos agudos, caminando un cazador.

CX

EN TREN

Yo, para todo viaje
—siempre sobre la madera
de mi vagón de tercera—,
voy ligero de equipaje.
Si es de noche, porque no
acostumbro a dormir yo,
y de día, por mirar
los arbolitos pasar,

yo nunca duermo en el tren,
y, sin embargo, voy bien.
¡Este placer de alejarse!
Londres, Madrid, Ponferrada,
tan lindos… para marcharse.
Lo molesto es la llegada.
Luego, el tren, al caminar,
siempre nos hace soñar;
y casi, casi olvidamos
el jamelgo que montamos.
¡Oh, el pollino
que sabe bien el camino!
¿Dónde estamos?
¿Dónde todos nos bajamos?
¡Frente a mí va una monjita
tan bonita!
Tiene esa expresión serena
que a la pena
da una esperanza infinita.
Y yo pienso: Tú eres buena;
porque diste tus amores
a Jesús; porque no quieres
ser madre de pecadores.
Mas tú eres
maternal,
bendita entre las mujeres,
madrecita virginal.
Algo en tu rostro es divino
bajo tus cofias de lino.
Tus mejillas
—esas rosas amarillas—
fueron rosadas, y, luego,

ardió en tus entrañas fuego;
y hoy, esposa de la Cruz,
ya eres luz, y sólo luz…
¡Todas las mujeres bellas
fueran, como tú, doncellas
en un convento a encerrarse…!
Y la niña que yo quiero,
¡ay!, ¡preferirá casarse
con un mocito barbero!
El tren camina y camina,
y la máquina resuella,
y tose con tos ferina.
¡Vamos en una centella!

CXI

NOCHE DE VERANO

Es una hermosa noche de verano.
Tienen las altas casas
abiertos los balcones
del viejo pueblo a la anchurosa plaza.
En el amplio rectángulo desierto,
bancos de piedra, evónimos y acacias
simétricos dibujan
sus negras sombras en la arena blanca.
En el cenit, la luna, y en la torre,
la esfera del reloj iluminada.
Yo en este viejo pueblo paseando
solo, como un fantasma.

CXII

PASCUA DE RESURRECCIÓN

Mirad: el arco de la vida traza
el iris sobre el campo que verdea.
Buscad vuestros amores, doncellitas,
donde brota la fuente de la piedra.
En donde el agua ríe y sueña y pasa,
allí el romance del amor se cuenta.
¿No han de mirar un día, en vuestros brazos,
atónitos, el sol de primavera,
ojos que vienen a la luz cerrados,
y que al partirse de la vida ciegan?
¿No beberán un día en vuestros senos
los que mañana labrarán la tierra?
¡Oh, celebrad este domingo claro,
madrecitas en flor, vuestras entrañas nuevas!
Gozad esta sonrisa de vuestra ruda madre.
Ya sus hermosos nidos habitan las cigüeñas,
y escriben en las torres sus blancos garabatos.
Como esmeraldas lucen los musgos de las peñas.
Entre los robles muerden
los negros toros la menuda hierba,
y el pastor que apacienta los merinos
su pardo sayo en la montaña deja.

CXIII

CAMPOS DE SORIA

I

Es la tierra de Soria árida y fría.
Por las colinas y las sierras calvas,
verdes pradillos, cerros cenicientos,
la primavera pasa
dejando entre las hierbas olorosas
sus diminutas margaritas blancas.
La tierra no revive, el campo sueña.
Al empezar abril está nevada
la espalda del Moncayo;
el caminante lleva en su bufanda
envueltos cuello y boca, y los pastores
pasan cubiertos con sus luengas capas.

II

Las tierras labrantías,
como retazos de estameñas pardas,
el huertecillo, el abejar, los trozos
de verde obscuro en que el merino pasta,
entre plomizos peñascales, siembran
el sueño alegre de infantil Arcadia.
En los chopos lejanos del camino,
parecen humear las yertas ramas
como un glauco vapor —las nuevas hojas—
y en las quiebras de valles y barrancas

blanquean los zarzales florecidos,
y brotan las violetas perfumadas.

III

Es el campo undulado, y los caminos
ya ocultan los viajeros que cabalgan
en pardos borriquillos,
ya al fondo de la tarde arrebolada
elevan las plebeyas figurillas,
que el lienzo de oro del ocaso manchan.
Mas si trepáis a un cerro y veis el campo
desde los picos donde habita el águila,
son tornasoles de carmín y acero,
llanos plomizos, lomas plateadas,
circuidos por montes de violeta,
con las cumbres de nieve sonrosada.

IV

¡Las figuras del campo sobre el cielo!
Dos lentos bueyes aran
en un alcor, cuando el otoño empieza,
y entre las negras testas doblegadas
bajo el pesado yugo,
pende un cesto de juncos y retama,
que es la cuna de un niño;
y tras la yunta marcha
un hombre que se inclina hacia la tierra,
y una mujer que en las abiertas zanjas

arroja la semilla.
Bajo una nube de carmín y llama,
en el oro fluido y verdinoso
del poniente, las sombras se agigantan.

V

La nieve. En el mesón al campo abierto
se ve el hogar donde la leña humea
y la olla al hervir borbollonea.
El cierzo corre por el campo yerto,
alborotando en blancos torbellinos
la nieve silenciosa.
La nieve sobre el campo y los caminos,
cayendo está como sobre una fosa.
Un viejo acurrucado tiembla y tose
cerca del fuego; su mechón de lana
la vieja hila, y una niña cose
verde ribete a su estameña grana.
Padres los viejos son de un arriero
que caminó sobre la blanca tierra,
y una noche perdió ruta y sendero,
y se enterró en las nieves de la sierra.
En torno al fuego hay un lugar vacío
y en la frente del viejo, de hosco ceño,
como un tachón sombrío
—tal el golpe de un hacha sobre un leño—.
La vieja mira al campo, cual si oyera
pasos sobre la nieve. Nadie pasa.
Desierta la vecina carretera,
desierto el campo en torno de la casa.

La niña piensa que en los verdes prados
ha de correr con otras doncellitas
en los días azules y dorados,
cuando crecen las blancas margaritas.

VI

¡Soria fría, *Soria pura,*
cabeza de Extremadura,
con su castillo guerrero
arruinado, sobre el Duero;
con sus murallas roídas
y sus casas denegridas!
¡Muerta ciudad de señores
soldados o cazadores;
de portales con escudos
de cien linajes hidalgos,
y de famélicos galgos,
de galgos flacos y agudos,
que pululan
por las sórdidas callejas,
y a la medianoche ululan,
cuando graznan las cornejas!
¡Soria fría! La campana
de la Audiencia da la una.
Soria, ciudad castellana
¡tan bella! bajo la luna.

VII

¡Colinas plateadas,
grises alcores, cárdenas roquedas
por donde traza el Duero
su curva de ballesta
en torno a Soria, obscuros encinares,
ariscos pedregales, calvas sierras,
caminos blancos y álamos del río,
tardes de Soria, mística y guerrera,
hoy siento por vosotros, en el fondo
del corazón, tristeza,
tristeza que es amor! ¡Campos de Soria
donde parece que las rocas sueñan,
conmigo vais! ¡Colinas plateadas,
grises alcores, cárdenas roquedas...!

VIII

He vuelto a ver los álamos dorados,
álamos del camino en la ribera
del Duero, entre San Polo y San Saturio,
tras las murallas viejas
de Soria —barbacana
hacia Aragón, en castellana tierra—.
Estos chopos del río, que acompañan
con el sonido de sus hojas secas
el son del agua, cuando el viento sopla,
tienen en sus cortezas
grabadas iniciales que son nombres
de enamorados, cifras que son fechas.

¡Álamos del amor que ayer tuvisteis
de ruiseñores vuestras ramas llenas;
álamos que seréis mañana liras
del viento perfumado en primavera;
álamos del amor cerca del agua
que corre y pasa y sueña,
álamos de las márgenes del Duero,
conmigo vais, mi corazón os lleva!

IX

¡Oh, sí! Conmigo vais, campos de Soria,
tardes tranquilas, montes de violeta,
alamedas del río, verde sueño
del suelo gris y de la parda tierra,
agria melancolía
de la ciudad decrépita,
me habéis llegado al alma,
¿o acaso estabais en el fondo de ella?
¡Gentes del alto llano numantino
que a Dios guardáis como cristianas viejas,
que el sol de España os llene
de alegría, de luz y de riqueza!

CXIV

LA TIERRA DE ALVARGONZÁLEZ

Al poeta Juan Ramón Jiménez

I

Siendo mozo Alvargonzález,
dueño de mediana hacienda,
que en otras tierras se dice
bienestar y aquí, opulencia,
en la feria de Berlanga
prendóse de una doncella,
y la tomó por mujer
al año de conocerla.
Muy ricas las bodas fueron,
y quien las vio las recuerda;
sonadas las tornabodas
que hizo Alvar en su aldea;
hubo gaitas, tamboriles,
flauta, bandurria y vihuela,
fuegos a la valenciana
y danza a la aragonesa.

II

Feliz vivió Alvargonzález
en el amor de su tierra.
Naciéronle tres varones,
que en el campo son riqueza,

y, ya crecidos, los puso,
uno a cultivar la huerta,
otro a cuidar los merinos,
y dio el menor a la Iglesia.

III

Mucha sangre de Caín
tiene la gente labriega,
y en el hogar campesino
armó la envidia pelea.
Casáronse los mayores;
tuvo Alvargonzález nueras,
que le trajeron cizaña,
antes que nietos le dieran.
La codicia de los campos
ve tras la muerte la herencia;
no goza de lo que tiene
por ansia de lo que espera.
El menor, que a los latines
prefería las doncellas
hermosas y no gustaba
de vestir por la cabeza,
colgó la sotana un día
y partió a lejanas tierras.
La madre lloró; y el padre
diole bendición y herencia.

IV

Alvargonzález ya tiene
la adusta frente arrugada,
por la barba le platea
la sombra azul de la cara.
Una mañana de otoño
salió solo de su casa;
no llevaba sus lebreles,
agudos canes de caza;
iba triste y pensativo
por la alameda dorada;
anduvo largo camino
y llegó a una fuente clara.
Echóse en la tierra; puso
sobre una piedra la manta,
y a la vera de la fuente
durmió al arrullo del agua.

EL SUEÑO

I

Y Alvargonzález veía,
como Jacob, una escala
que iba de la tierra al cielo,
y oyó una voz que le hablaba.
Mas las hadas hilanderas,
entre las vedijas blancas
y vellones de oro, han puesto
un mechón de negra lana.

II

Tres niños están jugando
a la puerta de su casa;
entre los mayores brinca
un cuervo de negras alas.
La mujer vigila, cose
y, a ratos, sonríe y canta.
—Hijos, ¿qué hacéis? —les pregunta.
Ellos se miran y callan.
—Subid al monte, hijos míos,
y antes que la noche caiga,
con un brazado de estepas
hacedme una buena llama.

III

Sobre el lar de Alvargonzález
está la leña apilada;
el mayor quiere encenderla,
pero no brota la llama.
—Padre, la hoguera no prende,
está la estepa mojada.
Su hermano viene a ayudarle
y arroja astillas y ramas
sobre los troncos de roble;
pero el rescoldo se apaga.
Acude el menor, y enciende,
bajo la negra campana
de la cocina, una hoguera
que alumbra toda la casa.

IV

Alvargonzález levanta
en brazos al más pequeño
y en sus rodillas lo sienta:
—Tus manos hacen el fuego;
aunque el último naciste
tú eres en mi amor primero.
Los dos mayores se alejan
por los rincones del sueño.
Entre los dos fugitivos
reluce un hacha de hierro.

AQUELLA TARDE...

I

Sobre los campos desnudos,
la luna llena manchada
de un arrebol purpurino,
enorme globo asomaba.
Los hijos de Alvargonzález
silenciosos caminaban,
y han visto al padre dormido
junto de la fuente clara.

II

Tiene el padre entre las cejas
un ceño que le aborrasca
el rostro, un tachón sombrío

como la huella de un hacha.
Soñando está con sus hijos,
que sus hijos lo apuñalan;
y cuando despierta mira
que es cierto lo que soñaba.

III

A la vera de la fuente
quedó Alvargonzález muerto.
Tiene cuatro puñaladas
entre el costado y el pecho,
por donde la sangre brota,
más un hachazo en el cuello.
Cuenta la hazaña del campo
el agua clara corriendo,
mientras los dos asesinos
huyen hacia los hayedos.
Hasta la Laguna Negra,
bajo las fuentes del Duero,
llevan el muerto, dejando
detrás un rastro sangriento;
y en la laguna sin fondo,
que guarda bien los secretos,
con una piedra amarrada
a los pies, tumba le dieron.

IV

Se encontró junto a la fuente
la manta de Alvargonzález,
y, camino del hayedo,
se vio un reguero de sangre.
Nadie de la aldea ha osado
a la laguna acercarse,
y el sondarla inútil fuera,
que es la laguna insondable.
Un buhonero, que cruzaba
aquellas tierras errante,
fue en Dauria acusado, preso
y muerto en garrote infame.

V

Pasados algunos meses,
la madre murió de pena.
Los que muerta la encontraron
dicen que las manos yertas
sobre su rostro tenía,
oculto el rostro con ellas.

VI

Los hijos de Alvargonzález
ya tienen majada y huerta,
campos de trigo y centeno
y prados de fina hierba;

en el olmo viejo, hendido
por el rayo, la colmena,
dos yuntas para el arado,
un mastín y mil ovejas.

OTROS DÍAS

I

Ya están las zarzas floridas
y los ciruelos blanquean;
ya las abejas doradas
liban para sus colmenas,
y en los nidos, que coronan
las torres de las iglesias,
asoman los garabatos
ganchudos de las cigüeñas.
Ya los olmos del camino
y chopos de las riberas
de los arroyos, que buscan
al padre Duero, verdean.
El cielo está azul, los montes
sin nieve son de violeta.
La tierra de Alvargonzález
se colmará de riqueza;
muerto está quien la ha labrado,
mas no le cubre la tierra.

II

La hermosa tierra de España
adusta, fina y guerrera
Castilla, de largos ríos,
tiene un puñado de sierras
entre Soria y Burgos como
reductos de fortaleza,
como yelmos crestonados,
y Urbión es una cimera.

III

Los hijos de Alvargonzález,
por una empinada senda,
para tomar el camino
de Salduero a Covaleda,
cabalgan en pardas mulas,
bajo el pinar de Vinuesa.
Van en busca de ganado
con que volver a su aldea,
y por tierra de pinares
larga jornada comienzan.
Van Duero arriba, dejando
atrás los arcos de piedra
del puente y el caserío
de la ociosa y opulenta
villa de indianos. El río,
al fondo del valle, suena,
y de las cabalgaduras
los cascos baten las piedras.

A la otra orilla del Duero
canta una voz lastimera:
«La tierra de Alvargonzález
se colmará de riqueza,
y el que la tierra ha labrado
no duerme bajo la tierra».

                    IV

Llegados son a un paraje
en donde el pinar se espesa,
y el mayor, que abre la marcha,
su parda mula espolea,
diciendo: —Démonos prisa;
porque son más de dos leguas
de pinar y hay que apurarlas
antes que la noche venga.
Dos hijos del campo, hechos
a quebradas y asperezas,
porque recuerdan un día
la tarde en el monte tiemblan.
Allá en lo espeso del bosque
otra vez la copla suena:
«La tierra de Alvargonzález
se colmará de riqueza,
y el que la tierra ha labrado
no duerme bajo la tierra».

V

Desde Salduero el camino
va al hilo de la ribera;
a ambas márgenes del río
el pinar crece y se eleva,
y las rocas se aborrascan,
al par que el valle se estrecha.
Los fuertes pinos del bosque
con sus copas gigantescas,
y sus desnudas raíces
amarradas a las piedras;
los de troncos plateados
cuyas frondas azulean,
pinos jóvenes; los viejos,
cubiertos de blanca lepra,
musgos y líquenes canos
que el grueso tronco rodean,
colman el valle y se pierden
rebasando ambas laderas.
Juan, el mayor, dice: —Hermano,
si Blas Antonio apacienta
cerca de Urbión su vacada,
largo camino nos queda.
—Cuanto hacia Urbión alarguemos
se puede acortar de vuelta,
tomando por el atajo,
hacia la Laguna Negra
y bajando por el puerto
de Santa Inés a Vinuesa.
—Mala tierra y peor camino.
Te juro que no quisiera

verlos otra vez. Cerremos
los tratos en Covaleda;
hagamos noche y, al alba,
volvámonos a la aldea
por este valle, que, a veces,
quien piensa atajar rodea.
Cerca del río cabalgan
los hermanos, y contemplan
cómo el bosque centenario,
al par que avanzan, aumenta,
y la roqueda del monte
el horizonte les cierra.
El agua, que va saltando,
parece que canta o cuenta:
«La tierra de Alvargonzález
se colmará de riqueza,
y el que la tierra ha labrado
no duerme bajo la tierra».

CASTIGO

I

Aunque la codicia tiene
redil que encierre la oveja,
trojes que guarden el trigo,
bolsas para la moneda,
y garras, no tiene manos
que sepan labrar la tierra.
Así, a un año de abundancia
siguió un año de pobreza.

II

En los sembrados crecieron
las amapolas sangrientas;
pudrió el tizón las espigas
de trigales y de avenas;
hielos tardíos mataron
en flor la fruta en la huerta,
y una mala hechicería
hizo enfermar las ovejas.
A los dos Alvargonzález
maldijo Dios en sus tierras,
y al año pobre siguieron
largos años de miseria.

III

Es una noche de invierno.
Cae la nieve en remolinos.
Los Alvargonzález velan
un fuego casi extinguido.
El pensamiento amarrado
tienen a un recuerdo mismo,
y en las ascuas mortecinas
del hogar los ojos fijos.
No tienen leña ni sueño.
Larga es la noche y el frío
arrecia. Un candil humea
en el muro ennegrecido.
El aire agita la llama,
que pone un fulgor rojizo

sobre las dos pensativas
testas de los asesinos.
El mayor de Alvargonzález,
lanzando un ronco suspiro,
rompe el silencio, exclamando:
—Hermano, ¡qué mal hicimos!
El viento la puerta bate,
hace temblar el postigo,
y suena en la chimenea
con hueco y largo bramido.
Después, el silencio vuelve,
y a intervalos el pabilo
del candil chisporrotea
en el aire aterecido.
El segundón dijo: —¡Hermano,
demos lo viejo al olvido!

EL VIAJERO

I

Es una noche de invierno.
Azota el viento las ramas
de los álamos. La nieve
ha puesto la tierra blanca.
Bajo la nevada, un hombre
por el camino cabalga;
va cubierto hasta los ojos,
embozado en negra capa.
Entrado en la aldea, busca
de Alvargonzález la casa,

y ante su puerta llegado,
sin echar pie a tierra, llama.

II

Los dos hermanos oyeron
una aldabada a la puerta,
y de una cabalgadura
los cascos sobre las piedras.
Ambos los ojos alzaron
llenos de espanto y sorpresa.
—¿Quién es? Responda —gritaron.
—Miguel —respondieron fuera.
Era la voz del viajero
que partió a lejanas tierras.

III

Abierto el portón, entróse
a caballo el caballero
y echó pie a tierra. Venía
todo de nieve cubierto.
En brazos de sus hermanos
lloró algún rato en silencio.
Después dio el caballo al uno,
al otro, capa y sombrero,
y en la estancia campesina
buscó el arrimo del fuego.

IV

El menor de los hermanos,
que niño y aventurero
fue más allá de los mares
y hoy torna indiano opulento,
vestía con negro traje
de peludo terciopelo,
ajustado a la cintura
por ancho cinto de cuero.
Gruesa cadena formaba
un bucle de oro en su pecho.
Era un hombre alto y robusto,
con ojos grandes y negros
llenos de melancolía;
la tez de color moreno,
y sobre la frente comba
enmarañados cabellos;
el hijo que saca porte
señor de padre labriego,
a quien fortuna le debe
amor, poder y dinero.
De los tres Alvargonzález
era Miguel el más bello;
porque al mayor afeaba
el muy poblado entrecejo
bajo la frente mezquina,
y al segundo, los inquietos
ojos que mirar no saben
de frente, torvos y fieros.

V

Los tres hermanos contemplan
el triste hogar en silencio;
y con la noche cerrada
arrecia el frío y el viento.
—Hermanos, ¿no tenéis leña?
—dice Miguel.
—No tenemos
—responde el mayor.
Un hombre,
milagrosamente, ha abierto
la gruesa puerta cerrada
con doble barra de hierro.
El hombre que ha entrado tiene
el rostro del padre muerto.
Un halo de luz dorada
orla sus blancos cabellos.
Lleva un haz de leña al hombro
y empuña un hacha de hierro.

EL INDIANO

I

De aquellos campos malditos,
Miguel a sus dos hermanos
compró una parte, que mucho
caudal de América trajo,
y aun en tierra mala, el oro
luce mejor que enterrado,

y más en mano de pobres
que oculto en orza de barro.
Diose a trabajar la tierra
con fe y tesón el indiano,
y a laborar los mayores
sus pegujales tornaron.
Ya con macizas espigas,
preñadas de rubios granos,
a los campos de Miguel
tornó el fecundo verano;
y ya de aldea en aldea
se cuenta como un milagro,
que los asesinos tienen
la maldición en sus campos.
Ya el pueblo canta una copla
que narra el crimen pasado:
«A la orilla de la fuente
lo asesinaron.
¡Qué mala muerte le dieron
los hijos malos!
En la laguna sin fondo
al padre muerto arrojaron.
No duerme bajo la tierra
el que la tierra ha labrado».

II

Miguel, con sus dos lebreles
y armado de su escopeta,
hacia el azul de los montes,
en una tarde serena,

caminaba entre los verdes
chopos de la carretera,
y oyó una voz que cantaba:
«No tiene tumba en la tierra.
Entre los pinos del valle
del Revinuesa,
al padre muerto llevaron
hasta la Laguna Negra».

LA CASA

I

La casa de Alvargonzález
era una casona vieja,
con cuatro estrechas ventanas,
separada de la aldea
cien pasos y entre dos olmos
que, gigantes centinelas,
sombra le dan en verano,
y en el otoño hojas secas.
En casa de labradores,
gente aunque rica plebeya,
donde el hogar humeante
con sus escaños de piedra
se ve sin entrar, si tiene
abierta al campo la puerta.
Al arrimo del rescoldo
del hogar borbollonean
dos pucherillos de barro,
que a dos familias sustentan.

A diestra mano, la cuadra
y el corral, a la siniestra,
huerto y abejar, y, al fondo,
una gastada escalera,
que va a las habitaciones
partidas en dos viviendas.
Los Alvargonzález moran
con sus mujeres en ellas;
a ambas parejas que hubieron,
sin que lograrse pudieran,
dos hijos, sobrado espacio
les da la casa paterna.
En una estancia que tiene
luz al huerto, hay una mesa
con gruesa tabla de roble,
dos sillones de vaqueta,
colgado en el muro, un negro
ábaco de enormes cuentas,
y unas espuelas mohosas
sobre un arcón de madera.
Era una estancia olvidada
donde hoy Miguel se aposenta.
Y era allí donde los padres
veían en primavera
el huerto en flor, y en el cielo
de mayo, azul, la cigüeña
—cuando las rosas se abren
y los zarzales blanquean—
que enseñaba a sus hijuelos
a usar en las alas lentas.
Y en las noches del verano,
cuando la calor desvela,

desde la ventana al dulce
ruiseñor cantar oyeran.
Fue allí donde Alvargonzález,
del orgullo de su huerta
y del amor a los suyos,
sacó sueños de grandeza.
Cuando en brazos de la madre
vio la figura risueña
del primer hijo, bruñida
de rubio sol la cabeza,
del niño que levantaba
las codiciosas, pequeñas
manos a las rojas guindas
y a las moradas ciruelas,
o aquella tarde de otoño,
dorada, plácida y buena,
él pensó que ser podría
feliz el hombre en la tierra.
Hoy canta el pueblo una copla
que va de aldea en aldea:
«¡Oh casa de Alvargonzález,
qué malos días te esperan;
casa de los asesinos,
que nadie llame a tu puerta!».

II

Es una tarde de otoño.
En la alameda dorada
no quedan ya ruiseñores;
enmudeció la cigarra.

Las últimas golondrinas,
que no emprendieron la marcha,
morirán, y las cigüeñas
de sus nidos de retamas,
en torres y campanarios,
huyeron.
Sobre la casa
de Alvargonzález, los olmos
sus hojas que el viento arranca
van dejando. Todavía
las tres redondas acacias,
en el atrio de la iglesia,
conservan verdes sus ramas,
y las castañas de Indias
a intervalos se desgajan
cubiertas de sus erizos;
tiene el rosal rosas grana
otra vez, y en las praderas
brilla la alegre otoñada.
En laderas y en alcores,
en ribazos y cañadas,
el verde nuevo y la hierba,
aún del estío quemada,
alternan; los serrijones
pelados, las lomas calvas,
se coronan de plomizas
nubes apelotonadas;
y bajo el pinar gigante,
entre las marchitas zarzas
y amarillentos helechos,
corren las crecidas aguas
a engrosar el padre río

por canchales y barrancas.
Abunda en la tierra un gris
de plomo y azul de plata,
con manchas de roja herrumbre,
todo envuelto en luz violada.
¡Oh tierras de Alvargonzález,
en el corazón de España,
tierras pobres, tierras tristes,
tan tristes que tienen alma!
Páramo que cruza el lobo
aullando a la luna clara
de bosque a bosque, baldíos
llenos de peñas rodadas,
donde roída de buitres
brilla una osamenta blanca;
pobres campos solitarios
sin caminos ni posadas,
¡oh pobres campos malditos,
pobres campos de mi patria!

LA TIERRA

I

Una mañana de otoño,
cuando la tierra se labra,
Juan y el indiano aparejan
las dos yuntas de la casa.
Martín se quedó en el huerto
arrancando hierbas malas.

II

Una mañana de otoño,
cuando los campos se aran,
sobre un otero, que tiene
el cielo de la mañana
por fondo, la parda yunta
de Juan lentamente avanza.
Cardos, lampazos y abrojos,
avena loca y cizaña,
llenan la tierra maldita,
tenaz a pico y a escarda.
Del corvo arado de roble
la hundida reja trabaja
con vano esfuerzo; parece,
que al par que hiende la entraña
del campo y hace camino,
se cierra otra vez la zanja.
«Cuando el asesino labre
será su labor pesada;
antes que un surco en la tierra,
tendrá una arruga en su cara».

III

Martín, que estaba en la huerta
cavando, sobre su azada
quedó apoyado un momento;
frío sudor le bañaba
el rostro.
Por el Oriente,

la luna llena, manchada
de un arrebol purpurino,
lucía tras de la tapia
del huerto.
Martín tenía
la sangre de horror helada.
La azada que hundió en la tierra
teñida de sangre estaba.

IV

En la tierra en que ha nacido
supo afincar el indiano;
por mujer a una doncella
rica y hermosa ha tomado.
La hacienda de Alvargonzález
ya es suya, que sus hermanos
todo le vendieron: casa,
huerto, colmenar y campo.

LOS ASESINOS

I

Juan y Martín, los mayores
de Alvargonzález, un día
pesada marcha emprendieron
con el alba, Duero arriba.
La estrella de la mañana
en el alto azul ardía.

Se iba tiñendo de rosa
la espesa y blanca neblina
de los valles y barrancos,
y algunas nubes plomizas
a Urbión, donde el Duero nace,
como un turbante ponían.
Se acercaban a la fuente.
El agua clara corría,
sonando cual si contara
una vieja historia, dicha
mil veces y que tuviera
mil veces que repetirla.
Agua que corre en el campo
dice en su monotonía:
Yo sé el crimen, ¿no es un crimen
cerca del agua, la vida?
Al pasar los dos hermanos
relataba el agua limpia:
«A la vera de la fuente
Alvargonzález dormía».

II

—Anoche, cuando volvía
a casa —Juan a su hermano
dijo—, a la luz de la luna
era la huerta un milagro.
Lejos, entre los rosales,
divisé un hombre inclinado
hacia la tierra; brillaba
una hoz de plata en su mano.

Después irguióse y, volviendo
el rostro, dio algunos pasos
por el huerto, sin mirarme,
y a poco lo vi encorvado
otra vez sobre la tierra.
Tenía el cabello blanco.
La luna llena brillaba,
y era la huerta un milagro.

III

Pasado habían el puerto
de Santa Inés, ya mediada
la tarde, una tarde triste
de noviembre, fría y parda.
Hacia la Laguna Negra
silenciosos caminaban.

IV

Cuando la tarde caía,
entre las vetustas hayas
y los pinos centenarios,
un rojo sol se filtraba.
Era un paraje de bosque
y peñas aborrascadas;
aquí bocas que bostezan
o monstruos de fieras garras;
allí una informe joroba,
allá una grotesca panza,

torvos hocicos de fieras
y dentaduras melladas,
rocas y rocas, y troncos
y troncos, ramas y ramas.
En el hondón del barranco
la noche, el miedo y el agua.

V

Un lobo surgió, sus ojos
lucían como dos ascuas.
Era la noche, una noche
húmeda, obscura y cerrada.
Los dos hermanos quisieron
volver. La selva ululaba.
Cien ojos fieros ardían
en la selva, a sus espaldas.

VI

Llegaron los asesinos
hasta la Laguna Negra,
agua transparente y muda
que enorme muro de piedra,
donde los buitres anidan
y el eco duerme, rodea;
agua clara donde beben
las águilas de la sierra,
donde el jabalí del monte
y el ciervo y el corzo abrevan;

agua pura y silenciosa
que copia cosas eternas;
agua imposible que guarda
en su seno las estrellas.
¡Padre!, gritaron; al fondo
de la laguna serena
cayeron, y el eco ¡padre!
repitió de peña en peña.

CXV

A UN OLMO SECO

Al olmo viejo, hendido por el rayo
y en su mitad podrido,
con las lluvias de abril y el sol de mayo,
algunas hojas verdes le han salido.
¡El olmo centenario en la colina
que lame el Duero! Un musgo amarillento
le mancha la corteza blanquecina
al tronco carcomido y polvoriento.
No será, cual los álamos cantores
que guardan el camino y la ribera,
habitado de pardos ruiseñores.
Ejército de hormigas en hilera
va trepando por él, y en sus entrañas
urden sus telas grises las arañas.
Antes que te derribe, olmo del Duero,
con su hacha el leñador, y el carpintero
te convierta en melena de campana,
lanza de carro o yugo de carreta;

antes que rojo en el hogar, mañana,
ardas de alguna mísera caseta,
al borde de un camino;
antes que te descuaje un torbellino
y tronche el soplo de las sierras blancas;
antes que el río hasta la mar te empuje
por valles y barrancas,
olmo, quiero anotar en mi cartera
la gracia de tu rama verdecida.
Mi corazón espera
también, hacia la luz y hacia la vida,
otro milagro de la primavera.

Soria, 1912

CXVI

RECUERDOS

Oh, Soria, cuando miro los frescos naranjales
cargados de perfume, y el campo enverdecido,
abiertos los jazmines, maduros los trigales,
azules las montañas y el olivar florido;
Guadalquivir corriendo al mar entre vergeles;
y al sol de abril los huertos colmados de azucenas,
y los enjambres de oro, para libar sus mieles
dispersos en los campos, huir de sus colmenas;
yo sé la encina roja crujiendo en tus hogares,
barriendo el cierzo helado tu campo empedernido;
y en sierras agrias sueño —¡Urbión, sobre pinares!
¡Moncayo blanco, al cielo aragonés, erguido!—
Y pienso: Primavera, como un escalofrío
irá a cruzar el alto solar del romancero,

ya verdearán de chopos las márgenes del río.
¿Dará sus verdes hojas el olmo aquel del Duero?
Tendrán los campanarios de Soria sus cigüeñas,
y la roqueda parda más de un zarzal en flor;
ya los rebaños blancos, por entre grises peñas,
hacia los altos prados conducirá el pastor.
¡Oh, en el azul, vosotras, viajeras golondrinas
que vais al joven Duero, rebaños de merinos,
con rumbo hacia las altas praderas numantinas,
por las cañadas hondas y al sol de los caminos;
hayedos y pinares que cruza el ágil ciervo,
montañas, serrijones, lomazos, parameras,
en donde reina el águila, por donde busca el cuervo
su infecto expoliario; menudas sementeras
cual sayos cenicientos, casetas y majadas
entre desnuda roca, arroyos y hontanares
donde a la tarde beben las yuntas fatigadas,
dispersos huertecillos, humildes abejares…!
¡Adiós, tierra de Soria; adiós el alto llano
cercado de colinas y crestas militares,
alcores y roquedas del yermo castellano,
fantasmas de robledos y sombras de encinares!
En la desesperanza y en la melancolía
de tu recuerdo, Soria, mi corazón se abreva.
Tierra de alma, toda, hacia la tierra mía,
por los floridos valles, mi corazón te lleva.

En el tren, abril de 1913

CXVII

AL MAESTRO AZORÍN POR SU LIBRO *CASTILLA*

La venta de Cidones está en la carretera
que va de Soria a Burgos. Leonarda, la ventera,
que llaman la Ruipérez, es una viejecita
que aviva el fuego donde borbolla la marmita.
Ruipérez, el ventero, un viejo diminuto
—bajo las cejas grises, dos ojos de hombre astuto—,
contempla silencioso la lumbre del hogar.
Se oye la marmita al fuego borbollar.
Sentado ante una mesa de pino, un caballero
escribe. Cuando moja la pluma en el tintero,
dos ojos tristes lucen en un semblante enjuto.
El caballero es joven, vestido va de luto.
El viento frío azota los chopos del camino.
Se ve pasar de polvo un blanco remolino.
La tarde se va haciendo sombría. El enlutado,
la mano en la mejilla, medita ensimismado.
Cuando el correo llegue, que el caballero aguarda,
la tarde habrá caído sobre la tierra parda
de Soria. Todavía los grises serrijones,
con ruina de encinares y mellas de aluviones,
las lomas azuladas, las agrias barranqueras,
picotas y colinas, ribazos y laderas
del páramo sombrío por donde cruza el Duero,
darán al sol de ocaso su resplandor de acero.
La venta se obscurece. El rojo lar humea.
La mecha de un mohoso candil arde y chispea.
El enlutado tiene clavados en el fuego
los ojos largo rato; se los enjuga luego

con un pañuelo blanco. ¿Por qué le hará llorar
el son de la marmita, el ascua del hogar?
Cerró la noche. Lejos se escucha el traqueteo
y el galopar de un coche que avanza. Es el correo.

CXVIII

CAMINOS

De la ciudad moruna
tras las murallas viejas,
yo contemplo la tarde silenciosa,
a solas con mi sombra y con mi pena.
El río va corriendo,
entre sombrías huertas
y grises olivares,
por los alegres campos de Baeza.
Tienen las vides pámpanos dorados
sobre las rojas cepas.
Guadalquivir, como un alfanje roto
y disperso, reluce y espejea.
Lejos, los montes duermen
envueltos en la niebla,
niebla de otoño, maternal; descansan
las rudas moles de su ser de piedra
en esta tibia tarde de noviembre,
tarde piadosa, cárdena y violeta.
El viento ha sacudido
los mustios olmos de la carretera,
levantando en rosados torbellinos
el polvo de la tierra.

La luna está subiendo
amoratada, jadeante y llena.
Los caminitos blancos
se cruzan y se alejan,
buscando los dispersos caseríos
del valle y de la sierra.
Caminos de los campos...
¡Ay, ya no puedo caminar con ella!

CXIX

Señor, ya me arrancaste lo que yo más quería.
Oye otra vez, Dios mío, mi corazón clamar.
Tu voluntad se hizo, Señor, contra la mía.
Señor, ya estamos solos mi corazón y el mar.

CXX

Dice la esperanza: un día
la verás, si bien esperas.
Dice la desesperanza:
sólo tu amargura es ella.
Late, corazón... No todo
se lo ha tragado la tierra.

CXXI

Allá, en las tierras altas,
por donde traza el Duero
su curva de ballesta

en torno a Soria, entre plomizos cerros
y manchas de raídos encinares,
mi corazón está vagando, en sueños…
¿No ves, Leonor, los álamos del río
con sus ramajes yertos?
Mira el Moncayo azul y blanco; dame
tu mano y paseemos.
Por estos campos de la tierra mía,
bordados de olivares polvorientos,
voy caminando solo,
triste, cansado, pensativo y viejo.

CXXII

Soñé que tú me llevabas
por una blanca vereda,
en medio del campo verde,
hacia el azul de las sierras,
hacia los montes azules,
una mañana serena.
Sentí tu mano en la mía,
tu mano de compañera,
tu voz de niña en mi oído
como una campana nueva,
como una campana virgen
de un alba de primavera.
¡Eran tu voz y tu mano,
en sueños, tan verdaderas…!
Vive, esperanza, ¡quién sabe
lo que se traga la tierra!

CXXIII

Una noche de verano
—estaba abierto el balcón
y la puerta de mi casa—
la muerte en mi casa entró.
Se fue acercando a su lecho
—ni siquiera me miró—,
con unos dedos muy finos,
algo muy tenue rompió.
Silenciosa y sin mirarme,
la muerte otra vez pasó
delante de mí. ¿Qué has hecho?
La muerte no respondió.
Mi niña quedó tranquila,
dolido mi corazón.
¡Ay, lo que la muerte ha roto
era un hilo entre los dos!

CXXIV

Al borrarse la nieve, se alejaron
los montes de la sierra.
La vega ha verdecido
al sol de abril, la vega
tiene la verde llama,
la vida, que no pesa;
y piensa el alma en una mariposa,
atlas del mundo, y sueña.
Con el ciruelo en flor y el campo verde,
con el glauco vapor de la ribera,

en torno de las ramas,
con las primeras zarzas que blanquean,
con este dulce soplo
que triunfa de la muerte y de la piedra,
esta amargura que me ahoga fluye
en esperanza de Ella...

CXXV

En estos campos de la tierra mía,
y extranjero en los campos de mi tierra
—yo tuve patria, donde corre el Duero
por entre grises peñas,
y fantasmas de viejos encinares,
allá en Castilla, mística y guerrera,
Castilla la gentil, humilde y brava,
Castilla del desdén y de la fuerza—,
en estos campos de mi Andalucía,
¡oh, tierra en que nací!, cantar quisiera.
Tengo recuerdos de mi infancia, tengo
imágenes de luz y de palmeras,
y en una gloria de oro,
de lueñes campanarios con cigüeñas,
de ciudades con calles sin mujeres
bajo un cielo de añil, plazas desiertas
donde crecen naranjos encendidos
con sus frutas redondas y bermejas;
y en un huerto sombrío, el limonero
de ramas polvorientas
y pálidos limones amarillos,
que el agua clara de la fuente espeja,

un aroma de nardos y claveles
y un fuerte olor de albahaca y hierbabuena;
imágenes de grises olivares
bajo un tórrido sol que aturde y ciega,
y azules y dispersas serranías
con arreboles de una tarde inmensa;
mas falta el hilo que el recuerdo anuda
al corazón, el ancla en su ribera,
o estas memorias no son alma. Tienen,
en sus abigarradas vestimentas,
señal de ser despojos del recuerdo,
la carga bruta que el recuerdo lleva.
Un día tornarán, con luz del fondo ungidos,
los cuerpos virginales a la orilla vieja.

Lora del Río, 4 de abril de 1913

CXXVI

A JOSÉ MARÍA PALACIO

Palacio, buen amigo,
¿está la primavera
vistiendo ya las ramas de los chopos
del río y los caminos? En la estepa
del alto Duero, Primavera tarda,
¡pero es tan bella y dulce cuando llega…!
¿Tienen los viejos olmos
algunas hojas nuevas?
Aún las acacias estarán desnudas
y nevados los montes de las sierras.

¡Oh, mole del Moncayo blanca y rosa,
allá, en el cielo de Aragón, tan bella!
¿Hay zarzas florecidas
entre las grises peñas,
y blancas margaritas
entre la fina hierba?
Por esos campanarios
ya habrán ido llegando las cigüeñas.
Habrá trigales verdes,
y mulas pardas en las sementeras,
y labriegos que siembran los tardíos
con las lluvias de abril. Ya las abejas
libarán del tomillo y el romero.
¿Hay ciruelos en flor? ¿Quedan violetas?
Furtivos cazadores, los reclamos
de la perdiz bajo las capas luengas,
no faltarán. Palacio, buen amigo,
¿tienen ya ruiseñores las riberas?
Con los primeros lirios
y las primeras rosas de las huertas,
en una tarde azul, sube al Espino,
al alto Espino donde está su tierra...

Baeza, 29 de abril de 1913

CXXVII

OTRO VIAJE

Ya en los campos de Jaén,
amanece. Corre el tren
por sus brillantes rieles,

devorando matorrales,
alcaceles,
terraplenes, pedregales,
olivares, caseríos,
praderas y cardizales,
montes y valles sombríos.
Tras la turbia ventanilla,
pasa la devanadera
del campo de primavera.
La luz en el techo brilla
de mi vagón de tercera.
Entre nubarrones blancos,
oro y grana;
la niebla de la mañana
huyendo por los barrancos.
¡Este insomne sueño mío!
¡Este frío
de un amanecer en vela…!
Resonante,
jadeante,
marcha el tren. El campo vuela.
Enfrente de mí, un señor
sobre su manta dormido;
un fraile y un cazador
—el perro a sus pies tendido—.
Yo contemplo mi equipaje,
mi viejo saco de cuero;
y recuerdo otro viaje
hacia las tierras del Duero.
Otro viaje de ayer
por la tierra castellana
—¡pinos del amanecer

entre Almazán y Quintana!—.
¡Y alegría
de un viajar en compañía!
¡Y la unión
que ha roto la muerte un día!
¡Mano fría
que aprietas mi corazón!
Tren, camina, silba, humea,
acarrea
tu ejército de vagones,
ajetrea
maletas y corazones.
Soledad,
sequedad.
Tan pobre me estoy quedando,
que ya ni siquiera estoy
conmigo, ni sé si voy
conmigo a solas viajando.

CXXVIII

POEMA DE UN DÍA

MEDITACIONES RURALES

Heme aquí ya, profesor
de lenguas vivas (ayer
maestro de gay-saber,
aprendiz de ruiseñor)
en un pueblo húmedo y frío,
destartalado y sombrío,

entre andaluz y manchego.
Invierno. Cerca del fuego.
Fuera llueve un agua fina,
que ora se trueca en neblina,
ora se torna aguanieve.
Fantástico labrador,
pienso en los campos. ¡Señor,
qué bien haces! Llueve, llueve
tu agua constante y menuda
sobre alcaceles y habares,
tu agua muda,
en viñedos y olivares.
Te bendecirán conmigo
los sembradores del trigo;
los que viven de coger
la aceituna;
los que esperan la fortuna
de comer;
los que hogaño,
como antaño,
tienen toda su moneda
en la rueda,
traidora rueda del año.
¡Llueve, llueve; tu neblina
que se torne en aguanieve,
y otra vez en agua fina!
¡Llueve, Señor, llueve, llueve!
En mi estancia, iluminada
por esta luz invernal,
—la tarde gris tamizada
por la lluvia y el cristal—,
sueño y medito.

Clarea
el reloj arrinconado,
y su tic-tac, olvidado
por repetido, golpea.
Tic-tic, tic-tic... Ya te he oído.
Tic-tic, tic-tic... Siempre igual,
monótono y aburrido.
Tic-tic, tic-tic, el latido
de un corazón de metal.
En estos pueblos, ¿se escucha
el latir del tiempo? No.
En estos pueblos se lucha
sin tregua con el reló,
con esa monotonía
que mide un tiempo vacío.
Pero ¿tu hora es la mía?
¿Tu tiempo, reloj, el mío?
(Tic-tic, tic-tic...). Era un día
(Tic-tic, tic-tic) que pasó,
y lo que yo más quería
la muerte se lo llevó.
Lejos suena un clamoreo
de campanas...
Arrecia el repiqueteo
de la lluvia en las ventanas.
Fantástico labrador,
vuelvo a mis campos. ¡Señor,
cuánto te bendecirán
los sembradores del pan!
Señor, ¿no es tu lluvia ley,
en los campos que ara el buey,
y en los palacios del rey?

¡Oh, agua buena, deja vida
en tu huida!
¡Oh, tú, que vas gota a gota,
fuente a fuente y río a río,
como este tiempo de hastío
corriendo a la mar remota,
con cuanto quiere nacer,
cuanto espera
florecer
al sol de la primavera,
sé piadosa,
que mañana
serás espiga temprana,
prado verde, carne rosa,
y más: razón y locura
y amargura
de querer y no poder
creer, creer y creer!
Anochece;
el hilo de la bombilla
se enrojece,
luego brilla,
resplandece,
poco más que una cerilla.
Dios sabe dónde andarán
mis gafas… entre librotes,
revistas y papelotes,
¿quién las encuentra…? Aquí están.
Libros nuevos. Abro uno
de Unamuno.
¡Oh, el dilecto,
predilecto

de esta España que se agita,
porque nace o resucita!
Siempre te ha sido, ¡oh Rector
de Salamanca!, leal
este humilde profesor
de un instituto rural.
Esa tu filosofía
que llamas diletantesca,
voltaria y funambulesca,
gran don Miguel, es la mía.
Agua del buen manantial,
siempre viva,
fugitiva;
poesía, cosa cordial.
¿Constructora?
—No hay cimiento
ni en el alma ni en el viento—.
Bogadora,
marinera,
hacia la mar sin ribera.
Enrique Bergson: *Los datos*
inmediatos
de la conciencia. ¿Esto es
otro embeleco francés?
Este Bergson es un tuno;
¿verdad, maestro Unamuno?
Bergson no da como aquel
Immamuel
el volatín inmortal;
este endiablado judío
ha hallado el libre albedrío
dentro de su mechinal.

No está mal:
cada sabio, su problema,
y cada loco, su tema.
Algo importa
que en la vida mala y corta
que llevamos
libres o siervos seamos;
mas, si vamos
a la mar,
lo mismo nos ha de dar.
¡Oh, estos pueblos! Reflexiones,
lecturas y acotaciones
pronto dan en lo que son:
bostezos de Salomón.
¿Todo es
soledad de soledades,
vanidad de vanidades,
que dijo el Eclesiastés?
Mi paraguas, mi sombrero,
mi gabán... El aguacero
amaina... Vámonos, pues.
Es de noche. Se platica
al fondo de una botica.
—Yo no sé,
don José,
cómo son los liberales
tan perros, tan inmorales.
—¡Oh, tranquilícese usté!
Pasados los carnavales,
vendrán los conservadores,
buenos administradores,
de su casa.

Todo llega y todo pasa.
Nada eterno:
ni gobierno
que perdure,
ni mal que cien años dure.
—Tras estos tiempos vendrán
otros tiempos y otros y otros,
y lo mismo que nosotros
otros se jorobarán.
Así es la vida, don Juan.
—Es verdad, así es la vida.
—La cebada está crecida.
—Con estas lluvias...
Y van
las habas que es un primor.
—Cierto; para marzo, en flor.
Pero la escarcha, los hielos...
—Y, además, los olivares
están pidiendo a los cielos
aguas a torrentes.
—A mares.
¡Las fatigas, los sudores
que pasan los labradores!
En otro tiempo...
—Llovía
también cuando Dios quería.
—Hasta mañana, señores.
Tic-tic, tic-tic... Ya pasó
un día como otro día,
dice la monotonía
del reló.
Sobre mi mesa *Los datos*

de la conciencia, inmediatos.
No está mal
este yo fundamental,
contingente y libre, a ratos,
creativo, original;
este yo que vive y siente
dentro la carne mortal,
¡ay! por saltar impaciente
las bardas de su corral.

Baeza, 1913

CXXIX

NOVIEMBRE 1913

Un año más. El sembrador va echando
la semilla en los surcos de la tierra.
Dos lentas yuntas aran,
mientras pasan las nubes cenicientas
ensombreciendo el campo,
las pardas sementeras,
los grises olivares. Por el fondo
del valle el río el agua turbia lleva.
Tiene Cazorla nieve,
y Mágina, tormenta,
su montera, Aznaitín. Hacia Granada,
montes con sol, montes de sol y piedra.

CXXX

LA SAETA

¿Quién me presta una escalera,
para subir al madero,
para quitarle los clavos
a Jesús el Nazareno?

Saeta popular

¡Oh, la saeta, el cantar
al Cristo de los gitanos,
siempre con sangre en las manos,
siempre por desenclavar!
¡Cantar del pueblo andaluz,
que todas las primaveras
anda pidiendo escaleras
para subir a la cruz!
¡Cantar de la tierra mía,
que echa flores
al Jesús de la agonía,
y es la fe de mis mayores!
¡Oh, no eres tú mi cantar!
¡No puedo cantar, ni quiero
a ese Jesús del madero,
sino al que anduvo en el mar!

CXXXI

DEL PASADO EFÍMERO

Este hombre del casino provinciano
que vio a Carancha recibir un día,
tiene mustia la tez, el pelo cano,
ojos velados por melancolía;
bajo el bigote, gris, labios de hastío,
y una triste expresión, que no es tristeza
sino algo más y menos: el vacío
del mundo en la oquedad de su cabeza.
Aún luce de corinto terciopelo
chaqueta y pantalón abotinado,
y un cordobés color de caramelo,
pulido y torneado.
Tres veces heredó; tres ha perdido
al monte su caudal: dos ha enviudado.
Sólo se anima ante el azar prohibido,
sobre el verde tapete reclinado,
o al evocar la tarde de un torero,
la suerte de un tahúr, o si alguien cuenta
la hazaña de un gallardo bandolero,
o la proeza de un matón, sangrienta.
Bosteza de política banales
dicterios al gobierno reaccionario,
y augura que vendrán los liberales,
cual torna la cigüeña al campanario.
Un poco labrador, del cielo aguarda
y al cielo teme; alguna vez suspira,
pensando en su olivar, y al cielo mira
con ojo inquieto, si la lluvia tarda.

Lo demás, taciturno, hipocondriaco,
prisionero en la Arcadia del presente,
le aburre; sólo el humo del tabaco
simula algunas sombras en su frente.
Este hombre no es de ayer ni es de mañana,
sino de nunca; de la cepa hispana
no es el fruto maduro ni podrido,
es una fruta vana
de aquella España que pasó y no ha sido,
esa que hoy tiene la cabeza cana.

CXXXII

LOS OLIVOS

A Manolo Ayuso

I

¡Viejos olivos sedientos
bajo el claro sol del día,
olivares polvorientos
del campo de Andalucía!
¡El campo andaluz, peinado
por el sol canicular,
de loma en loma rayado
de olivar y de olivar!
Son las tierras
soleadas,
anchas lomas, lueñes sierras
de olivares recamadas.

Mil senderos. Con sus machos,
abrumados de capachos,
van gañanes y arrieros.
¡De la venta del camino
a la puerta, soplan vino
trabucaires bandoleros!
¡Olivares y olivares
de loma en loma prendidos
cual bordados alamares!
¡Olivares coloridos
de una tarde anaranjada;
olivares rebruñidos
bajo la luna argentada!
¡Olivares centellados
en las tardes cenicientas,
bajo los cielos preñados
de tormentas…!
Olivares, Dios os dé
los eneros
de aguaceros,
los agostos de agua al pie,
los vientos primaverales
vuestras flores racimadas;
y las lluvias otoñales,
vuestras olivas moradas.
Olivar, por cien caminos,
tus olivitas irán
caminando a cien molinos.
Ya darán
trabajo en las alquerías
a gañanes y braceros,
¡oh buenas frentes sombrías

bajo los anchos sombreros...!
¡Olivar y olivareros,
bosque y raza,
campo y plaza
de los fieles al terruño
y al arado y al molino,
de los que muestran el puño
al destino,
los benditos labradores,
los bandidos caballeros,
los señores
devotos y matuteros...!
¡Ciudades y caseríos
en la margen de los ríos,
en los pliegues de la sierra...!
¡Venga Dios a los hogares
y a las almas de esta tierra
de olivares y olivares!

II

A dos leguas de Úbeda, la Torre
de Pero Gil, bajo este sol de fuego,
triste burgo de España. El coche rueda
entre grises olivos polvorientos.
Allá, el castillo heroico.
En la plaza, mendigos y chicuelos:
una orgía de harapos...
Pasamos frente al atrio del convento
de la Misericordia.
¡Los blancos muros, los cipreses negros!

¡Agria melancolía
como asperón de hierro
que raspa el corazón! ¡Amurallada
piedad, erguida en este basurero…!
Esta casa de Dios, decid, hermanos,
esta casa de Dios, ¿qué guarda dentro?
Y ese pálido joven,
asombrado y atento,
que parece mirarnos con la boca,
será el loco del pueblo,
de quien se dice: es Lucas,
Blas o Ginés, el tonto que tenemos.
Seguimos. Olivares. Los olivos
están en flor. El carricoche lento,
al paso de dos pencos matalones,
camina hacia Peal. Campos ubérrimos.
La tierra da lo suyo; el sol trabaja;
el hombre es para el suelo:
genera, siembra y labra
y su fatiga unce la tierra al cielo.
Nosotros enturbiamos
la fuente de la vida, el sol primero,
con nuestros ojos tristes,
con nuestro amargo rezo,
con nuestra mano ociosa,
con nuestro pensamiento
—se engendra en el pecado,
se vive en el dolor. ¡Dios está lejos!—.
Esta piedad erguida
sobre este burgo sórdido, sobre este basurero,
esta casa de Dios, decid, ¡oh santos
cañones de von Kluck!, ¿qué guarda dentro?

CXXXIII

LLANTO DE LAS VIRTUDES Y COPLAS POR LA MUERTE DE DON GUIDO

Al fin, una pulmonía
mató a don Guido, y están
las campanas todo el día
doblando por él ¡din-dan!
Murió don Guido, un señor
de mozo muy jaranero,
muy galán y algo torero;
de viejo, gran rezador.
Dicen que tuvo un serrallo
este señor de Sevilla;
que era diestro
en manejar el caballo,
y un maestro
en refrescar manzanilla.
Cuando mermó su riqueza,
era su monomanía
pensar que pensar debía
en asentar la cabeza.
Y asentóla
de una manera española,
que fue casarse con una
doncella de gran fortuna;
y repintar sus blasones,
hablar de las tradiciones
de su casa,
escándalos y amoríos
poner tasa,

sordina a sus desvaríos.
Gran pagano,
se hizo hermano
de una santa cofradía;
el Jueves Santo salía,
llevando un cirio en la mano
—¡aquel trueno!—,
vestido de nazareno.
Hoy nos dice la campana
que han de llevarse mañana
al buen don Guido, muy serio,
camino del cementerio.
Buen don Guido, ya eres ido
y para siempre jamás…
Alguien dirá: ¿Qué dejaste?
Yo pregunto: ¿Qué llevaste
al mundo donde hoy estás?
¿Tu amor a los alamares
y a las sedas y a los oros,
y a la sangre de los toros
y al humo de los altares?
Buen don Guido y equipaje,
¡buen viaje…!
El acá
y el allá,
caballero,
se ve en tu rastro marchito,
lo infinito:
cero, cero.
¡Oh las enjutas mejillas,
amarillas,
y los párpados de cera,

y la fina calavera
en la almohada del lecho!
¡Oh fin de una aristocracia!
La barba canosa y lacia
sobre el pecho;
metido en tosco sayal,
las yertas manos en cruz,
¡tan formal!
el caballero andaluz.

CXXXIV

LA MUJER MANCHEGA

La Mancha y sus mujeres… Argamasilla, Infantes,
Esquivias, Valdepeñas. La novia de Cervantes,
y del manchego heroico, el ama y la sobrina,
(el patio, la alacena, la cueva y la cocina,
la rueca y la costura, la cuna y la pitanza),
la esposa de don Diego y la mujer de Panza,
la hija del ventero, y tantas como están
bajo la tierra, y tantas que son y que serán
encanto de manchegos y madres de españoles
por tierras de lagares, molinos y arreboles.
Es la mujer manchega garrida y bien plantada,
muy sobre sí doncella, perfecta de casada.
El sol de la caliente llanura vinariega
quemó su piel, mas guarda frescura de bodega
su corazón. Devota, sabe rezar con fe
para que Dios nos libre de cuanto no se ve.
Su obra es la casa —menos celada que en Sevilla,
más gineceo y menos castillo que en Castilla—.

Y es del hogar manchego la musa ordenadora;
alinea los vasares, los lienzos alcanfora;
las cuentas de la plaza anota en su diario,
cuenta garbanzos, cuenta las cuentas del rosario.
¿Hay más? Por estos campos hubo un amor de fuego,
dos ojos abrasaron un corazón manchego.
¿No tuvo en esta Mancha su cuna Dulcinea?
¿No es el Toboso patria de la mujer idea
del corazón, engendro e imán de corazones,
a quien varón no impregna y aun parirá varones?
Por esta Mancha —prados, viñedos y molinos—
que so el igual del cielo iguala sus caminos,
de cepas arrugadas en el tostado suelo
y mustios pastos como raído terciopelo;
por este seco llano de sol y lejanía,
en donde el ojo alcanza su pleno mediodía
(un diminuto bando de pájaros puntea
el índigo del cielo sobre la blanca aldea,
y allá se yergue un soto de verdes alamillos,
tras leguas y más leguas de campos amarillos),
por esta tierra, lejos del mar y la montaña,
el ancho reverbero del claro sol de España,
anduvo un pobre hidalgo ciego de amor un día
—amor nublóle el juicio: su corazón veía—.
Y tú, la cerca y lejos, por el inmenso llano
eterna compañera y estrella de Quijano,
lozana labradora fincada en tus terrones
—oh madre de manchegos y numen de visiones—
viviste, buena Aldonza, tu vida verdadera,
cuando tu amante erguía su lanza justiciera,
y en tu casona blanca ahechando el rubio trigo.

Aquel amor de fuego era por ti y contigo.
Mujeres de la Mancha, con el sagrado mote
de Dulcinea, os salve la gloria de Quijote.

CXXXV

EL MAÑANA EFÍMERO

A Roberto Castrovido

La España de charanga y pandereta,
cerrado y sacristía,
devota de Frascuelo y de María,
de espíritu burlón y de alma quieta,
ha de tener su mármol y su día,
su infalible mañana y su poeta.
El vano ayer engendrará un mañana
vacío y ¡por ventura! pasajero.
Será un joven lechuzo y tarambana,
un sayón con hechuras de bolero,
a la moda de Francia realista,
un poco al uso de París pagano,
y al estilo de España especialista
en el vicio al alcance de la mano.
Esa España inferior que ora y bosteza,
vieja y tahúr, zaragatera y triste;
esa España inferior que ora y embiste,
cuando se digna usar de la cabeza,
aún tendrá luengo parto de varones
amantes de sagradas tradiciones
y de sagradas formas y maneras;

florecerán las barbas apostólicas,
y otras calvas en otras calaveras
brillarán, venerables y católicas.
El vano ayer engendrará un mañana
vacío y ¡por ventura! pasajero,
la sombra de un lechuzo tarambana,
de un sayón con hechuras de bolero;
el vacuo ayer dará un mañana huero.
Como la náusea de un borracho ahíto
de vino malo, un rojo sol corona
de heces turbias las cumbres de granito;
hay un mañana estomagante escrito
en la tarde pragmática y dulzona.
Mas otra España nace,
la España del cincel y de la maza,
con esa eterna juventud que se hace
del pasado macizo de la raza.
Una España implacable y redentora,
España que alborea
con un hacha en la mano vengadora,
España de la rabia y de la idea.

1913

CXXXVI

PROVERBIOS Y CANTARES

I

Nunca perseguí la gloria
ni dejar en la memoria
de los hombres mi canción;
yo amo los mundos sutiles,
ingrávidos y gentiles
como pompas de jabón.
Me gusta verlos pintarse
de sol y grana, volar
bajo el cielo azul, temblar
súbitamente y quebrarse.

II

¿Para qué llamar caminos
a los surcos del azar…?
Todo el que camina anda,
como Jesús, sobre el mar.

III

A quien nos justifica nuestra desconfianza
llamamos enemigo, ladrón de una esperanza.
Jamás perdona el necio si ve la nuez vacía
que dio a cascar el diente de la sabiduría.

IV

Nuestras horas son minutos
cuando esperamos saber,
y siglos cuando sabemos
lo que se puede aprender.

V

Ni vale nada el fruto
cogido sin sazón...
Ni aunque te elogie un bruto
ha de tener razón.

VI

De lo que llaman los hombres
virtud, justicia y bondad,
una mitad es envidia,
y la otra no es caridad.

VII

Yo he visto garras fieras en las pulidas manos;
conozco grajos mélicos y líricos marranos...
El más truhán se lleva la mano al corazón,
y el bruto más espeso se carga de razón.

VIII

En preguntar lo que sabes
el tiempo no has de perder...
Y a preguntas sin respuesta
¿quién te podrá responder?

IX

El hombre, a quien el hambre de la rapiña acucia,
de ingénita malicia y natural astucia,
formó la inteligencia y acaparó la tierra.
¡Y aún la verdad proclama! ¡Supremo ardid de guerra!

X

La envidia de la virtud
hizo a Caín criminal.
¡Gloria a Caín! Hoy el vicio
es lo que se envidia más.

XI

La mano del piadoso nos quita siempre honor;
mas nunca ofende al darnos su mano el lidiador.
Virtud es fortaleza, ser bueno es ser valiente;
escudo, espada y maza llevar bajo la frente;
porque el valor honrado de todas armas viste:
no sólo para, hiere, y más que guarda, embiste.

Que la piqueta arruine, el látigo flagele;
la fragua ablande el hierro, la lima pula y gaste,
y que el buril burile, y que el cincel cincele,
la espada punce y hienda y el gran martillo aplaste.

XII

¡Ojos que a la luz se abrieron
un día para, después,
ciegos tornar a la tierra,
hartos de mirar sin ver!

XIII

Es el mejor de los buenos
quien sabe que en esta vida
todo es cuestión de medida:
un poco más, algo menos...

XIV

Virtud es la alegría que alivia el corazón
más grave y desarruga el ceño de Catón.
El bueno es el que guarda, cual venta del camino,
para el sediento el agua, para el borracho el vino.

XV

Cantad conmigo en coro: Saber, nada sabemos,
de arcano mar vinimos, a ignota mar iremos…
Y entre los dos misterios está el enigma grave;
tres arcas cierra una desconocida llave.
La luz nada ilumina y el sabio nada enseña.
¿Qué dice la palabra? ¿Qué el agua de la peña?

XVI

El hombre es por natura la bestia paradójica,
un animal absurdo que necesita lógica.
Creó de nada un mundo y, su obra terminada,
«Ya estoy en el secreto —se dijo—, todo es nada».

XVII

El hombre sólo es rico en hipocresía.
En sus diez mil disfraces para engañar confía;
y con la doble llave que guarda su mansión
para la ajena hace ganzúa de ladrón.

XVIII

¡Ah, cuando yo era niño
soñaba con los héroes de la Ilíada!
Áyax era más fuerte que Diomedes,
Héctor, más fuerte que Áyax,

y Aquiles el más fuerte; porque era
el más fuerte... ¡Inocencias de la infancia!
¡Ah, cuando yo era niño
soñaba con los héroes de la Ilíada!

XIX

El casca-nueces-vacías,
Colón de cien vanidades
vive de supercherías
que vende como verdades.

XX

¡Teresa, alma de fuego,
Juan de la Cruz, espíritu de llama,
por aquí hay mucho frío, padres, nuestros
corazoncitos de Jesús se apagan!

XXI

Ayer soñé que veía
a Dios y que a Dios hablaba;
y soñé que Dios me oía...
Después soñé que soñaba.

XXII

Cosas de hombres y mujeres,
los amoríos de ayer,
casi los tengo olvidados,
si fueron alguna vez.

XXIII

No extrañéis, dulces amigos,
que esté mi frente arrugada;
yo vivo en paz con los hombres
y en guerra con mis entrañas.

XXIV

De diez cabezas, nueve
embisten y una piensa.
Nunca extrañéis que un bruto
se descuerne luchando por la idea.

XXV

Las abejas de las flores
sacan miel, y melodía
del amor, los ruiseñores;
Dante y yo —perdón, señores—,
trocamos —perdón, Lucía—,
el amor en Teología.

XXVI

Poned sobre los campos
un carbonero, un sabio y un poeta.
Veréis cómo el poeta admira y calla,
el sabio mira y piensa...
Seguramente, el carbonero busca
las moras o las setas.
Llevadlos al teatro
y sólo el carbonero no bosteza.
Quien prefiere lo vivo a lo pintado
es el hombre que piensa, canta o sueña.
El carbonero tiene
llena de fantasías la cabeza.

XXVII

¿Dónde está la utilidad
de nuestras utilidades?
Volvamos a la verdad:
vanidad de vanidades.

XXVIII

Todo hombre tiene dos
batallas que pelear:
en sueños lucha con Dios;
y despierto, con el mar.

XXIX

Caminante, son tus huellas
el camino, y nada más;
caminante, no hay camino,
se hace camino al andar.
Al andar se hace camino,
y al volver la vista atrás
se ve la senda que nunca
se ha de volver a pisar.
Caminante, no hay camino,
sino estelas en la mar.

XXX

El que espera desespera,
dice la voz popular.
¡Qué verdad tan verdadera!
La verdad es lo que es,
y sigue siendo verdad
aunque se piense al revés.

XXXI

Corazón, ayer sonoro,
¿ya no suena
tu monedilla de oro?
Tu alcancía,
antes que el tiempo la rompa,
¿se irá quedando vacía?

Confiemos
en que no será verdad
nada de lo que sabemos.

XXXII

¡Oh fe del meditabundo!
¡Oh fe después del pensar!
Sólo si viene un corazón al mundo
rebosa el vaso humano y se hincha el mar.

XXXIII

Soñé a Dios como una fragua
de fuego, que ablanda el hierro,
como un forjador de espadas,
como un bruñidor de aceros,
que iba firmando en las hojas
de luz: Libertad. — Imperio.

XXXIV

Yo amo a Jesús, que nos dijo:
Cielo y tierra pasarán.
Cuando cielo y tierra pasen
mi palabra quedará.
¿Cuál fue, Jesús, tu palabra?
¿Amor? ¿Perdón? ¿Caridad?
Todas tus palabras fueron
una palabra: Velad.

XXXV

Hay dos modos de conciencia:
una es luz, y otra, paciencia.
Una estriba en alumbrar
un poquito el hondo mar;
otra, en hacer penitencia
con caña o red, y esperar
el pez, como pescador.
Dime tú: ¿Cuál es mejor?
¿Conciencia de visionario
que mira en el hondo acuario
peces vivos,
fugitivos,
que no se pueden pescar,
o esa maldita faena
de ir arrojando a la arena,
muertos, los peces del mar?

XXXVI

Fe empirista. Ni somos ni seremos.
Todo nuestro vivir es emprestado.
Nada trajimos; nada llevaremos.

XXXVII

¿Dices que nada se crea?
No te importe, con el barro
de la tierra, haz una copa
para que beba tu hermano.

XXXVIII

¿Dices que nada se crea?
Alfarero, a tus cacharros.
Haz tu copa y no te importe
si no puedes hacer barro.

XXXIX

Dicen que el ave divina,
trocada en pobre gallina,
por obra de las tijeras
de aquel sabio profesor
(fue Kant un esquilador
de las aves altaneras;
toda su filosofía,
un *sport* de cetrería),
dicen que quiere saltar
las tapias del corralón,
y volar
otra vez, hacia Platón.
¡Hurra! ¡Sea!
¡Feliz será quien lo vea!

XL

Sí, cada uno y todos sobre la tierra iguales:
el ómnibus que arrastran dos pencos matalones,
por el camino, a tumbos, hacia las estaciones,
el ómnibus completo de viajeros banales,

y en medio un hombre mudo, hipocondriaco, austero,
a quien se cuentan cosas y a quien se ofrece vino…
Y allá, cuando se llegue, ¿descenderá un viajero
no más? ¿O habránse todos quedado en el camino?

XLI

Bueno es saber que los vasos
nos sirven para beber;
lo malo es que no sabemos
para qué sirve la sed.

XLII

¿Dices que nada se pierde?
Si esta copa de cristal
se me rompe, nunca en ella
beberé, nunca jamás.

XLIII

Dices que nada se pierde
y acaso dices verdad;
pero todo lo perdemos
y todo nos perderá.

XLIV

pero lo nuestro es pasar,
pasar haciendo caminos,
caminos sobre la mar.

XLV

Morir… ¿Caer como gota
de mar en el mar inmenso?
¿O ser lo que nunca he sido:
uno, sin sombra y sin sueño,
un solitario que avanza,
sin camino y sin espejo?

XLVI

Anoche soñé que oía
a Dios, gritándome: ¡Alerta!
Luego era Dios quien dormía,
y yo gritaba: ¡Despierta!

XLVII

Cuatro cosas tiene el hombre
que no sirven en la mar:
ancla, gobernalle y remos,
y miedo de naufragar.

XLVIII

Mirando mi calavera
un nuevo Hamlet dirá:
He aquí un lindo fósil de una
careta de carnaval.

XLIX

Ya noto, al paso que me torno viejo,
que en el inmenso espejo,
donde orgulloso me miraba un día,
era el azogue lo que yo ponía.
Al espejo del fondo de mi casa
una mano fatal
va rayendo el azogue, y todo pasa
por él como la luz por el cristal.

L

—Nuestro español bosteza.
¿Es hambre? ¿Sueño? ¿Hastío?
Doctor, ¿tendrá el estómago vacío?
—El vacío es más en la cabeza.

LI

Luz del alma, luz divina,
faro, antorcha, estrella, sol...
Un hombre a tientas camina;
lleva a la espalda un farol.

LII

Discutiendo están dos mozos
si a la fiesta del lugar
irán por la carretera
o campo a traviesa irán.
Discutiendo y disputando
empiezan a pelear.
Ya con las trancas de pino
furiosos golpes se dan;
ya se tiran de las barbas,
que se las quieren pelar.
Ha pasado un carretero,
que va cantando un cantar:
«Romero, para ir a Roma,
lo que importa es caminar;
a Roma por todas partes,
por todas partes se va».

LIII

Ya hay un español que quiere
vivir y a vivir empieza,
entre una España que muere
y otra España que bosteza.
Españolito que vienes
al mundo, te guarde Dios.
Una de las dos Españas
ha de helarte el corazón.

CXXXVII

PARÁBOLAS

I

Era un niño que soñaba
un caballo de cartón.
Abrió los ojos el niño
y el caballito no vio.
Con un caballito blanco
el niño volvió a soñar;
y por la crin lo cogía...
¡Ahora no te escaparás!
Apenas lo hubo cogido,
el niño se despertó.
Tenía el puño cerrado.
¡El caballito voló!
Quedóse el niño muy serio
pensando que no es verdad

un caballito soñado.
Y ya no volvió a soñar.
Pero el niño se hizo mozo
y el mozo tuvo un amor,
y a su amada le decía:
¿Tú eres de verdad o no?
Cuando el mozo se hizo viejo
pensaba: todo es soñar,
el caballito soñado
y el caballo de verdad.
Y cuando vino la muerte,
el viejo a su corazón
preguntaba: ¿Tú eres sueño?
¡Quién sabe si despertó!

II

A D. Vicente Ciurana

Sobre la limpia arena, en el tartesio llano
por donde acaba España y sigue el mar,
hay dos hombres que apoyan la cabeza en la mano;
uno duerme, y el otro parece meditar.
El uno, en la mañana de tibia primavera,
junto a la mar tranquila,
ha puesto entre sus ojos y el mar que reverbera,
los párpados, que borran el mar en la pupila.
Y se ha dormido, y sueña con el pastor Proteo,
que sabe los rebaños del marino guardar;
y sueña que le llaman las hijas de Nereo,
y ha oído a los caballos de Poseidón hablar.

El otro mira al agua. Su pensamiento flota;
hijo del mar, navega —o se pone a volar—.
Su pensamiento tiene un vuelo de gaviota,
que ha visto un pez de plata en el agua saltar.
Y piensa: «Es esta vida una ilusión marina
de un pescador que un día ya no puede pescar».
El soñador ha visto que el mar se le ilumina,
y sueña que es la muerte una ilusión del mar.

III

Érase de un marinero
que hizo un jardín junto al mar,
y se metió a jardinero.
Estaba el jardín en flor,
y el jardinero se fue
por esos mares de Dios.

IV

CONSEJOS

Sabe esperar, aguarda que la marea fluya
—así en la costa un barco— sin que al partir te inquiete.
Todo el que aguarda sabe que la victoria es suya;
porque la vida es larga y el arte es un juguete.
Y si la vida es corta
y no llega la mar a tu galera,
aguarda sin partir y siempre espera,
que el arte es largo y, además, no importa.

V

PROFESIÓN DE FE

Dios no es el mar, está en el mar, riela
como luna en el agua, o aparece
como una blanca vela;
en el mar se despierta o se adormece.
Creó la mar, y nace
de la mar cual la nube y la tormenta;
es el Criador y la criatura lo hace;
su aliento es alma, y por el alma alienta.
Yo he de hacerte, mi Dios, cual tú me hiciste,
y para darte el alma que me diste
en mí te he de crear. Que el puro río
de caridad que fluye eternamente,
fluya en mi corazón. ¡Seca, Dios mío,
de una fe sin amor la turbia fuente!

VI

El Dios que todos llevamos,
el Dios que todos hacemos,
el Dios que todos buscamos
y que nunca encontraremos.
Tres dioses o tres personas
del solo Dios verdadero.

VII

Dice la razón: Busquemos
la verdad.
Y el corazón: Vanidad.
La verdad ya la tenemos.
La razón: ¡Ay, quién alcanza
la verdad!
El corazón: Vanidad.
La verdad es la esperanza.
Dice la razón: Tú mientes.
Y contesta el corazón:
Quien miente eres tú, razón,
que dices lo que no sientes.
La razón: Jamás podremos
entendernos, corazón.
El corazón: Lo veremos.

VIII

Cabeza meditadora,
¡qué lejos se oye el zumbido
de la abeja libadora!
Echaste un velo de sombra
sobre el bello mundo y vas
creyendo ver, porque mides
la sombra con un compás.
Mientras la abeja fabrica,
melifica,
con jugo de campo y sol,
yo voy echando verdades

que nada son, vanidades
al fondo de mi crisol.
De la mar al percepto,
del percepto al concepto,
del concepto a la idea
—¡oh, la linda tarea!—,
de la idea a la mar.
¡Y otra vez a empezar!

CXXXVIII

MI BUFÓN

El demonio de mis sueños
ríe con sus labios rojos,
sus negros y vivos ojos,
sus dientes finos, pequeños.
Y jovial y picaresco
se lanza a un baile grotesco,
luciendo el cuerpo deforme
y su enorme
joroba. Es feo y barbudo,
y chiquitín y panzudo.
Yo no sé por qué razón,
de mi tragedia, bufón,
te ríes… Mas tú eres vivo
por tu danzar sin motivo.

ELOGIOS

CXXXIX

A DON FRANCISCO GINER DE LOS RÍOS

Como se fue el maestro,
la luz de esta mañana
me dijo: Van tres días
que mi hermano Francisco no trabaja.
¿Murió…? Sólo sabemos
que se nos fue por una senda clara,
diciéndonos: Hacedme
un duelo de labores y esperanzas.
Sed buenos y no más, sed lo que he sido
entre vosotros: alma.
Vivid, la vida sigue,
los muertos mueren y las sombras pasan;
lleva quien deja y vive el que ha vivido.
¡Yunques, sonad; enmudeced, campanas!
Y hacia otra luz más pura
partió el hermano de la luz del alba,
del sol de los talleres,
el viejo alegre de la vida santa.
… ¡Oh, sí!, llevad, amigos,

su cuerpo a la montaña,
a los azules montes
del ancho Guadarrama.
Allí hay barrancos hondos
de pinos verdes donde el viento canta.
Su corazón repose
bajo una encina casta,
en tierra de tomillos, donde juegan
mariposas doradas…
Allí el maestro un día
soñaba un nuevo florecer de España.

Baeza, 21 de febrero de 1915

CXL

AL JOVEN MEDITADOR JOSÉ ORTEGA Y GASSET

A ti laurel y yedra
corónente, dilecto
de Sofía, arquitecto.
Cincel, martillo y piedra
y masones te sirvan; las montañas
de Guadarrama frío
te brinden el azul de sus entrañas,
meditador de otro Escorial sombrío.
Y que Felipe austero,
al borde de su regia sepultura,
asome a ver la nueva arquitectura,
y bendiga la prole de Lutero.

CXLI

A XAVIER VALCARCE

… En el intermedio de la primavera

Valcarce, dulce amigo, si tuviera
la voz que tuve antaño, cantaría
el intermedio de tu primavera
—porque aprendiz he sido de ruiseñor un día—,
y el rumor de tu huerto —entre las flores
el agua oculta corre, pasa y suena
por acequias, regatos y atanores—,
y el inquieto bullir de tu colmena,
y esa doliente juventud que tiene
ardores de faunalias,
y que pisando viene
la huella a mis sandalias.
Mas hoy… ¿será porque el enigma grave
me tentó en la desierta galería,
y abrí con una diminuta llave
el ventanal del fondo que da a la mar sombría?
¿Será porque se ha ido
quien asentó mis pasos en la tierra,
y en este nuevo ejido
sin rubia mies, la soledad me aterra?
No sé, Valcarce, mas cantar no puedo;
se ha dormido la voz en mi garganta,
y tiene el corazón un salmo quedo.
Ya sólo reza el corazón, no canta.
Mas hoy, Valcarce, como un fraile viejo
puedo hacer confesión, que es dar consejo.

En este día claro, en que descansa
tu carne de quimeras y amoríos
—así en amplio silencio se remansa
el agua bullidora de los ríos—,
no guardes en tu cofre la galana
veste dominical, el limpio traje,
para llenar de lágrimas mañana
la mustia seda y el marchito encaje,
sino viste, Valcarce, dulce amigo,
gala de fiesta para andar contigo.
Y cíñete la espada rutilante,
y lleva tu armadura,
el peto de diamante
debajo de la blanca vestidura.
¡Quién sabe! Acaso tu domingo sea
la jornada guerrera y laboriosa,
el día del Señor, que no reposa,
el claro día que el Señor pelea.

CXLII

MARIPOSA DE LA SIERRA

A Juan Ramón Jiménez,
por su libro *Platero y yo*

¿No eres tú, mariposa,
el alma de estas sierras solitarias,
de sus barrancos hondos,
y de sus cumbres agrias?
Para que tú nacieras,
con su varita mágica

a las tormentas de la piedra, un día,
mandó callar un hada,
y encadenó los montes,
para que tú volaras.
Anaranjada y negra,
morenita y dorada,
mariposa montés, sobre el romero
plegadas las alillas o, voltarias,
jugando con el sol, o sobre un rayo
de sol crucificadas.
¡Mariposa montés y campesina,
mariposa serrana,
nadie ha pintado tu color; tú vives
tu color y tus alas
en el aire, en el sol, sobre el romero,
tan libre, tan salada…!
Que Juan Ramón Jiménez
pulse por ti su lira franciscana.

Sierra de Cazorla, 28 de mayo de 1915

CXLIII

DESDE MI RINCÓN

ELOGIOS

> Al libro *Castilla*, del maestro Azorín,
> con motivos del mismo

Con este libro de melancolía
toda Castilla a mi rincón me llega;
Castilla la gentil y la bravía,

la parda y la manchega.
¡Castilla, España de los largos ríos
que el mar no ha visto y corre hacia los mares;
Castilla de los páramos sombríos,
Castilla de los negros encinares!
Labriegos transmarinos y pastores
trashumantes —arados y merinos—,
labriegos con talante de señores,
pastores de color de los caminos.
Castilla de grisientos peñascales,
pelados serrijones,
barbechos y trigales,
malezas y cambrones.
Castilla azafranada y polvorienta,
sin montes, de arreboles purpurinos,
Castilla visionaria y soñolienta
de llanuras, viñedos y molinos.
Castilla —hidalgos de semblante enjuto,
rudos jaques y orondos bodegueros—,
Castilla —trajinantes y arrieros
de ojos inquietos, de mirar astuto—,
mendigos rezadores,
y frailes pordioseros,
boteros, tejedores,
arcadores, perailes, chicarreros,
lechuzos y rufianes,
fulleros y truhanes,
caciques y tahúres y logreros.
¡Oh, venta de los montes! —Fuencebada,
Fonfría, Oncala, Manzanal, Robledo—.
¡Mesón de los caminos y posada
de Esquivias, Salas, Almazán, Olmedo!

La ciudad diminuta y la campana
de las monjas que tañe, cristalina…
¡Oh, dueña doñeguil tan de mañana
y amor de Juan Ruiz a doña Endrina!
Las comadres —Gerarda y Celestina—.
Los amantes —Fernando y Dorotea—.
¡Oh casa, oh huerto, oh sala silenciosa!
¡Oh divino vasar en donde posa
sus dulces ojos verdes Melibea!
¡Oh jardín de cipreses y rosales,
donde Calisto ensimismado piensa,
que tornan con las nubes inmortales
las mismas olas de la mar inmensa!
¡Y este hoy que mira a ayer; y este mañana
que nacerá tan viejo!
¡Y esta esperanza vana
de romper el encanto del espejo!
¡Y esta agua amarga de la fuente ignota!
¡Y este filtrar la gran hipocondría
de España siglo a siglo y gota a gota!
¡Y esta alma de *Azorín*… y esta alma mía
que está viendo pasar, bajo la frente,
de una España la inmensa galería,
cual pasa del ahogado en la agonía
todo su ayer, vertiginosamente!
Basta, *Azorín*, yo creo
en el alma sutil de tu Castilla,
y en esa maravilla
de tu hombre triste del balcón, que veo
siempre añorar, la mano en la mejilla.
Contra el gesto del persa, que azotaba
la mar con su cadena;

contra la flecha que el tahúr tiraba
al cielo, creo en la palabra buena.
Desde un pueblo que ayuna y se divierte,
ora y eructa, desde un pueblo impío
que juega al mus, de espaldas a la muerte,
creo en la libertad y en la esperanza,
y en una fe que nace
cuando se busca a Dios y no se le alcanza,
y en el Dios que se lleva y que se hace.

ENVÍO

¡Oh, tú, *Azorín*, que de la mar de Ulises
viniste al ancho llano
en donde el gran Quijote, el buen Quijano,
soñó con Esplandianes y Amadises;
buen *Azorín*, por adopción manchego,
que guardas tu alma ibera,
tu corazón de fuego
bajo el recio almidón de tu pechera
—un poco libertario
de cara a la doctrina,
¡admirable *Azorín*, el reaccionario
por asco de la greña jacobina!—;
pero tranquilo, varonil —la espada
ceñida a la cintura
y con santo rencor acicalada—,
sereno en el umbral de tu aventura!
¡Oh, tú, *Azorín*, escucha: España quiere
surgir, brotar, toda una España empieza!
¿Y ha de helarse en la España que se muere?

¿Ha de ahogarse en la España que bosteza?
Para salvar la nueva epifanía
hay que acudir, ya es hora,
con el hacha y el fuego al nuevo día.
Oye cantar los gallos de la aurora.

Baeza, 1913

CXLIV

UNA ESPAÑA JOVEN

… Fue un tiempo de mentira, de infamia. A España toda,
la malherida España, de Carnaval vestida
nos la pusieron, pobre y escuálida y beoda,
para que no acertara la mano con la herida.
Fue ayer; éramos casi adolescentes; era
con tiempo malo, encinta de lúgubres presagios,
cuando montar quisimos en pelo una quimera,
mientras la mar dormía ahíta de naufragios.
Dejamos en el puerto la sórdida galera,
y en una nave de oro nos plugo navegar
hacia los altos mares, sin aguardar ribera,
lanzando velas y anclas y gobernalle al mar.
Ya entonces, por el fondo de nuestro sueño —herencia
de un siglo que vencido sin gloria se alejaba—
un alba entrar quería; con nuestra turbulencia
la luz de las divinas ideas batallaba.
Mas cada cual el rumbo siguió de su locura;
agilitó su brazo, acreditó su brío;
dejó como un espejo bruñida su armadura
y dijo: «El hoy es malo, pero el mañana… es mío».

Y es hoy aquel mañana de ayer… Y España toda,
con sucios oropeles de Carnaval vestida
aún la tenemos: pobre y escuálida y beoda;
mas hoy de un vino malo: la sangre de su herida.
Tú, juventud más joven, si de más alta cumbre
la voluntad te llega, irás a tu aventura
despierta y transparente a la divina lumbre,
como el diamante clara, como el diamante pura.

                                                    1914

                           CXLV

                     ESPAÑA, EN PAZ

En mi rincón moruno, mientras repiquetea
el agua de la siembra bendita en los cristales,
yo pienso en la lejana Europa que pelea,
el fiero Norte, envuelto en lluvias otoñales.
Donde combaten galos, ingleses y teutones,
allá, en la vieja Flandes y en una tarde fría,
sobre jinetes, carros, infantes y cañones
pondrá la lluvia el velo de su melancolía.
Envolverá la niebla el rojo expoliario
—sordina gris al férreo claror del campamento—,
las brumas de la Mancha caerán como un sudario
de la flamenca duna sobre el fangal sangriento.
Un César ha ordenado las tropas de Germania
contra el francés avaro y el triste moscovita,
y osó hostigar la rubia pantera de Britania.
Medio planeta en armas contra el teutón milita.
¡Señor! La guerra es mala y bárbara; la guerra,

odiada por las madres, las almas entigrece;
mientras la guerra pasa, ¿quién sembrará la tierra?
¿Quién segará la espiga que junio amarillece?
Albión acecha y caza las quillas en los mares;
Germania arruina templos, moradas y talleres;
la guerra pone un soplo de hielo en los hogares,
y el hambre en los caminos, y el llanto en las mujeres.
Es bárbara la guerra y torpe y regresiva;
¿Por qué otra vez a Europa esta sangrienta racha
que siega el alma y esta locura acometiva?
¿Por qué otra vez el hombre de sangre se emborracha?
La guerra nos devuelve las podres y las pestes
del Ultramar cristiano; el vértigo de horrores
que trajo Atila a Europa con sus feroces huestes;
las hordas mercenarias, los púnicos rencores;
la guerra nos devuelve los muertos milenarios
de cíclopes, centauros, Heracles y Teseos;
la guerra resucita los sueños cavernarios
del hombre con peludos mammuthes giganteos.
¿Y bien? El mundo en guerra y en paz España sola.
¡Salud, oh buen Quijano! Por si este gesto es tuyo,
yo te saludo. ¡Salve! Salud, paz española,
si no eres paz cobarde, sino desdén y orgullo.
Si eres desdén y orgullo, valor de ti, si bruñes
en esa paz, valiente, la enmohecida espada,
para tenerla limpia, sin tacha, cuando empuñes
el arma de tu vieja panoplia arrinconada;
si pules y acicalas tus hierros para, un día,
vestir de luz, y erguida: *heme aquí, pues, España,*
en alma y cuerpo, toda, para una guerra mía,
heme aquí, pues, vestida para la propia hazaña,
decir, para que diga quien oiga: *es voz, no es eco,*

el buen manchego habla palabras de cordura;
parece que el hidalgo amojamado y seco
entró en razón, y tiene espada a la cintura;
entonces, paz de España, yo te saludo.
Si eres
vergüenza humana de esos rencores cabezudos
con que se matan miles de avaros mercaderes,
sobre la madre tierra que los parió desnudos;
si sabes cómo Europa entera se anegaba
en una paz sin alma, en un afán sin vida,
y que una calentura cruel la aniquilaba,
que es hoy la fiebre de esta pelea fratricida;
si sabes que esos pueblos arrojan sus riquezas
al mar y al fuego —todos— para sentirse hermanos
un día ante el divino altar de la pobreza,
gabachos y tudescos, latinos y britanos,
entonces, paz de España, también yo te saludo,
y a ti, la España fuerte, si, en esta paz bendita,
en tu desdeño esculpes como sobre un escudo,
dos ojos que avizoran y un ceño que medita.

Baeza, 10 de noviembre de 1914

CXLVI

Flor de santidad. Novela milenaria,
por D. Ramón del Valle-Inclán

Esta leyenda en sabio romance campesino,
ni arcaico ni moderno, por Valle-Inclán escrita,
revela en los halagos de un viento vespertino,
la santa flor de alma que nunca se marchita.

Es la leyenda campo y campo. Un peregrino
que vuelve solitario de la sagrada tierra
donde Jesús morara, camina sin camino,
entre los agrios montes de la galaica sierra.
Hilando silenciosa, la rueca a la cintura,
Adega, en cuyos ojos la llama azul fulgura
de la piedad humilde, en el romero ha visto,
al declinar la tarde, la pálida figura,
la frente gloriosa de luz y la amargura
de amor que tuvo un día el SALVADOR DOM. CRISTO.

CXLVII

AL MAESTRO RUBÉN DARÍO

Este noble poeta, que ha escuchado
los ecos de la tarde y los violines
del otoño en Verlaine, y que ha cortado
las rosas de Ronsard en los jardines
de Francia, hoy, peregrino
de un Ultramar de Sol, nos trae el oro
de su verbo divino.
¡Salterios del loor vibran en coro!
La nave bien guarnida,
con fuerte casco y acerada prora,
de viento y luz la blanca vela henchida
surca, pronta a arribar, la mar sonora.
Y yo le grito: ¡Salve! a la bandera
flamígera que tiene
esta hermosa galera
que de una nueva España a España viene.

1904

CXLVIII

A LA MUERTE DE RUBÉN DARÍO

Si era toda en tu verso la armonía del mundo,
¿dónde fuiste, Darío, la armonía a buscar?
Jardinero de Hesperia, ruiseñor de los mares,
corazón asombrado de la música astral,
¿te ha llevado Dionysos de su mano al infierno
y con las nuevas rosas triunfantes volverás?
¿Te han herido buscando la soñada Florida,
la fuente de la eterna juventud, capitán?
Que en esta lengua madre la clara historia quede;
corazones de todas las Españas, llorad.
Rubén Darío ha muerto en sus tierras de Oro,
esta nueva nos vino atravesando el mar.
Pongamos, españoles, en un severo mármol,
su nombre, flauta y lira, y una inscripción no más:
nadie esta lira pulse, si no es el mismo Apolo,
nadie esta flauta suene, si no es el mismo Pan.

1916

CXLIX

A NARCISO ALONSO CORTÉS,
POETA DE CASTILLA

«Jam senior, sed cruda deo viridisque senectu».

VIRGILIO, *Eneida*

Tus versos me han llegado a este rincón manchego,
regio presente en arcas de rica taracea,
que guardan, entre ramos de castellano espliego,
narciso de Citeres y lirios de Judea.
En tu árbol viejo anida un canto adolescente,
del ruiseñor de antaño la dulce melodía.
Poeta, que declaras arrugas en tu frente,
tu musa es la más noble: se llama Todavía.
Al corazón del hombre con red sutil envuelve
el tiempo, como niebla de río una arboleda.
¡No mires: todo pasa; olvida: nada vuelve!
Y el corazón del hombre se angustia… ¡Nada queda!
El tiempo rompe el hierro y gasta los marfiles.
Con limas y barrenas, buriles y tenazas,
el tiempo lanza obreros a trabajar febriles,
enanos con punzones y cíclopes con mazas.
El tiempo lame y roe y pule y mancha y muerde;
socava el alto muro, la piedra agujerea;
apaga la mejilla y abrasa la hoja verde;
sobre las frentes cava los surcos de la idea.
Pero el poeta afronta el tiempo inexorable,
como David al fiero gigante filisteo;
de su armadura busca la pieza vulnerable,

y quiere obrar la hazaña a que no osó Teseo.
Vencer al tiempo quiere. ¡Al tiempo! ¿Hay un seguro
donde afincar la lucha? ¿Quién lanzará el venablo
que cace esta alimaña? ¿Se sabe de un conjuro
que ahuyente ese enemigo, como la cruz al diablo?
El alma. El alma vence —¡la pobre cenicienta,
que en este siglo vano, cruel, empedernido,
por esos mundos vaga escuálida y hambrienta!—
al ángel de la muerte y al agua del olvido.
Su fortaleza opone al tiempo, como el puente
al ímpetu del río sus pétreos tajamares;
bajo ella el tiempo lleva bramando su torrente,
sus aguas cenagosas huyendo hacia los mares.
Poeta, el alma sólo es ancla en la ribera,
dardo cruel y doble escudo adamantino;
y en el diciembre helado, rosal de primavera;
y sol del caminante y sombra del camino.
Poeta, que declaras arrugas en tu frente,
tu noble verso sea más joven cada día;
que en tu árbol viejo suene el canto adolescente,
del ruiseñor eterno la dulce melodía.

Venta de Cárdenas, 24 de octubre

CL

MIS POETAS

El primero es Gonzalo de Berceo llamado,
Gonzalo de Berceo, poeta y peregrino,
que yendo en romería acaeció en un prado,

y a quien los sabios pintan copiando un pergamino.
Trovó a Santo Domingo, trovó a Santa María,
y a San Millán, y a San Lorenzo y Santa Oria,
y dijo: mi dictado non es de juglaría;
escrito lo tenemos; es verdadera historia.
Su verso es dulce y grave; monótonas hileras
de chopos invernales en donde nada brilla;
renglones como surcos en pardas sementeras,
y lejos, las montañas azules de Castilla.
Él nos cuenta el repaire del romeo cansado;
leyendo en santorales y libros de oración,
copiando historias viejas, nos dice su dictado,
mientras le sale afuera la luz del corazón.

CLI

A DON MIGUEL DE UNAMUNO

Por su libro *Vida de Don Quijote y Sancho*

Este donquijotesco
don Miguel de Unamuno, fuerte vasco,
lleva el arnés grotesco
y el irrisorio casco
del buen manchego. Don Miguel camina,
jinete de quimérica montura,
metiendo espuela de oro a su locura,
sin miedo de la lengua que malsina.
A un pueblo de arrieros,
lechuzos y tahúres y logreros
dicta lecciones de Caballería.

Y el alma desalmada de su raza,
que bajo el golpe de su férrea maza
aún duerme, puede que despierte un día.
Quiere enseñar el ceño de la duda,
antes de que cabalgue, al caballero;
cual nuevo Hamlet, a mirar desnuda
cerca del corazón la hoja de acero.
Tiene el aliento de una estirpe fuerte
que sonó más allá de sus hogares,
y que el oro buscó tras de los mares.
Él señala la gloria tras la muerte.
Quiere ser fundador, y dice: Creo;
Dios y adelante el ánima española…
Y es tan bueno y mejor que fue Loyola:
sabe a Jesús y escupe al fariseo.

CLII

A JUAN RAMÓN JIMÉNEZ

Por su libro *Arias tristes*

Era una noche del mes
de mayo, azul y serena.
Sobre el agudo ciprés
brillaba la luna llena,
iluminando la fuente
en donde el agua surtía
sollozando intermitente.
Sólo la fuente se oía.

Después, se escuchó el acento
de un oculto ruiseñor.
Quebró una racha de viento
la curva del surtidor.
Y una dulce melodía
vagó por todo el jardín:
entre los mirtos tañía
un músico su violín.
Era un acorde lamento
de juventud y de amor
para la luna y el viento,
el agua y el ruiseñor.
«El jardín tiene una fuente
y la fuente una quimera…».
Cantaba una voz doliente,
alma de la primavera.
Calló la voz y el violín
apagó su melodía.
Quedó la melancolía
vagando por el jardín.
Sólo la fuente se oía.

NUEVAS CANCIONES (1917-1930)

CLIII

OLIVO DEL CAMINO

A la memoria de D. Cristóbal Torres

I

Parejo de la encina castellana
crecida sobre el páramo, señero
en los campos de Córdoba la llana
que dieron su caballo al Romancero,
lejos de tus hermanos
que vela el ceño campesino —enjutos
pobladores de lomas y altozanos,
horros de sombra, grávidos de frutos—,
sin caricia de mano labradora
que limpie tu ramaje, y por olvido,
viejo olivo, del hacha leñadora,
¡cuán bello estás junto a la fuente erguido,
bajo este azul cobalto
como un árbol silvestre, espeso y alto!

II

Hoy, a tu sombra, quiero
ver estos campos de mi Andalucía,
como a la vera ayer del Alto Duero
la hermosa tierra de encinar veía.
Olivo solitario,
lejos del olivar, junto a la fuente,
olivo hospitalario
que das tu sombra a un hombre pensativo
y a un agua transparente,
al borde del camino que blanquea,
guarde tus verdes ramas, viejo olivo,
la diosa de ojos glaucos, Atenea.

III

Busque tu rama verde el suplicante
para el templo de un dios, árbol sombrío;
Deméter jadeante
pose a tu sombra, bajo el sol de estío.
Que reflorezca el día
en que la diosa huyó del ancho Urano,
cruzó la espalda de la mar bravía,
llegó a la tierra en que madura el grano.
Y en su querida Eleusis, fatigada,
sentóse a reposar junto al camino,
ceñido el peplo, yerta la mirada,
lleno de angustia el corazón divino...
Bajo tus ramas, viejo olivo, quiero
un día recordar del sol de Homero.

IV

Al palacio de un rey llegó la dea,
sólo divina en el mirar sereno,
ocultando su forma gigantea
de joven talle y redondo seno,
trocado el manto azul por burda lana,
como sierva propicia a la tarea
de humilde oficio con que el pan se gana.
De Keleos la esposa venerable,
que daba al hijo en su vejez nacido,
a Demofón, un pecho miserable,
la reina de los bucles de ceniza,
del niño bien amado
a Deméter tomó para nodriza.
Y el niño floreció como criado
en brazos de una diosa,
o en las selvas feraces,
—así el bastardo de Afrodita hermosa—
al seno de las ninfas montaraces.

V

Mas siempre el ceño maternal espía,
y una noche, celando a la extranjera,
vio la reina una llama. En roja hoguera
a Demofón, el príncipe lozano,
Deméter impasible revolvía,
y al cuello, al torso, al vientre, con su mano
una sierpe de fuego le ceñía.
Del regio lecho, en la aromada alcoba,

saltó la madre; al corredor sombrío
salió gritando, aullando, como loba
herida en las entrañas: ¡hijo mío!

VI

Deméter la miró con faz severa.
—Tal es, raza mortal, tu cobardía.
Mi llama el fuego de los dioses era.
Y al niño, que en sus brazos sonreía:
—Yo soy Deméter que los frutos grana,
¡oh príncipe nutrido por mi aliento,
y en mis brazos más rojo que manzana
madurada en otoño al sol y al viento…!
Vuelve al halda materna, y tu nodriza
no olvides, Demofón, que fue una diosa;
ella trocó en maciza
tu floja carne y la tiñó de rosa,
y te dio el ancho torso, el brazo fuerte,
y más te quiso dar y más te diera:
con la llama que libra de la muerte,
la eterna juventud por compañera.

VII

La madre de la bella Proserpina
trocó en moreno grano,
para el sabroso pan de blanca harina,
aguas de abril y soles de verano.

Trigales y trigales ha corrido
la rubia diosa de la hoz dorada,
y del campo a las eras del ejido,
con sus montes de mies agavillada,
llegaron los huesudos bueyes rojos,
la testa dolorida al yugo atada,
y con la tarde ubérrima en los ojos.
De segados trigales y alcaceles
hizo el fuego sequizos rastrojales;
en el huerto rezuma el higo mieles,
cuelga la oronda pera en los perales,
hay en las vides rubios moscateles,
y racimos de rosa en los parrales
que festonan la blanca almacería
de los huertos. Ya irá de glauca a bruna,
por llano, loma, alcor y serranía,
de los verdes olivos la aceituna…
Tu fruto, ¡oh polvoriento del camino
árbol ahíto de la estiva llama!,
no estrujarán las piedras del molino,
aguardará la fiesta, en la alta rama,
del alegre zorzal, o el estornino
lo llevará en su pico, alborozado.
Que en tu ramaje luzca, árbol sagrado,
bajo la luna llena,
el ojo encandilado
del búho insomne de la sabia Atena.
Y que la diosa de la hoz bruñida
y de la adusta frente
materna sed y angustia de uranida
traiga a tu sombra, olivo de la fuente.

Y con tus ramas la divina hoguera
encienda en un hogar del campo mío,
por donde tuerce perezoso un río
que toda la campiña hace ribera
antes que un pueblo, hacia la mar, navío.

CLIV

APUNTES

I

Desde mi ventana,
¡campo de Baeza,
a la luna clara!
¡Montes de Cazorla,
Aznaitín y Mágina!
¡De luna y de piedra
también los cachorros
de Sierra Morena!

II

Sobre el olivar,
se vio a la lechuza
volar y volar.
Campo, campo, campo.
Entre los olivos,
los cortijos blancos.

Y la encina negra,
a medio camino
de Úbeda a Baeza.

III

Por un ventanal,
entró la lechuza
en la catedral.
San Cristobalón
la quiso espantar,
al ver que bebía
del velón de aceite
de Santa María.
La Virgen habló:
Déjala que beba,
San Cristobalón.

IV

Sobre el olivar,
se vio a la lechuza
volar y volar.
A Santa María
un ramito verde
volando traía.
¡Campo de Baeza
soñaré contigo
cuando no te vea!

V

Dondequiera vaya,
José de Mairena
lleva su guitarra.
Su guitarra lleva,
cuando va a caballo,
a la bandolera.
Y lleva el caballo
con la rienda corta,
la cerviz en alto.

VI

¡Pardos borriquillos
de ramón cargados,
entre los olivos!

VII

¡Tus sendas de cabras
y tus madroñeras,
Córdoba serrana!

VIII

¡La del Romancero,
Córdoba la llana…!
Guadalquivir hace vega,
el campo relincha y brama.

IX

Los olivos grises,
los caminos blancos.
El sol ha sorbido
la calor del campo;
y hasta tu recuerdo
me lo va secando
esta alma de polvo
de los días malos.

CLV

HACIA TIERRA BAJA

I

Rejas de hierro; rosas de grana.
¿A quién esperas,
con esos ojos y esas ojeras
enjauladita como las fieras,
tras de los hierros de tu ventana?
Entre las rejas y los rosales,
¿sueñas amores
de bandoleros galanteadores,
fieros amores entre puñales?
Rondar tu calle nunca verás
ese que esperas; porque se fue
toda la España de Mérimée.
Por esta calle —tú elegirás—
pasa un notario

que va al tresillo del boticario,
y un usurero, a su rosario.
También yo paso, viejo y tristón.
Dentro del pecho llevo un león.

II

Aunque me ves por la calle,
también yo tengo mis rejas,
mis rejas y mis rosales.

III

Un mesón de mi camino.
Con un gesto de vestal,
tú sirves el rojo vino
de una orgía de arrabal.
Los borrachos
de los ojos vivarachos
y la lengua fanfarrona
te requiebran, ¡oh varona!
Y otros borrachos suspiran
por tus ojos de diamante,
tus ojos que a nadie miran.
A la altura de tus senos,
la batea rebosante
llega en tus brazos morenos.
¡Oh mujer,
dame también de beber!

IV

Una noche de verano.
El tren hacia el puerto va,
devorando aire marino.
Aún no se ve la mar.

*

Cuando lleguemos al puerto,
niña, verás
un abanico de nácar
que brilla sobre la mar.

*

A una japonesa
le dijo Sokán:
con la blanca luna
te abanicarás,
con la blanca luna,
a orillas del mar.

V

Una noche de verano,
en la playa de Sanlúcar,
oí una voz que cantaba:
antes que salga la luna.
Antes que salga la luna,
a la vera de la mar,

dos palabritas a solas
contigo tengo de hablar.
¡Playa de Sanlúcar,
noche de verano,
copla solitaria
junto al mar amargo!
¡A la orillita del agua,
por donde nadie nos vea,
antes que la luna salga!

CLVI

GALERÍAS

I

En el azul la banda
de unos pájaros negros
que chillan, aletean y se posan
en el álamo yerto.
… En el desnudo álamo,
las graves chovas quietas y en silencio,
cual negras, frías notas
escritas en la pauta de febrero.

II

El monte azul, el río, las erectas
varas cobrizas de los finos álamos,
y el blanco del almendro en la colina,

¡oh nieve en flor y mariposa en árbol!
Con el aroma del habar, el viento
corre en la alegre soledad del campo.

III

Una centella blanca
en la nube de plomo culebrea.
¡Los asombrados ojos
del niño, y juntas cejas
—está el salón obscuro— de la madre...!
¡Oh cerrado balcón a la tormenta!
El viento aborrascado y el granizo
en el limpio cristal repiquetean.

IV

El iris y el balcón.
Las siete cuerdas
de la lira del sol vibran en sueños.
Un tímpano infantil da siete golpes
—agua y cristal—.
Acacias con jilgueros.
Cigüeñas en las torres.
En la plaza,
lavó la lluvia el mirto polvoriento.
En el amplio rectángulo ¿quién puso
ese grupo de vírgenes risueño,
y arriba ¡hosanna! entre la rota nube,
la palma de oro y el azul sereno?

V

Entre montes de almagre y peñas grises,
el tren devora su rail de acero.
La hilera de brillantes ventanillas
lleva un doble perfil de camafeo,
tras el cristal de plata, repetido…
¿Quién ha punzado el corazón del tiempo?

VI

¿Quién puso, entre las rocas de ceniza,
para la miel del sueño,
esas retamas de oro
y esas azules flores del romero?
La sierra de violeta
y, en el poniente, el azafrán del cielo,
¿quién ha pintado? ¡El abejar, la ermita,
el tajo sobre el río, el sempiterno
rodar del agua entre las hondas peñas,
y el rubio verde de los campos nuevos,
y todo, hasta la tierra blanca y rosa
al pie de los almendros!

VII

En el silencio sigue
la lira pitagórica vibrando,
el iris en la luz, la luz que llena
mi estereoscopio vano.

Han cegado mis ojos las cenizas
del fuego heraclitano.
El mundo es, un momento,
transparente, vacío, ciego, alado.

CLVII

LA LUNA, LA SOMBRA Y EL BUFÓN

I

Fuera, la luna platea
cúpulas, torres, tejados;
dentro, mi sombra pasea
por los muros encalados.
Con esta luna, parece
que hasta la sombra envejece.
Ahorremos la serenata
de una cenestesia ingrata,
y una vejez intranquila,
y una luna de hojalata.
Cierra tu balcón, Lucila.

II

Se pinta panza y joroba
en la pared de mi alcoba.
Canta el bufón:
¡Qué bien van,
en un rostro de cartón,

unas barbas de azafrán!
Lucila, cierra el balcón.

CLVIII

CANCIONES DE TIERRAS ALTAS

I

Por la sierra blanca…
La nieve menuda
y el viento de cara.
Por entre los pinos…
con la blanca nieve
se borra el camino.
Recio viento sopla
de Urbión a Moncayo.
¡Páramos de Soria!

II

Ya habrá cigüeñas al sol,
mirando la tarde roja,
entre Moncayo y Urbión.

III

Se abrió la puerta que tiene
gonces en mi corazón,

y otra vez la galería
de mi historia apareció.
Otra vez la plazoleta
de las acacias en flor,
y otra vez la fuente clara
cuenta un romance de amor.

IV

Es la parda encina
y el yermo de piedra.
Cuando el sol tramonta,
el río despierta.
¡Oh montes lejanos
de malva y violeta!
En el aire en sombra
sólo el río suena.
¡Luna amoratada
de una tarde vieja,
en un campo frío,
más luna que tierra!

V

Soria de montes azules
y de yermos de violeta,
¡cuántas veces te he soñado
en esta florida vega
por donde se va,
entre naranjos de oro,
Guadalquivir a la mar!

VI

¡Cuántas veces me borraste,
tierra de ceniza,
estos limonares verdes
con sombras de tus encinas!
¡Oh campos de Dios,
entre Urbión el de Castilla
y Moncayo el de Aragón!

VII

En Córdoba, la serrana,
en Sevilla, marinera
y labradora, que tiene
hinchada, hacia el mar, la vela;
y en el ancho llano
por donde la arena sorbe
la baba del mar amargo,
hacia la fuente del Duero
mi corazón —¡Soria pura!—
se tornaba… ¡Oh, fronteriza
entre la tierra y la luna!
¡Alta paramera
donde corre el Duero niño,
tierra donde está su tierra!

VIII

El río despierta.
En el aire obscuro,
sólo el río suena.
¡Oh canción amarga
del agua en la piedra!
… Hacia el alto Espino,
bajo las estrellas.
Sólo suena el río
al fondo del valle,
bajo el alto Espino.

IX

En medio del campo,
tiene la ventana abierta
la ermita sin ermitaño.
Un tejadillo verdoso.
Cuatro muros blancos.
Lejos relumbra la piedra
del áspero Guadarrama.
Agua que brilla y no suena.
En el aire claro,
¡los alamillos del soto,
sin hojas, liras de marzo!

X

IRIS DE LA NOCHE

A D. Ramón del Valle-Inclán

Hacia Madrid, una noche,
va el tren por el Guadarrama.
En el cielo, el arco iris
que hacen la luna y el agua.
¡Oh luna de abril, serena,
que empuja las nubes blancas!
La madre lleva a su niño,
dormido, sobre la falda.
Duerme el niño y, todavía,
ve el campo verde que pasa,
y arbolillos soleados,
y mariposas doradas.
La madre, ceño sombrío
entre un ayer y un mañana,
ve unas ascuas mortecinas
y una hornilla con arañas.
Hay un trágico viajero,
que debe ver cosas raras,
y habla solo y, cuando mira,
nos borra con la mirada.
Yo pienso en campos de nieve
y en pinos de otras montañas.
Y tú, Señor, por quien todos
vemos y que ves las almas,
dinos si todos, un día,
hemos de verte la cara.

CLIX

CANCIONES

I

Junto a la sierra florida,
bulle el ancho mar.
El panal de mis abejas
tiene granitos de sal.

II

Junto al agua negra.
Olor de mar y jazmines.
Noche malagueña.

III

La primavera ha venido.
Nadie sabe cómo ha sido.

IV

La primavera ha venido.
¡Aleluyas blancas
de los zarzales floridos!

V

¡Luna llena, luna llena,
tan oronda, tan redonda
en esta noche serena
de marzo, panal de luz
que labran blancas abejas!

VI

Noche castellana;
la canción se dice,
o, mejor, se calla.
Cuando duerman todos,
saldré a la ventana.

VII

Canta, canta en claro rimo,
el almendro en verde rama
y el doble sauce del río.
Canta de la parda encina
la rama que el hacha corta,
y la flor que nadie mira.
De los perales del huerto
la blanca flor, la rosada
flor del melocotonero.
Y este olor
que arranca el viento mojado
a los habares en flor.

VIII

La fuente y las cuatro
acacias en flor
de la plazoleta.
Ya no quema el sol.
¡Tardecita alegre!
Canta, ruiseñor.
Es la misma hora
de mi corazón.

IX

¡Blanca hospedería,
celda de viajero,
con la sombra mía!

X

El acueducto romano
—canta una voz de mi tierra—
y el querer que nos tenemos,
chiquilla, ¡vaya firmeza!

XI

A las palabras de amor
les sienta bien su poquito
de exageración.

XII

En Santo Domingo,
la misa mayor.
Aunque me decían
hereje y masón,
rezando contigo,
¡cuánta devoción!

XIII

Hay fiesta en el prado verde
—pífano y tambor—.
Con su cayado florido
y abarcas de oro vino un pastor.
Del monte bajé,
sólo por bailar con ella;
al monte me tornaré.
En los árboles del huerto
hay un ruiseñor;
canta de noche y de día,
canta a la luna y al sol.
Ronca de cantar:
al huerto vendrá la niña
y una rosa cortará.
Entre las negras encinas,
hay una fuente de piedra,
y un cantarillo de barro
que nunca se llena.
Por el encinar,
con la blanca luna,
ella volverá.

XIV

Contigo en Valonsadero,
fiesta de San Juan,
mañana en la Pampa,
del otro lado del mar.
Guárdame la fe,
que yo volveré.
Mañana seré pampero,
y se me irá el corazón
a orillas del Alto Duero.

XV

Mientras danzáis en corro,
niñas, cantad:
Ya están los prados verdes,
ya vino Abril galán.
A la orilla del río,
por el negro encinar,
sus abarcas de plata
hemos visto brillar.
Ya están los prados verdes,
ya vino Abril galán.

CLX

CANCIONES DEL ALTO DUERO

Canción de mozas

I

Molinero es mi amante,
tiene un molino
bajo los pinos verdes,
cerca del río.
Niñas, cantad:
«Por la orilla del Duero
yo quisiera pasar».

II

Por las tierras de Soria
va mi pastor.
¡Si yo fuera una encina
sobre un alcor!
Para la siesta,
si yo fuera una encina
sombra le diera.

III

Colmenero es mi amante
y, en su abejar,
abejicas de oro

vienen y van.
De tu colmena,
colmenero del alma,
yo colmenera.

IV

En las sierras de Soria,
azul y nieve,
leñador es mi amante
de pinos verdes.
¡Quién fuera el águila
para ver a mi dueño
cortando ramas!

V

Hortelano es mi amante,
tiene su huerto,
en la tierra de Soria,
cerca del Duero.
¡Linda hortelana!
Llevaré saya verde,
monjil de grana.

VI

A la orilla del Duero,
lindas peonzas,
bailad, coloraditas

como amapolas.
¡Ay, garabí…!
Bailad, suene la flauta
y el tamboril.

CLXI

PROVERBIOS Y CANTARES

A José Ortega y Gasset

I

El ojo que ves no es
ojo porque tú lo veas;
es ojo porque te ve.

II

Para dialogar,
preguntad, primero;
después… escuchad.

III

Todo narcisismo
es un vicio feo,
y ya viejo vicio.

IV

Mas busca en tu espejo al otro,
al otro que va contigo.

V

Entre el vivir y el soñar
hay una tercera cosa.
Adivínala.

VI

Ese tu Narciso
ya no se ve en el espejo
porque es el espejo mismo.

VII

¿Siglo nuevo? ¿Todavía
llamea la misma fragua?
¿Corre todavía el agua
por el cauce que tenía?

VIII

Hoy es siempre todavía.

IX

Sol en Aries. Mi ventana
está abierta al aire frío.
—¡Oh rumor de agua lejana!—.
La tarde despierta al río.

X

En el viejo caserío
—¡oh anchas torres con cigüeñas!—,
enmudece el son gregario,
y en el campo solitario
suena el agua entre las peñas.

XI

Como otra vez, mi atención
está del agua cautiva;
pero del agua en la viva
roca de mi corazón.

XII

¿Sabes, cuando el agua suena,
si es agua de cumbre o valle,
de plaza, jardín o huerta?

XIII

Encuentro lo que no busco:
las hojas del toronjil
huelen a limón maduro.

XIV

Nunca traces tu frontera,
ni cuides de tu perfil;
todo eso es cosa de fuera.

XV

Busca a tu complementario,
que marcha siempre contigo,
y suele ser tu contrario.

XVI

Si vino la primavera,
volad a las flores;
no chupéis cera.

XVII

En mi soledad
he visto cosas muy claras,
que no son verdad.

XVIII

Buena es el agua y la sed;
buena es la sombra y el sol;
la miel de flor de romero,
la miel de campo sin flor.

XIX

A la vera del camino
hay una fuente de piedra,
y un cantarillo de barro
—gluglú— que nadie se lleva.

XX

Adivina adivinanza,
qué quieren decir la fuente,
el cantarillo y el agua.

XXI

… Pero yo he visto beber
hasta en los charcos del suelo.
Caprichos tiene la sed.

XXII

Sólo quede un símbolo:
quod elixum est ne asato.
No aséis lo que está cocido.

XXIII

Canta, canta, canta,
junto a su tomate,
el grillo en su jaula.

XXIV

Despacito y buena letra:
el hacer las cosas bien
importa más que el hacerlas.

XXV

Sin embargo...
¡Ah!, sin embargo,
importa avivar los remos,
dijo el caracol al galgo.

XXVI

¡Ya hay hombres activos!
Soñaba la charca
con sus mosquitos.

XXVII

¡Oh calavera vacía!
¡Y pensar que todo era
dentro de ti, calavera!,
otro Pandolfo decía.

XXVIII

Cantores, dejad
palmas y jaleo
para los demás.

XXIX

Despertad, cantores:
acaben los ecos,
empiecen las voces.

XXX

Mas no busquéis disonancias;
porque, al fin, nada disuena,
siempre al son que tocan bailan.

XXXI

Luchador superfluo,
ayer lo más noble,
mañana lo más plebeyo.

XXXII

Camorrista, boxeador,
zúrratelas con el viento.

XXXIII

—Sin embargo...
¡Oh!, sin embargo,
queda un fetiche que aguarda
ofrenda de puñetazos.

XXXIV

O rinnovarsi o perire...
No me suena bien.
Navigare è necessario...
Mejor: ¡vivir para ver!

XXXV

Ya maduró un nuevo cero,
que tendrá su devoción:
un ente de acción tan huero
como un ente de razón.

XXXVI

No es el yo fundamental
eso que busca el poeta,
sino el tú esencial.

XXXVII

Viejo como el mundo es
—dijo un doctor—, olvidado,
por sabido y enterrado
cual la momia de Ramsés.

XXXVIII

Mas el doctor no sabía
que hoy es siempre todavía.

XXXIX

Busca en tu prójimo espejo;
pero no para afeitarte,
ni para teñirte el pelo.

XL

Los ojos por que suspiras,
sábelo bien,
los ojos en que te miras
son ojos porque te ven.

XLI

—Ya se oyen palabras viejas.
—Pues, aguzad las orejas.

XLII

Enseña el Cristo: a tu prójimo
amarás como a ti mismo,
mas nunca olvides que es otro.

XLIII

Dijo otra verdad:
busca el tú que nunca es tuyo
ni puede serlo jamás.

XLIV

No desdeñéis la palabra;
el mundo es ruidoso y mudo,
poetas, sólo Dios habla.

XLV

¿Todo para los demás?
Mancebo, llena tu jarro,
que ya te lo beberán.

XLVI

Se miente más de la cuenta
por falta de fantasía:
también la verdad se inventa.

XLVII

Autores, la escena acaba
con un dogma de teatro:
En el principio era la máscara.

XLVIII

Será el peor de los malos
bribón que olvide
su vocación de diablo.

XLIX

¿Dijiste media verdad?
Dirán que mientes dos veces
si dices la otra mitad.

L

Con el tú de mi canción
no te aludo, compañero;
ese tú soy yo.

LI

Demos tiempo al tiempo:
para que el vaso rebose
hay que llenarlo primero.

LII

Hora de mi corazón:
la hora de una esperanza
y una desesperación.

LIII

Tras el vivir y el soñar,
está lo que más importa:
despertar.

LIV

Le tiembla al cantar la voz.
Ya no le silban sus coplas;
que silba su corazón.

LV

Ya hubo quien pensó:
cogito ergo non sum.
¡Qué exageración!

LVI

Conversación de gitanos:
—¿Cómo vamos, compadrito?
—Dando vueltas al atajo.

LVII

Algunos desesperados
sólo se curan con soga;
otros, con siete palabras:
la fe se ha puesto de moda.

LVIII

Creí mi hogar apagado,
y revolví la ceniza...
Me quemé la mano.

LIX

¡Reventó de risa!
¡Un hombre tan serio!
... Nadie lo diría.

LX

Que se divida el trabajo:
los malos unten la flecha;
los buenos tiendan el arco.

LXI

Como don San Tob,
se tiñe las canas,
y con más razón.

LXII

Por dar al viento trabajo,
cosía con hilo doble
las hojas secas del árbol.

LXIII

Sentía los cuatro vientos,
en la encrucijada
de su pensamiento.

LXIV

¿Conoces los invisibles
hiladores de los sueños?
Son dos: la verde esperanza
y el torvo miedo.
Apuesta tienen de quién
hile más y más ligero,
ella, su copo dorado;
él, su copo negro.
Con el hilo que nos dan
tejemos, cuando tejemos.

LXV

Siembra la malva:
pero no la comas,
dijo Pitágoras.
Responde al hachazo
—ha dicho el Buda ¡y el Cristo!—
con tu aroma, como el sándalo.
Bueno es recordar
las palabras viejas
que han de volver a sonar.

LXVI

Poned atención:
un corazón solitario
no es un corazón.

LXVII

Abejas, cantores,
no a la miel, sino a las flores.

LXVIII

Todo necio
confunde valor y precio.

LXIX

Lo ha visto pasar en sueños...
Buen cazador de sí mismo,
siempre en acecho.

LXX

Cazó a su hombre malo,
el de los días azules,
siempre cabizbajo.

LXXI

Da doble luz a tu verso,
para leído de frente
y al sesgo.

LXXII

Mas no te importe si rueda
y pasa de mano en mano:
del oro se hace moneda.

LXXIII

De un «Arte de Bien Comer»,
primera lección:
No has de coger la cuchara
con el tenedor.

LXXIV

Señor de San Jerónimo,
suelte usted la piedra
con que se machaca.
Me pegó con ella.

LXXV

Conversación de gitanos:
—Para rodear,
toma la calle de en medio;
nunca llegarás.

LXXVI

El tono lo da la lengua,
ni más alto ni más bajo;
sólo acompáñate de ella.

LXXVII

¡Tartarín en Koenigsberg!
Con el puño en la mejilla,
todo lo llegó a saber.

LXXVIII

Crisolad oro en copela,
y burilad lira y arco
no en joya, sino en moneda.

LXXIX

Del romance castellano
no busques la sal castiza;
mejor que romance viejo,
poeta, cantar de niñas.
Déjale lo que no puedes
quitarle: su melodía
de cantar que canta y cuenta
un ayer que es todavía.

LXXX

Concepto mondo y lirondo
suele ser cáscara hueca;
puede ser caldera al rojo.

LXXXI

Si vivir es bueno,
es mejor soñar,
y mejor que todo,
madre, despertar.

LXXXII

No el sol, sino la campana,
cuando te despierta, es
lo mejor de la mañana.

LXXXIII

¡Qué gracia! En la Hesperia triste,
promontorio occidental,
en este cansino rabo
de Europa, por desollar,
y en una ciudad antigua,
chiquita como un dedal,
¡el hombrecillo que fuma
y piensa, y ríe al pensar:
cayeron las altas torres;
en un basurero están
la corona de Guillermo,
la testa de Nicolás!

Baeza, 1919

LXXXIV

Entre las brevas soy blando;
entre las rocas, de piedra.
¡Malo!

LXXXV

¿Tu verdad? No, la Verdad,
y ven conmigo a buscarla.
La tuya, guárdatela.

LXXXVI

Tengo a mis amigos
en mi soledad;
cuando estoy con ellos
¡qué lejos están!

LXXXVII

¡Oh Guadalquivir!
Te vi en Cazorla nacer;
hoy, en Sanlúcar morir.
Un borbollón de agua clara,
debajo de un pino verde,
eras tú, ¡qué bien sonabas!
Como yo, cerca del mar,
río de barro salobre,
¿sueñas con tu manantial?

LXXXVIII

El pensamiento barroco
pinta virutas de fuego,
hincha y complica el decoro.

LXXXIX

Sin embargo...
—Oh, sin embargo,
hay siempre un ascua de veras
en su incendio de teatro.

XC

¿Ya de su color se avergüenzan
las hojas de la albahaca,
salvias y alhucemas?

XCI

Siempre en alto, siempre en alto.
¿Renovación? Desde arriba.
Dijo la cucaña al árbol.

XCII

Dijo el árbol: Teme al hacha,
palo clavado en el suelo:
contigo la poda es tala.

XCIII

¿Cuál es la verdad? ¿El río
que fluye y pasa
donde el barco y el barquero
son también ondas de agua?
¿O este soñar del marino
siempre con ribera y ancla?

XCIV

Doy consejo, a fuer de viejo:
nunca sigas mi consejo.

XCV

Pero tampoco es razón
desdeñar
consejo que es confesión.

XCVI

¿Ya sientes la savia nueva?
Cuida, arbolillo,
que nadie lo sepa.

XCVII

Cuida de que no se entere
la cucaña seca
de tus ojos verdes.

XCVIII

Tu profecía, poeta.
—Mañana hablarán los mudos:
el corazón y la piedra.

XCIX

—¿Mas el arte…?
—Es puro juego,
que es igual a pura vida,
que es igual a puro fuego.
Veréis el ascua encendida.

CLXII

PARERGON

Al gigante ibérico Miguel de Unamuno,
por quien la España actual alcanza
proceridad en el mundo.

LOS OJOS

I

Cuando murió su amada
pensó en hacerse viejo
en la mansión cerrada,
solo, con su memoria y el espejo
donde ella se miraba un claro día.
Como el oro en el arca del avaro,
pensó que no guardaría
todo un ayer en el espejo claro.
Ya el tiempo para él no correría.

II

Mas, pasado el primer aniversario,
¿cómo eran —preguntó—, pardos o negros,
sus ojos? ¿Glaucos…? ¿Grises?
¿Cómo eran, ¡Santo Dios!, que no recuerdo…?

III

Salió a la calle un día
de primavera, y paseó en silencio
su doble luto, el corazón cerrado...
De una ventana en el sombrío hueco
vio unos ojos brillar. Bajó los suyos,
y siguió su camino... ¡Como esos!

CLXIII

EL VIAJE

—Niña, me voy a la mar.
—Si no me llevas contigo
te olvidaré, capitán.
En el puente de su barco
quedó el capitán dormido;
durmió soñando con ella.
¡Si no me llevas contigo...!
Cuando volvió de la mar
trajo un papagayo verde.
¡Te olvidaré, capitán!
Y otra vez la mar cruzó
con su papagayo verde,
¡Capitán, ya te olvidó!

CLXIV

GLOSANDO A RONSARD Y OTRAS RIMAS

Un poeta manda su retrato a una bella
dama, que le había enviado el suyo.

I

Cuando veáis esta sumida boca
que ya la sed ni inquieta, la mirada
tan desvalida (su mitad, guardada
en viejo estuche, es de cristal de roca),
la barba que platea, y el estrago
del tiempo en la mejilla, hermosa dama,
diréis: ¿a qué volver sombra por llama,
negra moneda de joyel en pago?
¿Y qué esperáis de mí? Cuando a deshora,
pasa un alba, yo sé que bien quisiera
el corazón su flecha más certera
arrancar de la aljaba vengadora.
¿No es mejor saludar la primavera,
y devolver sus alas a la aurora?

II

Como fruta arrugada, ayer madura,
o como mustia rama, ayer florida,
y aun menos, en el árbol de mi vida,
es la imagen que os lleva esa pintura.

Porque el árbol ahonda en tierra dura,
en roca tiene su raíz prendida,
y si al labio no da fruta sabrida,
aún quiere dar al sol la que perdura.
Ni vos gritéis desilusión, señora,
negando al día ese carmín risueño,
ni a la manera usada, en el ahora
pongáis, cual negra tacha, el turbio ceño.
Tomad arco y aljaba —¡oh cazadora!—
que ya es el alba: despertad del sueño.

III

Pero si os place amar vuestro poeta,
que vive en la canción, no en el retrato,
¿no encontraréis en su perfil beato
conjuro de esa fúnebre careta?
Buscad del hondo cauce agua secreta,
del campanil que enronqueció a rebato
la víspera dormida, el timorato
pausado amor en hora recoleta.
Desdeñad lo que soy; de lo que he sido
trazad con firme mano la figura:
galán de amor soñado, amor fingido,
por anhelo inventor de la aventura.
Y en vuestro sabio espejo —luz y olvido—
algo seré también vuestra criatura.

ESTO SOÑÉ

Que el caminante es suma del camino,
y en el jardín, junto del mar sereno,
le acompaña el aroma montesino,
ardor de seco henil en campo ameno;
que de luenga jornada peregrino
ponía al corazón un duro freno,
para aguardar el verso adamantino
que maduraba el alma en su hondo seno.
Esto soñé. Y del tiempo, el homicida,
que nos lleva a la muerte o fluye en vano,
que era un sueño no más del adanida.
Y un hombre vi que en la desnuda mano
mostraba al mundo el ascua de la vida,
sin cenizas el fuego heraclitano.

EL AMOR Y LA SIERRA

Cabalgaba por agria serranía,
una tarde, entre roca cenicienta.
El plomizo balón de la tormenta
de monte en monte rebotar se oía.
Súbito, al vivo resplandor del rayo,
se encabritó, bajo de un alto pino,
al borde de una peña, su caballo.
A dura rienda le tornó al camino.
Y hubo visto la nube desgarrada,
y, dentro, la afilada crestería
de otra sierra más lueñe y levantada
—relámpago de piedra parecía—.

¿Y vio el rostro de Dios? Vio el de su amada.
Gritó: ¡Morir en esta sierra fría!

PÍO BAROJA

En Londres o Madrid, Ginebra o Roma,
ha sorprendido, ingenuo paseante,
el mismo *taedium vitae* en varios idiomas,
en múltiple careta igual semblante.
Atrás las manos enlazadas lleva,
y hacia la tierra, al pasear, se inclina;
todo el mundo a su paso es senda nueva,
camino por desmonte o por ruina.
Dio, aunque tardío, el siglo diecinueve
un ascua de su fuego al gran Baroja,
y otro siglo, al nacer, guerra le mueve,
que enceniza su cara pelirroja.
De la rosa romántica, en la nieve,
él ha visto caer la última hoja.

AZORÍN

La roja tierra del trigal de fuego,
y del habar florido la fragancia,
y el lindo cáliz de azafrán manchego
amó, sin mengua de la lis de Francia.
¿Cuya es la doble faz, candor y hastío,
y la trémula voz y el gesto llano,
y esa noble apariencia de hombre frío
que corrige la fiebre de la mano?

No le pongáis, al fondo, la espesura
de aborrascado monte o selva huraña,
sino, en la luz de una mañana pura,
lueñe espuma de piedra, la montaña,
y el diminuto pueblo en la llanura,
¡la aguda torre en el azul de España!

RAMÓN PÉREZ DE AYALA

Lo recuerdo... Un pintor me lo retrata,
no en el lino, en el tiempo. Rostro enjuto,
sobre el rojo manchón de la corbata,
bajo el amplio sombrero; resoluto
el ademán, y el gesto petulante
—un si es no es— de mayorazgo en corte;
de bachelor en Oxford, o estudiante
en Salamanca, señoril el porte.
Gran poeta, el pacífico sendero
cantó que lleva a la asturiana aldea;
el mar polisonoro y el sol de Homero
le dieron ancho ritmo, clara idea;
su innúmero camino el mar ibero,
su propio navegar, propia Odisea.

EN LA FIESTA DE GRANDMONTAGNE

Leído en el Mesón del Segoviano

I

Cuenta la historia que un día,
buscando mejor España,
Grandmontagne se partía
de una tierra de montaña,
de una tierra
de agria sierra.
¿Cuál? No sé. ¿La serranía
de Burgos? ¿El Pirineo?
¿Urbión donde el Duero nace?
Averiguadlo. Yo veo
un prado en que el negro tono
reposa, y la oveja pace
entre ginestas de oro;
y unos altos, verdes pinos;
más arriba, peña y peña,
y un rubio mozo que sueña
con caminos,
en el aire, de cigüeña,
entre montes, de merinos,
con rebaños trashumantes
y vapores de emigrantes
a pueblos ultramarinos.

II

Grandmontagne saludaba
a los suyos, en la popa
de un barco que se alejaba
del triste rabo de Europa.
Tras de mucho devorar
caminos de mar profundo,
vio las estrellas brillar
sobre la panza del mundo.
Arribado a un ancho estuario
dio en la argentina Babel.
Él llevaba un diccionario
y siempre leía en él:
era su devocionario.
Y en la ciudad —no en el hampa—
y en la Pampa
hizo su propia conquista.
El cronista
en dos mundos, bajo el sol,
el duro pan se ganaba
y, de noche, fabricaba
su magnífico español.
La faena trabajosa,
y la mar y la llanura,
caminata o singladura,
siempre larga,
diéronle, para su prosa,
viento recio, sal amarga,
y la amplia línea armoniosa
del horizonte lejano.

Llevó del monte dureza,
calma le dio el océano
y grandeza;
y de un pueblo americano
donde florece la hombría
nos trae la fe y la alegría
que ha perdido el castellano.

III

En este remolino de España, rompeolas
de las cuarenta y nueve provincias españolas
(Madrid del cucañista, Madrid del pretendiente)
y en un mesón antiguo, y entre la poca gente
—¡tan poca!— sin librea, que sufre y que trabaja,
y aún corta solamente su pan con su navaja,
por Grandmontagne alcemos la copa. Al suelo indiano,
ungido de las letras embajador hispano,
ayant pour tout laquais votre ombre seulement
os vais, buen caballero… Que Dios os dé su mano,
que el mar y el cielo os sean propicios, capitán.

A DON RAMÓN DEL VALLE-INCLÁN

Yo era en mis sueños, don Ramón, viajero
del áspero camino, y tú, Caronte
de ojos de llama, el fúnebre barquero
de las revueltas aguas de Aqueronte.
Plúrima barba al pecho te caía.
(Yo quise ver tu manquedad en vano).

Sobre la negra barca aparecía
tu verde senectud de dios pagano.
Habla, dijiste, y yo: cantar quisiera
loor de tu Don Juan y tu paisaje,
en esta hora de verdad sincera.
Porque faltó mi voz en tu homenaje,
permite que en la pálida ribera
te pague en áureo verso mi barcaje.

AL ESCULTOR EMILIANO BARRAL

… Y tu cincel me esculpía
en una piedra rosada,
que lleva una aurora fría
eternamente encantada.
Y la agria melancolía
de una soñada grandeza,
que es lo español (fantasía
con que adobar la pereza),
fue surgiendo de esa roca,
que es mi espejo,
línea a línea, plano a plano,
y mi boca de sed poca,
y, so el arco de mi cejo,
dos ojos de un ver lejano,
que yo quisiera tener
como están en tu escultura:
cavados en piedra dura,
en piedra, para no ver.

Madrid, 1922

A JULIO CASTRO

Desde las altas tierras donde nace
un largo río, de la triste Iberia,
del ancho promontorio de Occidente
—vasta lira, hacia el mar, de sol y piedra—,
con el milagro de tu verso, he visto
mi infancia marinera,
que yo también, de niño, ser quería
pastor de olas, capitán de estrellas.
Tú vives, yo soñaba;
pero a los dos, hermano, el mar nos tienta.
En cada verso tuyo
hay un golpe de mar, que me despierta
a sueños de otros días,
con regalo de conchas y de perlas.
Estrofa tienes como vela hinchada
de viento y luz, y copla donde suena
la caracola de un tritón, y el agua
que le brota al delfín en la cabeza.
¡Roncas sirenas en la bruma! ¡Faros
de puerto que en la noche parpadean!
¡Trajín de muelle, y algo más! Tu libro
dice lo que la mar nunca revela:
la historia de riberas florecidas
que cuenta el río al anegarse en ella.
De buen marino, ¡oh Julio!
—no de marino en tierra,
sino a bordo—, bitácora es tu verso
donde sonríe el norte a la tormenta.
Dios a tu copla y a tu barco guarde
seguro el ritmo, firmes las cuadernas,

y que del mar y del olvido triunfen,
poeta y capitán, nave y poema.

EN TREN

FLOR DE VERBASCO

> A los jóvenes poetas que me honraron
> con su visita en Segovia.

Sanatorio del alto Guadarrama,
más allá de la roca cenicienta
donde el chivo barbudo se encarama,
mansión de noche larga y fiebre lenta,
¿guardas mullida cama,
bajo seguro techo,
donde repose el huésped dolorido
del labio exangüe y el angosto pecho,
amplio balcón al campo florecido?
¡Hospital de la sierra…!
El tren, ligero,
rodea el monte y el pinar; emboca
por un desfiladero,
ya pasa al borde de tajada roca,
ya enarca, enhila o su convoy ajusta
al serpear de un carril de acero.
Por donde el tren avanza, sierra augusta,
yo te sé peña a peña y rama a rama;
conozco el agrio olor de tu romero,
vi la amarilla flor de tu retama;
los cantuesos morados, los jarales

blancos de primavera; muchos soles
incendiar tus desnudos berrocales,
reverberar en tus macizas moles.
Mas hoy, mientras camina
el tren, en el saber de tus pastores
pienso no más y —perdonad, doctores—
rememoro la vieja medicina.
¿Ya no se cuecen flores de verbasco?
¿No hay milagros de hierba montesina?
¿No brota el agua santa del peñasco?
Hospital de la sierra, en tus mañanas
de auroras sin campanas,
cuando la niebla va por los barrancos
o, desgarrada en el azul, enreda
sus guedejones blancos
en los picos de la áspera roqueda;
cuando el doctor —sienes de plata— advierte
los gráficos del muro y examina
los diminutos pasos de la muerte,
del áureo microscopio en la platina,
oirán en tus alcobas ordenadas,
orejas bien sutiles,
hundidas en las tibias almohadas,
el trajinar de estos ferrocarriles.
....

Lejos, Madrid se otea.
Y la locomotora
resuella, silba, humea
y su riel metálico devora,
ya sobre el ancho campo que verdea.
Mariposa montés, negra y dorada,
al azul de la abierta ventanilla

ha asomado un momento, y remozada,
una encina, de flor verdiamarilla…
Y pasan chopo y chopo en larga hilera,
los almendros del huerto junto al río…
Lejos quedó la amarga primavera
de la alta casa en Guadarrama frío.

BODAS DE FRANCISCO ROMERO

Porque leídas fueron
las palabras de Pablo,
y en este claro día
hay ciruelos en flor y almendros rosados
y torres con cigüeñas,
y es aprendiz de ruiseñor todo pájaro,
y porque son las bodas de Francisco Romero,
cantad conmigo: *Gaudeamus!*
Ya el ceño de la turbia soltería
se borrará en dos frentes, *fortunati ambo!*
De hoy más sabréis, esposos,
cuánto la sed apaga el limpio jarro,
y cuánto lienzo cabe
dentro de un cofre, y cuántos
son minutos de paz, si el ahora vierte
su eternidad menuda grano a grano.
Fundación del querer vuestros amores
—nunca olvidéis la hipérbole del vándalo—
y un mundo cada día, pan moreno
sobre manteles blancos.
De hoy más la tierra sea
vega florida a vuestro doble paso.

SOLEDADES A UN MAESTRO

I

No es profesor de energía
Francisco de Icaza,
sino de melancolía.

II

De su raza vieja
tiene la palabra corta,
honda la sentencia.

III

Como el olivar,
mucho fruto lleva,
poca sombra da.

IV

En su claro verso
se canta y medita
sin grito ni ceño.

V

Y en perfecto rimo
—así a la vera del agua
el doble chopo del río—.

VI

Sus cantares llevan
agua de remanso,
que parece quieta.
Y que no lo está;
mas no tiene prisa
por ir a la mar.

VII

Tienen sus canciones
aromas y acíbar
de viejos amores.
Y del indio sol
madurez de fruta
de rico sabor.

VIII

Francisco de Icaza,
de la España vieja
y de Nueva España,

que en áureo centén
se graben tu lira
y tu perfil de virrey.

A EUGENIO D'ORS

Un amor que conversa y que razona,
sabio y antiguo —diálogo y presencia—,
nos trajo de su ilustre Barcelona;
y otro, distancia y horizonte: ausencia,
que es alma, a nuestro modo, le ofrecimos.
Y él aceptó la oferta, porque sabe
cuánto de lejos cerca le tuvimos,
y cuánto exilio en la presencia cabe.
Hoy, Xenius, hacia ti, viejo milano
las anchas alas en el aire ha abierto,
y una mata de espliego castellano
lleva en el pico a tu jardín diserto
—mirto y laureles— desde el alto llano
en donde el viento cimbra el chopo yerto.

Ávila, 1921

LOS SUEÑOS DIALOGADOS

I

¡Cómo en alto llano tu figura
se me aparece...! Mi palabra evoca
el prado verde y la árida llanura,

la zarza en flor, la cenicienta roca.
Y al recuerdo obediente, negra encina
brota en el cerro, baja el chopo al río;
el pastor va subiendo a la colina;
brilla un balcón de la ciudad: el mío,
el nuestro. ¿Ves? Hacia Aragón, lejana,
la sierra de Moncayo, blanca y rosa...
Mira el incendio de esa nube grana,
y aquella estrella en el azul, esposa.
Tras el Duero, la loma de Santana
se amorata en la tarde silenciosa.

II

¿Por qué, decísme, hacia los altos llanos,
huye mi corazón de esta ribera,
y en esta tierra labradora y marinera
suspiro por los yermos castellanos?
Nadie elige su amor. Llevóme un día
mi destino a los grises calvijares
donde ahuyenta al caer la nieve fría
las sombras de los muertos encinares.
De aquel trozo de España, alto y roquero,
hoy traigo a ti, Guadalquivir florido,
una mata del áspero romero.
Mi corazón está donde ha nacido,
no a la vida, al amor, cerca del Duero...
... ¡El muro blanco y el ciprés erguido!

III

Las ascuas de un crepúsculo, señora,
rota la parda nube de tormenta,
han pintado en la roca cenicienta
de lueñe cerro un resplandor de aurora.
Una aurora cuajada en roca fría,
que es asombro y pavor del caminante
más que fiero león en claro día,
o en garganta de monte osa gigante.
Con el incendio de un amor, prendido
al turbio sueño de esperanza y miedo,
yo voy hacia la mar, hacia el olvido
—y no como a la noche ese roquedo,
al girar del planeta ensombrecido—.
No me llaméis, porque tornar no puedo.

IV

¡Oh soledad, mi sola compañía,
oh musa del portento, que el vocablo
diste a mi voz que nunca te pedía!,
responde a mi pregunta: ¿con quién hablo?
Ausente de ruidosa mascarada,
divierto mi tristeza sin amigo,
contigo, dueña de la faz velada,
siempre velada al dialogar conmigo.
Hoy pienso: este que soy será quien sea;
no es ya mi grave enigma este semblante
que en el íntimo espejo se recrea,
sino el misterio de tu voz amante.

Descúbreme tu rostro, que yo vea
fijos en mí tus ojos de diamante.

DE MI CARTERA

I

Ni mármol duro y eterno,
ni música ni pintura,
sino palabra en el tiempo.

II

Canto y cuento es la poesía.
Se canta una viva historia,
contando su melodía.

III

Crea el alma sus riberas;
montes de ceniza y plomo,
sotillos de primavera.

IV

Toda la imaginería
que no ha brotado del río,
barata bisutería.

V

Prefiere la rima pobre,
la asonancia indefinida.
Cuando nada cuenta el canto,
acaso huelga la rima.

VI

Verso libre, verso libre...
Líbrate, mejor, del verso
cuando te esclavice.

VII

La rima verbal y pobre,
y temporal, es la rica.
El adjetivo y el nombre,
remansos del agua limpia,
son accidentes del verbo
en la gramática lírica,
del Hoy que será Mañana,
del Ayer que es Todavía.

1924

CLXV

SONETOS

I

Tuvo mi corazón, encrucijada
de cien caminos, todos pasajeros,
un gentío sin cita ni posada,
como en andén ruidoso de viajeros.
Hizo a los cuatro vientos su jornada,
disperso el corazón por cien senderos
de llana tierra o piedra aborrascada,
y a la suerte, en el mar, de cien veleros.
Hoy, enjambre que torna a su colmena
cuando el bando de cuervos enronquece
en busca de su peña denegrida,
vuelve mi corazón a su faena,
con néctares del campo que florece
y el luto de la tarde desabrida.

II

Verás la maravilla del camino,
camino de soñada Compostela
—¡oh monte lila y flavo!—, peregrino,
en un llano, entre chopos de candela.
Otoño con dos ríos ha dorado
el cerco del gigante centinela
de piedra y luz, prodigio torreado
que en el azul sin mancha se modela.

Verás en la llanura una jauría
de agudos galgos y un señor de caza,
cabalgando a lejana serranía,
vano fantasma de una vieja raza.
Debes entrar cuando en la tarde fría
brille un balcón de la desierta plaza.

III

¿Empañé tu memoria? ¡Cuántas veces!
La vida baja como un ancho río,
y cuando lleva al mar alto navío
va con cieno verdoso y turbias heces.
Y más si hubo tormenta en sus orillas,
y él arrastra el botín de la tormenta,
si en su cielo la nube cenicienta
se incendió de centellas amarillas.
Pero aunque fluya hacia la mar ignota,
es la vida también agua de fuente
que de claro venero, gota a gota,
o ruidoso penacho de torrente,
bajo el azul, sobre la piedra brota.
Y allí suena tu nombre ¡eternamente!

IV

Esta luz de Sevilla… Es el palacio
donde nací, con su rumor de fuente.
Mi padre, en su despacho. —La alta frente,
la breve mosca, y el bigote lacio—.

Mi padre, aún joven. Lee, escribe, hojea
sus libros y medita. Se levanta;
va hacia la puerta del jardín. Pasea.
A veces habla solo, a veces canta.
Sus grandes ojos de mirar inquieto
ahora vagar parecen, sin objeto
donde puedan posar, en el vacío.
Ya escapan de su ayer a su mañana;
ya miran en el tiempo, ¡padre mío!,
piadosamente mi cabeza cana.

                              v

Huye del triste amor, amor pacato,
sin peligro, sin venda ni aventura,
que espera del amor prenda segura,
porque en amor locura es lo sensato.
Ese que el pecho esquiva al niño ciego
y blasfemó del fuego de la vida,
de una brasa pensada, y no encendida,
quiere ceniza que le guarde el fuego.
Y ceniza hallará, no de su llama,
cuando descubra el torpe desvarío
que pendía, sin flor, fruto en la rama.
Con negra llave el aposento frío
de su tiempo abrirá. ¡Desierta cama,
y turbio espejo y corazón vacío!

CLXVI

VIEJAS CANCIONES

I

A la hora del rocío,
de la niebla salen
sierra blanca y prado verde.
¡El sol en los encinares!
Hasta borrarse en el cielo,
suben las alondras.
¿Quién puso plumas al campo?
¿Quién hizo alas de tierra loca?
Al viento, sobre la sierra,
tiene el águila dorada
las anchas alas abiertas.
Sobre la picota
donde nace el río,
sobre el lago de turquesa
y los barrancos de verdes pinos;
sobre veinte aldeas,
sobre cien caminos...
Por los senderos del aire,
señora águila,
¿dónde vais a todo vuelo tan de mañana?

II

Ya había un albor de luna
en el cielo azul.
¡La luna en los espartales,
cerca de Alicún!
Redonda sobre el alcor,
y rota en las turbias aguas
del Guadiana menor.
Entre Úbeda y Baeza
—loma de las dos hermanas:
Baeza, pobre y señora;
Úbeda, reina y gitana—.
Y en el encinar,
¡luna redonda y beata,
siempre conmigo a la par!

III

Cerca de Úbeda la grande,
cuyos cerros nadie verá,
me iba siguiendo la luna
sobre el olivar,
una luna jadeante,
siempre conmigo a la par.
Yo pensaba: ¡bandoleros
de mi tierra!, al caminar
en mi caballo ligero.
¡Alguno conmigo irá!
Que esta luna me conoce
y, con el miedo, me da

el orgullo de haber sido
alguna vez capitán.

IV

En la sierra de Quesada
hay un águila gigante,
verdosa, negra y dorada,
siempre las alas abiertas.
Es de piedra y no se cansa.
Pasado Puerto Lorente,
entre las nubes galopa
el caballo de los montes.
Nunca se cansa: es de roca.
En el hondón del barranco
se ve al jinete caído,
que alza los brazos al cielo.
Los brazos son de granito.
Y allí donde nadie sube
hay una virgen risueña
con un río azul en brazos.
Es la Virgen de la Sierra.

DE UN CANCIONERO APÓCRIFO
[1924-1936]

CLXVII

ABEL MARTÍN

Abel Martín, poeta y filósofo.
Nació en Sevilla (1840). Murió en Madrid (1898).

LA OBRA

Abel Martín dejó una importante obra filosófica (*Las cinco formas de la objetividad, De lo uno a lo otro, Lo universal cualitativo, De la esencial heterogeneidad del ser*) y una colección de poesías, publicada en 1884 con el título de *Los complementarios.*

Digamos algo de su filosofía, tal como aparece, más o menos explícita, en su obra poética, dejando para otros el análisis sistemático de sus tratados puramente doctrinales.

Su punto de partida está, acaso, en la filosofía de Leibniz. Con Leibniz concibe lo real, la substancia, como algo constantemente activo. Piensa Abel Martín la substancia como energía, fuerza que puede engendrar el movimiento y es siempre su causa; pero que también subsiste sin él. El movimiento no es para Abel Martín nada esencial. La fuerza puede ser inmóvil —lo es en su estado de pureza—; mas no por ello deja de ser activa. La actividad de la fuerza pura o substancia se llama conciencia. Ahora bien: esta actividad consciente, por la cual se revela la pura substancia, no por ser inmóvil es inmutable y rígida, sino que se encuentra en perpetuo cambio. Abel Martín distingue el «movimiento» de la «mutabilidad». El movimiento supone el espacio; es un cambio de lugar en él, que deja intacto el objeto móvil; no es un cambio real sino aparente. «Sólo se mueven —dice Abel Martín— las cosas que no cambian». Es decir, que sólo podemos percibir el movimiento de las cosas en cuanto en dos puntos distintos del espacio permanecen iguales a sí mismas. Su camino real, íntimo, no puede ser percibido —ni pensado— como movimiento. La mutabilidad, o cambio substancial, es, por el contrario, inespacial. Abel Martín confiesa que el cambio substancial no puede ser pensado conceptualmente —porque todo pensamiento conceptual supone el espacio, *esquema de la movilidad de lo inmutable*—; pero sí intuido como el hecho más inmediato por el cual la *conciencia* o actividad pura de la substancia se reconoce a sí misma. A la objeción del sentido común que afirma necesario el movimiento donde cree percibir el cambio, contesta Abel Martín que el movimiento no ha sido pensado lógicamente, sin contradicción, por nadie; y que si es intuido, caso innegable, lo *es siempre* a condición de la inmutabilidad del objeto móvil. No hay, pues, razón para establecer relación alguna entre cambio y movimiento. El sentido común, o común sentir, puede, en este caso, como en otros muchos, invocar su derecho a juzgar real lo aparente y afirmar, pues, la realidad del movimiento, pero nunca a sostener la identidad de movimiento y cambio sustancial, es decir, de movimiento y cambio que no sea mero cambio de lugar.

No sigue Abel Martín a Leibniz en la concepción de las mónadas como pluralidad de substancias. El concepto de pluralidad es inadecuado a la substancia. «Cuando Leibniz —dice Abel Martín— supone multiplicidad de mónadas y pretende que cada una de ellas sea el espejo del universo entero, no piensa las mónadas como substancias, fuerzas activas conscientes, sino que se coloca fuera de ellas y se las representa como seres pasivos que forman por refracción, a la manera de los espejos, que nada tienen que ver con las conciencias, la imagen del universo». La mónada de Abel Martín, porque también Abel Martín habla de mónadas, no sería ni un espejo ni una representación del universo, sino el universo mismo como actividad consciente: *el gran ojo que todo lo ve al verse a sí mismo*. Esta mónada puede ser pensada, por abstracción, en cualquiera de los infinitos puntos de la total esfera que construye nuestra representación especial del universo (representación grosera y aparencial); pero en cada uno de ellos sería una autoconciencia integral del universo entero. El universo, pensado como substancia, fuerza activa consciente, supone una sola y única mónada que sería como el alma universal de Giordano Bruno. *(Anima tota in toto et qualibet totius parte).*

En la primera página de su libro de poesías *Los complementarios*, dice Abel Martín:

> Mis ojos en el espejo
> son ojos ciegos que miran
> los ojos con que los veo.

En una nota, hace constar Abel Martín que fueron estos tres versos los primeros que compuso, y que los publica, no obstante su aparente trivialidad o su marcada perogrullez, porque de ellos sacó, más tarde, por reflexión y análisis, toda su metafísica.

La segunda composición del libro dice así:

> Gracias, Petenera mía;
> por tus ojos me he perdido:
> era lo que yo quería.

Y añade, algunas páginas más adelante:

> Y en la cosa nunca vista
> de tus ojos me he buscado:
> en el ver con que me miras.

En las coplas de Abel Martín se adivina cómo, dada su concepción de la substancia, unitaria y mudable, quieta y activa, preocupan al poeta los problemas de las cuatro experiencias: el movimiento, la materia extensa, la limitación cognoscitiva y la multiplicidad de sujetos. Este último es para Abel Martín, poeta, el apasionante problema del amor.

Que fue Abel Martín hombre en extremo erótico lo sabemos por testimonio de cuantos le conocieron, y algo también por su propia lírica, donde abundan expresiones, más o menos hiperbólicas, de un apasionado culto a la mujer.

Ejemplos:

> La mujer
> es el anverso del ser.

Sin el amor, las ideas
son como mujeres feas,
o copias dificultosas
de los cuerpos de las diosas.

Sin mujer
no hay engendrar ni saber.

Y otras sentencias menos felices, aunque no menos inte-
resantes, como esta:

… Aunque a veces sabe Onán
mucho que ignora don Juan.

Que fue Abel Martín hombre mujeriego lo sabemos, y,
acaso, también onanista; hombre, en suma, a quien la mujer
inquieta y desazona por presencia o ausencia. Y fue, sin duda,
el amor a la mujer el que llevó a Abel Martín a formularse esta
pregunta: ¿Cómo es posible el objeto erótico?

De las cinco formas de la objetividad que estudia Abel
Martín en su obra más extensa de metafísica, a cuatro diputa
aparenciales, es decir, apariencias de objetividad y, en realidad,
actividades del sujeto mismo. Así pues, la primera, en el orden
de su estudio, la *x* constante del conocimiento considerado
como problema infinito, sólo tiene de objetiva la pretensión de
serlo. La segunda, el llamado mundo objetivo de la ciencia,
descolorido y descualificado, mundo de puras relaciones
cuantitativas, es el fruto de un trabajo de desubjetivación del
sujeto sensible, que no llega —claro es— a plena realización
y que, aunque a tal llegara, sólo conseguiría agotar el sujeto,
pero nunca revelar objeto alguno, es decir, algo opuesto o
distinto del sujeto. La tercera es el mundo de nuestra repre-

sentación como vivos, el mundo fenoménico propiamente dicho. La cuarta forma de la objetividad corresponde al mundo que se representan otros sujetos vitales. «Éste —dice Abel Martín— aparece, en verdad, englobado en el mundo de mi representación; pero, dentro de él, se le reconoce por una vibración propia, por voces que pretendo distinguir de la mía. Estos dos mundos que tendemos a unificar en una representación homogénea el niño los diferencia muy bien, antes de poseer el lenguaje. Mas esta cuarta forma la objetividad no es, en última instancia, objetiva tampoco, sino una aparente escisión del sujeto único que engendra, por intersección e interferencia, al par, todo el elemento tópico y conceptual de nuestra psique, la moneda de curso en cada grupo viviente».

Mas existe —según Abel Martín— una quinta forma de objetividad, mejor diremos una quinta pretensión a lo objetivo, que se da tan en las fronteras del sujeto mismo, que parece referirse a un *otro* real, objeto, no de conocimiento, sino de amor.

Vengamos a las rimas eróticas de Abel Martín.

El amor comienza a revelarse como un súbito incremento del caudal de la vida, sin que, en verdad, aparezca objeto concreto al cual tienda.

PRIMAVERAL

Nubes, sol, prado verde y caserío
en la loma, revueltos. Primavera
puso en el aire de este campo frío
la gracia de sus chopos de ribera.
Los caminos del valle van al río
y allí, junto del agua, amor espera.

¿Por ti se ha puesto el campo ese atavío
de joven, oh invisible compañera?
¿Y ese perfume del habar al viento?
¿Y esa primera blanca margarita...?
¿Tú me acompañas? En mi mano siento
doble latido; el corazón me grita,
que en las sienes me asorda el pensamiento:
eres tú quien florece y resucita.

«La amada —dice Abel Martín— acompaña antes que aparezca o se oponga como objeto de amor; es, en cierto modo, una con el amante, no al término, como en los místicos, del proceso erótico, sino en su principio».

En un largo capítulo de su libro *De lo uno a lo otro*, dedicado al amor, desarrolla Abel Martín el contenido de este soneto. No hemos de seguirle en el camino de una pura especulación, que le lleva al fondo de su propia metafísica, allí donde pretende demostrar que es precisamente el amor la autorrevelación de la esencial heterogeneidad de la substancia única. Sigámoslo, por ahora, en sus rimas, tan sencillas en apariencia, y tan claras que, según nos confiesa el propio Martín, hasta las señoras de su tiempo creían comprenderlas mejor que él mismo las comprendía. Sigámosle también en las notas que acompañan a sus rimas eróticas.

En una de ellas dice Abel Martín: «Ya algunos pedagogos comienzan a comprender que los niños no deben ser educados como meros aprendices de hombres, que hay algo sagrado en la infancia para vivirlo plenamente por ella. Pero ¡qué lejos estamos todavía del respeto a lo sagrado juvenil! Se quiere a todo trance apartar a los jóvenes del amor. Se ignora o se aparenta ignorar que la castidad es, por excelencia, la virtud de los jóvenes, y la lujuria, siempre, cosa de viejos; y que ni la

Naturaleza ni la vida social ofrecen los peligros que los peda-
gogos temen para sus educandos. Más perversos acaso, y más
errados, sin duda, que los frailes y las beatas, pretenden hacer
del joven un niño estúpido que juegue, no como el niño, para
quien el juego es la vida misma, sino con la edad de quien
cumple un rito solemne. Se quiere hacer de la fatiga muscular
beleño adormecedor del sexo. Se aparta al joven de la galante-
ría, a que es naturalmente inclinado, y se le lleva al deporte, al
juego extemporáneo. Esto es perverso. Y no olvidemos —aña-
de— que la pederastia, actividad erótica, desviada y superflua,
es la compañera inseparable de la gimnástica».

ROSA DE FUEGO

Tejidos sois de primavera, amantes,
de tierra y agua y viento y sol tejidos.
La sierra en vuestros pechos jadeantes,
en los ojos los campos florecidos,
pasead vuestra mutua primavera,
y aun bebed sin temor la dulce leche
que os brinda hoy la lúbrica pantera,
antes que, torva, en el camino aceche.
Caminad, cuando el eje del planeta
se vence hacia el solsticio de verano,
verde el almendro y mustia la violeta,
cerca la sed y el hontanar cercano,
hacia la tarde del amor, completa,
con la rosa de fuego en vuestra mano.

Abel Martín tiene muy escasa simpatía por el sentido eró-
tico de nuestros místicos, a quienes llama «frailecillos y mon-

jucas tan inquietos como ignorantes». Comete en esto grave injusticia, que acusa escasa comprensión de nuestra literatura mística, tal vez escaso trato con ella. Conviene, sin embargo, recordar, para explicarnos este desvío, que Abel Martín no cree que el espíritu avance un ápice en el camino de su perfección, ni que se adentre en lo esencial por apartamiento y eliminación del mundo sensible. Éste, aunque pertenezca al sujeto, no por ello deja de ser una realidad firme e indestructible; sólo su objetividad es, a fin de cuentas, aparencial; pero, aun como forma de la objetividad —léase pretensión a lo objetivo— es, por más cercano al sujeto consciente, más substancial que el mundo de la ciencia y de la teología de escuela: está más cerca que ellos del corazón de lo absoluto.

Pero sigamos con las rimas eróticas de Abel Martín.

GUERRA DE AMOR

El tiempo que la barba me platea,
cavó mis ojos y agrandó mi frente,
va siendo en mí recuerdo transparente,
y mientras más al fondo, más clarea.
Miedo infantil, amor adolescente,
¡cuánto esta luz de otoño os hermosea!,
¡agrios caminos de la vida fea,
que también os doráis al sol poniente!
¡Cómo en la fuente donde el agua mora
resalta en piedra una leyenda escrita:
el ábaco del tiempo falta una hora!
¡Y cómo aquella ausencia en una cita,
bajo las olmas que noviembre dora,
del fondo de mi historia resucita!

«La amada —explica Abel Martín— no acude a la cita; es en la cita ausencia». «No se interprete esto —añade— en un sentido literal». El poeta no alude a ninguna anécdota amorosa de pasión no correspondida o desdeñada. El amor mismo es aquí un sentimiento de ausencia. La amada no acompaña; es aquello que no se tiene y vanamente se espera. El poeta, al evocar su total historia emotiva, descubre la hora de la primera angustia erótica. Es un sentimiento de soledad o, mejor, de pérdida de una compañía, de ausencia inesperada en la cita que confiadamente se dio, lo que Abel Martín pretende expresar en este soneto de apariencia romántica. A partir de este momento, el amor comienza a ser consciente de sí mismo. Va a surgir el objeto erótico —la amada para el amante, o viceversa—, que se opone al amante

así un imán que al atraer repele

y que, lejos de fundirse con él, es siempre lo *otro*, lo inconfundible con el amante, lo impenetrable, no por definición, como la primera y segunda persona de la gramática, sino realmente. Empieza entonces para algunos —románticos— el calvario erótico; para otros, la guerra erótica, con todos sus encantos y peligros, y para Abel Martín, poeta, hombre integral, todo ello reunido, más la sospecha de la esencial heterogeneidad de la substancia.

Debemos hacer constar que Abel Martín no es un erótico a la manera platónica. El Eros no tiene en Martín, como en Platón, su origen en la contemplación del cuerpo bello; no es, como en el gran ateniense, el movimiento que, partiendo del entusiasmo por la belleza del mancebo, le lleva a la contemplación de la belleza ideal. El amor dorio y toda homosexualidad es rechazada también por Abel Martín, y no por razones morales, sino metafísicas. El Eros martiniano sólo se inquieta por la contemplación del cuerpo femenino, y a causa precisa-

mente de aquella diferencia irreductible que en él advierte. No
es tampoco para Abel Martín la belleza el gran incentivo del
amor, sino la sed metafísica de lo esencialmente otro.

*

> *Nel mezzo del cammin* pasóme el pecho
> la flecha de un amor intempestivo.
> Que tuvo en el camino largo acecho
> mostróme en lo certero el rayo vivo.
> Así un imán que, al atraer, repele
> (¡oh claros ojos de mirar furtivo!),
> amor que asombra, aguija, halaga y duele,
> y más se ofrece cuanto más esquivo.
> Si un grano del pensar arder pudiera,
> no en el amante, en el amor, sería
> la más honda verdad lo que se viera;
> y en el espejo de amor se quebraría,
> roto su encanto, y roto la pantera
> de la lujuria el corazón tendría.

El espejo de amor se quebraría... Quiere decir Abel Mar-
tín que el amante renunciaría a cuanto es espejo en el amor,
porque comenzaría a amar en la amada lo que, por esencia, no
podrá nunca reflejar su propia imagen. Toda la metafísica y la
fuerza trágica de aquella su insondable solear:

> Gracias, Petenera mía:
> en tus ojos me he perdido;
> era lo que yo quería,

aparecen ahora transparentes o, al menos, translúcidas.

*

Para comprender claramente el pensamiento de Martín en su lírica, donde se contiene su manifestación integral, es preciso tener en cuenta que el poeta pretende, según declaración propia, haber creado una forma lógica nueva, en la cual todo razonamiento debe adoptar la manera fluida de la intuición. «No es posible —dice Martín— un pensamiento heraclitano dentro de una lógica eleática». De aquí las aparentes lagunas que alguien señaló en su expresión conceptual, la falta de congruencia entre las premisas y las consecuencias de sus razonamientos. En todo verdadero razonamiento no puede haber conclusiones que estén contenidas en las premisas. Cuando se fija el pensamiento por la palabra, hablada o escrita, debe cuidarse de indicar de alguna manera la imposibilidad de que las premisas sean válidas, permanezcan como tales, en el momento de la conclusión. La lógica real no admite supuestos, conceptos inmutables, sino realidades vivas, inmóviles, pero en perpetuo cambio. Los conceptos o formas captoras de lo real no pueden ser rígidos, si han de adaptarse a la constante mutabilidad de lo real. Que esto no tiene expresión posible en el lenguaje lo sabe Abel Martín. Pero cree que el lenguaje poético puede sugerir la evolución de las premisas asentadas, mediante conclusiones lo bastante desviadas e incongruentes para que el lector o el oyente calcule los cambios que, por necesidad, han de experimentar aquéllas, desde el momento en que fueron fijadas hasta el de la conclusión para que vea claramente que las premisas inmediatas de sus aparentemente inadecuadas conclusiones no son, en realidad, las expresadas por el lenguaje, sino otras que se han producido en el constante mudar del pensamiento. A esto llama Abel Martín «esquema externo de una lógica temporal en que A no es nunca

A en dos momentos sucesivos». Abel Martín tiene —no obstante— una profunda admiración por la lógica de la identidad que, precisamente por no ser lógica de lo real, le parece una creación milagrosa de la mente humana.*

Tras este rodeo, volvamos a la lírica erótica de Abel Martín.

«Psicológicamente considerado, el amor humano se diferencia del puramente animal —dice Abel Martín en su tratado de *Lo universal cualitativo*— por la exaltación constante de la facultad representativa, la cual, en casos extremos, convierte al cerebro superior, al que imagina y piensa, en órgano de excitación del cerebro animal. La desproporción entre el excitante, el harén mental del hombre moderno —en España, si existe, marcadamente onanista— y la energía sexual de que el individuo dispone es causa de constante desequilibrio. Médicos, moralistas y pedagogos deben tener esto muy presente, sin olvidar que este desequilibrio es, hasta cierto grado, lo normal en el hombre. La imaginación pone mucho más en el coito humano que el mero contacto de los cuerpos. Y, acaso, conviene que así sea, porque, de otro modo, sólo se perpetuaría la animalidad. Pero es preciso poner freno, con la censura moral, a esta tendencia, natural en el hombre, a substituir el contacto y la imagen percibida por la imagen representada, o, lo que es más peligroso y frecuente en cerebros superiores,

* Muy lejos está Abel Martín de creer en el valor pragmático de la lógica intemporal. La forma lógica del pensamiento es aquello que no puede estar jamás al servicio de la vida. Su inutilidad, en el sentido vital, hace de ella el gran problema de la filosofía del porvenir. Abel Martín no piensa que sea la utilidad el valor supremo, sino, sencillamente, uno de los valores humanos. Lo inútil, en cambio, no es por sí mismo valioso. En cuanto lleva, como el pensar lógico, el signo negativo de la inutilidad, no hemos de ver necesariamente algo superior a lo útil. Pero tampoco hemos de sorprendernos si encontráramos en ello otro valor de más alta categoría que el de la utilidad.

por la imagen creada. No debe el hombre destruir su propia animalidad, y por ella han de velar médicos e higienistas».

Abel Martín no insiste demasiado sobre este tema: cuando a él alude, es siempre de vuelta de su propia metafísica. Los desarreglos de la sexualidad, según Abel Martín, no se originan —como supone la moderna psiquiatría— en las obscuras zonas de lo subconsciente, sino, por el contrario, en el más iluminado taller de la conciencia. El objeto erótico, última instancia de la objetividad, es también, en el plano inferior del amor, proyección subjetiva.

Copiemos ahora algunas coplas de Abel Martín, vagamente relacionadas con este tema. Abel Martín —conviene advertirlo— no pone nunca en verso sus ideas, pero éstas le acompañan siempre:

CONSEJOS, COPLAS, APUNTES

I

Tengo dentro de un herbario
una tarde disecada,
lila, violeta y dorada.
—Caprichos de solitario—.

II

Y en la página siguiente,
los ojos de Guadalupe,
cuya color nunca supe.

III

Y una frente...

IV

Calidoscopio infantil.
Una damita, al piano.
Do, re, mi.
Otra se pinta al espejo
los labios de colorín.

V

Y rosas en un balcón
a la vuelta de una esquina,
calle de Válgame Dios.

VI

Amores, por el atajo,
de los de «Vente conmigo».
... «Que vuelvas pronto, serrano».

VII

En el mar de la mujer
pocos naufragan de noche;
muchos, al amanecer.

VIII

Siempre que nos vemos
es cita para mañana.
Nunca nos encontraremos.

IX

La plaza tiene una torre,
la torre tiene un balcón,
el balcón tiene una dama,
la dama, una blanca flor.
Ha pasado un caballero
—¡quién sabe por qué pasó!—,
y se ha llevado la plaza,
con su torre y su balcón,
con su balcón y su dama,
su dama y su blanca flor.

X

Por la calle de mis celos
en veinte rejas con otro
hablando siempre te veo.

XI

Malos sueños he.
Me despertaré.

XII

Me despertarán
campanas del alba
que sonando están.

XIII

Para tu ventana
un ramo de rosas me dio la mañana.
Por un laberinto, de calle en calleja,
buscando, he corrido, tu casa y tu reja.
Y en un laberinto me encuentro perdido
en esta mañana de mayo florido.
Dime dónde estás.
Vueltas y revueltas. Ya no puedo más.

(*Los complementarios*)

*

«La conciencia —dice Abel Martín—, como reflexión o pretenso conocer del conocer, sería, sin el amor o impulso hacia lo otro, el anzuelo en constante espera de pescarse a sí mismo. Mas la conciencia existe, como actividad reflexiva, porque vuelve sobre sí misma, agotado su impulso por alcanzar el objeto trascendente. Entonces reconoce su limitación y se ve a sí misma, como tensión erótica, impulso hacia lo otro inasequible». Su reflexión es más aparente que real, porque, en verdad, no vuelve sobre sí misma para captarse como pura actividad consciente, sino sobre la corriente erótica que brota con ella de las mismas entrañas del ser. Descubre el amor como su propia impureza, digámoslo así, como su *otro inmanente*, y se le revela la esencial heterogeneidad de la substancia. Porque Abel Martín no ha superado, ni por un momento, el subjetivismo de su tiempo, considera toda objetividad propiamente dicha como una apariencia, un vario espejismo, una varia prospección ilusoria del sujeto fuera de sí mismo. Pero apariencias, espejismos o proyecciones ilusorias, productos de un esfuerzo desesperado del ser o sujeto absoluto por rebasar su propia frontera, tienen un valor positivo, pues mediante ellos se alcanza *conciencia* en su sentido propio, sin saber o sospechar la propia heterogeneidad, a tener la visión analítica —separando por abstracción lógica lo en realidad inseparable— de la constante y quieta mutabilidad.

El gran ojo que todo lo ve al verse a sí mismo es, ciertamente, un ojo ante las ideas, en actitud teórica, de visión o distancia; pero las ideas no son sino el alfabeto o conjunto de signos homogéneos que representan las esencias que integran el ser. Las ideas no son, en efecto, las esencias mismas, sino su dibujo o contorno trazado sobre la negra pizarra del no ser. Hijas del amor y, en cierto modo, del gran fracaso del amor, nunca serían concebidas sin él, porque es el amor mismo o conato del ser por superar su propia limitación quien las proyecta sobre la *nada o cero absoluto*, que también llama el poeta *cero divino*, pues, como veremos después, Dios no es el creador del mundo —según Martín—, sino el creador de la *nada*. No tienen, pues, las ideas realidad esencial, *per se*, son meros trasuntos o copias descoloridas de las esencias reales que integran el ser. Las esencias reales son cualitativamente distintas y su proyección ideal tanto menos substancial y más alejada del ser cuanto más homogénea. Estas esencias no pueden separarse en realidad, sino en su proyección ilusoria, ni cabe tampoco —según Martín— apetencia de las unas hacia las otras, sino que todas ellas aspiran conjunta e indivisiblemente, a lo otro, a *un ser que sea lo contrario de lo que es*, de lo que ellas son, en suma, a lo imposible. En la metafísica intrasubjetiva de Abel Martín fracasa el amor, pero no el conocimiento, o, mejor dicho, es el conocimiento el premio del amor. Pero el amor, como tal, no encuentra objeto; dicho líricamente: la amada es imposible.

En sueños se veía
reclinado en el pecho de su amada.
Gritó, en sueños: «¡Despierta, amada mía!».
Y él fue quien despertó; porque tenía
su propio corazón por almohada.

(*Los complementarios*)

La ideología de Abel Martín es, a veces, obscura, lo inevitable en una metafísica del poeta, donde no se definen previamente los términos empleados. Así, por ejemplo, con la palabra «esencia» no siempre sabemos lo que quiere decir. Generalmente, pretende designar lo absolutamente real que, en su metafísica, pertenece al sujeto mismo, puesto que más allá de él no hay nada. Y nunca emplea Martín este vocablo como término opuesto a lo existencial o realizado en espacio y tiempo. Para Martín, esta distinción, en cuanto pretende señalar diversidad profunda, es artificial. Todo es por y en el sujeto, todo es actividad consciente, y para la conciencia integral nada es que no sea la conciencia misma. «Sólo lo absoluto —dice Martín— puede tener existencia, y todo lo existente *es absolutamente* en el sujeto consciente». El ser es pensado por Martín como conciencia activa, quieta y mudable, esencialmente heterogénea, siempre sujeto, nunca pasivo de energías extrañas. La substancia, el ser que todo lo es al *serse* a sí mismo, cambia en cuanto es actividad constante, y permanece inmóvil, porque no existe energía que no sea él mismo, que le sea externa y pueda *moverle*. «La concepción mecánica del mundo —añade Martín— es el ser pensado como pura inercia, el ser que no es por sí, *inmutable y en constante movimiento*, un torbellino de cenizas que agita, no sabemos por qué ni para qué, la mano de Dios». Cuando esta mano, patente aún en la *chiquenaude* cartesiana, no es tenida en cuenta, el ser es ya pensado como aquello que absolutamente no es. Los atributos de la substancia son ya, en Espinosa, los atributos de la pura nada. La conciencia llega, por ansia de lo otro, al límite de su esfuerzo, a pensarse a sí misma como objeto total, a pensarse como no es, *a deseerse*. El trágico erotismo de Espinosa llevó a un límite infranqueable la desubjetivación del sujeto. «¿Y cómo no intentar —dice Martín— devolver a *lo que es* su propia intimidad?». Esta empresa fue iniciada por Leibniz —filósofo del porvenir, añade Martín—; pero sólo puede ser consumada por la poesía, que define Martín como aspiración a conciencia integral. El poeta, como tal, no renuncia a nada, ni pretende degradar ninguna apariencia. Los colores del iris no son para él menos reales que las vibraciones del éter que paralelamente los acompañan; no son estas menos *suyas* que aquellos, ni el acto de ver menos substancial que el de medir o contar los estremecimientos de la luz. Del mismo modo, la vida ascética, que pretende la perfección moral en el vacío o enrarecimiento de representaciones vitales, no es para Abel Martín camino que lleve a ninguna parte. El *ethos* no se purifica, sino que se empobrece por eliminación del *pathos*, y, aunque el poeta debe saber distinguirlos, su misión es la reintegración de ambos a aquella zona de la conciencia en que se dan como inseparables.

En su *Diálogo entre Dios y el Santo*, dice este último:

—Por amor de Ti he renunciado a todo, a todo lo que no eras Tú. Hice la noche en mi corazón para que sólo tu luz resplandezca.

Y Dios contesta:

—Gracias, hijo, porque también las luciérnagas son cosa mía.

Cuando se preguntaba a Martín si la poesía aspiraba a expresar lo inmediato psíquico, pues la conciencia, cogida en su propia fuente, sería, según su doctrina, conciencia integral, respondía: «Sí y no. Para el hombre, lo inmediato consciente es siempre cazado en el camino de vuelta. También la poesía es hija del gran fracaso del amor. La conciencia, en el hombre, comienza por ser vida, espontaneidad; en este primer grado, no puede darse en ella ningún fruto de la cultura, es actividad ciega, aunque no mecánica, sino animada, animalidad, si se quiere. En un segundo grado, comienza a verse a sí misma como un turbio río y pretende purificarse. Cree haber perdido la inocencia; mira como extraña su propia riqueza. Es el momento erótico, de honda inquietud, en que lo Otro inmanente comienza a ser pensado como trascendente, como objeto de conocimiento y de amor. Ni Dios está en el mundo, ni la verdad en la conciencia del hombre. En el camino de la conciencia integral o autoconciencia, este momento de soledad y angustia es inevitable. Sólo después que el anhelo erótico ha creado las formas de la objetividad —Abel Martín cita cinco en su obra de metafísica *De lo uno a lo otro*, pero en sus últimos escritos señala hasta veintisiete— puede el hombre llegar a la visión real de la conciencia, reintegrando a la pura unidad heterogénea las citadas formas o *reversos del ser*, a verse, a vivirse, a *serse* en plena y fecunda intimidad. El pindárico *sé el que eres* es el término de este camino de vuelta, la meta que el poeta pretende alcanzar». Mas nadie —dice Martín— logrará ser el que es, si antes no logra pensarse como no es.

*

De su libro de estética *Lo universal cualitativo*, entresacamos los párrafos siguientes:

«1. Problema de la lírica: La materia en que las artes trabajan, sin excluir del todo a la música, pero excluyendo a la poesía, es algo no configurado por el espíritu: piedra, bronce, substancias colorantes, aire que vibra, materia bruta, en suma, de cuyas leyes, que la ciencia investiga, el artista, como tal, nada entiende. También le es dado al poeta su material, el lenguaje, como al escultor el mármol o el bronce. En él ha de ver, por de pronto, lo que aún no ha recibido forma, lo que va a ser, después de su labor, sus tentáculos de un mundo ideal. Pero, mientras el artista de otras artes comienza venciendo resistencias de la materia bruta, el poeta lucha con una nueva clase de resistencias: las que ofrecen aquellos productos espirituales, las palabras, que constituyen su material. Las palabras, a diferencia de las piedras, o de las materias colorantes, o del aire en movimiento, son ya, por sí mismas, significación de lo humano, a las cuales ha de dar el poeta nueva significación. La palabra es, en parte, valor de cambio, producto social, instrumento de objetividad (objetividad en este caso significa convención entre sujetos), y el poeta pretende hacer de ella medio expresivo de lo psíquico individual, objeto único, valor cualitativo. Entre la palabra usada por todos y la palabra lírica existe la diferencia que entre una moneda y una joya del mismo metal. El poeta hace joyel de la moneda. ¿Cómo? La respuesta es difícil. El aurífice puede deshacer la moneda y aun fundir el metal para darle después nueva forma, aunque no caprichosa y arbitraria.

Pero al poeta no le es dado deshacer la moneda para labrar su joya. Su material de trabajo no es el elemento sensible en que el lenguaje se apoya (el sonido), sino aquellas significaciones de lo humano que la palabra, como tal, contiene. Trabaja el poeta con elementos ya estructurados por el espíritu, y, aunque con ellos ha de realizar una nueva estructura, no puede desfigurarlos.

»2. Todas las formas de la objetividad, o apariencias de lo objetivo, son, con excepción del arte, productos de desubjetivación, tienden a formas espaciales y temporales puras: figuras, números, conceptos. Su objetividad quiere decir, ante todo, homogeneidad, descualificación de lo esencialmente cualitativo. Por eso, espacio y tiempo, límites del trabajo descualificador de lo sensible, son condiciones *sine qua non* de ellas, lógicamente previas o, como dice Kant, *a priori*. Sólo a este precio se consigue en la ciencia la objetividad, la ilusión del objeto, del ser que no es. El impulso hacia lo otro inasequible realiza un trabajo homogeneizador, crea la sombra del ser. Pensar es, ahora, descualificar, homogeneizar. La materia pensada se resuelve en átomos; el cambio substancial, en movimientos de partículas inmutables en el espacio. El ser ha quedado atrás; sigue siendo el ojo que mira, y más allá están el tiempo y el espacio vacíos, la pizarra negra, la pura nada. Quien piensa el ser puro, el ser como no es, piensa, en efecto, la pura nada; y quien piensa el tránsito del uno a la otra piensa el puro devenir, tan huero como los elementos que lo integran. El pensamiento lógico sólo se da, en efecto, en el vacío insensible; y aunque es maravilloso este poder de inhibición del arte, de donde surge el palacio encantado de la lógica (la concepción mecánica del mundo, la crítica de Kant, la metafísica de Leibniz, por no citar sino ejemplos ingentes), con todo, el ser no es *nunca* pensado; contra la sentencia, el ser y el pensar (el pensar homogeneizador) no coinciden, ni por casualidad».

> Confiamos
> en que no será verdad
> nada de lo que pensamos.

(Véase A. Machado).

Pero el arte, y especialmente la poesía —añade Martín—, que adquiere tanta más importancia y responde a una necesidad tanto más imperiosa cuanto más ha avanzado el trabajo descualificador de la mente humana (esta importancia y esta necesidad son independientes del valor estético de las obras que en cada época se producen), no puede ser sino una actividad del sentido inverso al del pensamiento lógico. Ahora se trata (en poesía) de realizar nuevamente lo *desrealizado*; dicho de otro modo: una vez que el ser ha sido pensado como no es, es preciso pensarlo como es; urge devolverle su rica, inagotable heterogeneidad.

Este nuevo pensar, o pensar poético, es pensar cualificador. No es, ni mucho menos, un retorno al caos sensible de la animalidad; porque tiene sus normas, no menos rígidas que las del pensamiento homogeneizador, aunque son muy otras. Este pensar se da entre realidades, no entre sombras; entre intuiciones, no entre conceptos. «El *no ser* es ya pensado como *no ser* y arrojado, por ende, a la espuerta de la basura». Quiere decir Martín que, una vez que han sido convictas de oquedad las formas de lo objetivo, no sirven ya para pensar lo que es. Pensando el ser cualitativamente, con extensión infinita, sin mengua alguna de lo infinito de su comprensión, no hay dialéctica humana ni divina que realice ya el tránsito de su concepto al de su contrario, porque, entre otras cosas, su contrario no existe.

Necesita, pues, el pensar poético una nueva dialéctica, sin negaciones ni contrarios, que Abel Martín llama lírica y, otras veces, mágica, la lógica del camino substancial o devenir inmóvil, del ser cambiando o el cambio siendo. Bajo esta idea, realmente paradójica y aparentemente absurda, está la más honda intuición que Abel Martín pretende haber alcanzado.

«Los eleáticos —dice Martín— no comprendieron que la única manera de probar la inmutabilidad del ser hubiera sido demostrar la realidad del movimiento, y que sus argumentos, en verdad sólidos, eran contraproducentes; que a los heraclitanos correspondía, a su vez, probar la irrealidad del movimiento para demostrar la mutabilidad del ser. Porque ¿cómo ocupará dos lugares distintos del espacio, en dos momentos sucesivos del tiempo, lo que *constantemente* cambia y no —¡cuidado!— para dejar de ser, sino para ser otra cosa? El cambio continuo es impensable como movimiento, pues el movimiento implica persistencia del móvil en lugares distintos y en momentos sucesivos; y un cambio discontinuo, con intervalos vacíos, que implican aniquilamiento del móvil, es impensable también. Del *no ser* al *ser* no hay tránsito posible, y la síntesis de ambos conceptos es inaceptable en toda lógica que pretenda ser, al par, ontología, porque no responde a realidad alguna».

No obstante, Abel Martín sostiene que, sin incurrir en contradicción, se puede afirmar que es el concepto del no ser la creación específicamente humana; y a él dedica un soneto con el cual cierra la primera sección de *Los complementarios*:

AL GRAN CERO

Cuando *el Ser que se es* hizo la nada
y reposó, que bien lo merecía,
ya tuvo el día noche, y compañía
tuvo el hombre en la ausencia de la amada.
Fiat umbra! Brotó el pensar humano.
Y el huevo universal alzó, vacío,
ya sin color, desubstanciado y frío,
lleno de niebla ingrávida, en su mano.
Toma el cero integral, la hueca esfera,
que has de mirar, si lo has de ver, erguido.
Hoy que es espalda el lomo de tu fiera,
y es el milagro del no ser cumplido,
brinda, poeta un canto de frontera
a la muerte, al silencio y al olvido.

En la teología de Abel Martín es Dios definido como el
ser absoluto, y, por ende, nada que *sea* puede ser su obra.
Dios, como creador y conservador del mundo, le parece a
Abel Martín una concepción judaica, tan sacrílega como ab-
surda. La nada, en cambio, es, en cierto modo, una creación
divina, un milagro del ser, obrado por éste para pensarse en su
totalidad. Dicho de otro modo: Dios regala al hombre el gran
cero, la nada o cero integral, es decir, el cero integrado por
todas las negociaciones de cuanto es. Así, posee la mente
humana un concepto de totalidad, la suma de cuanto no es,
que sirva lógicamente de límite y frontera a la totalidad de
cuanto es:

   Fiat umbra! Brotó el pensar humano.

Entiéndase: el pensar homogeneizador —no el poético, que es ya pensamiento divino—; el pensar del mero bípedo racional, el que ni por casualidad puede coincidir con la pura heterogeneidad del ser; el pensar que necesita de la nada para pensar lo que es, porque, en realidad, lo piensa como *no siendo.*

Tras este soneto, no exento de énfasis, viene el *canto de frontera,* por soleares (cante hondo) *a la muerte, al silencio y al olvido,* que constituye la segunda sección del libro *Los complementarios.* La tercera sección lleva, a guisa de prólogo, los siguientes versos:

AL GRAN PLENO O CONCIENCIA INTEGRAL

Que en su estatua al alto Cero
—mármol frío,
ceño austero
y una mano en la mejilla—,
del gran remanso del río,
medite, eterno, en la orilla,
y haya gloria eternamente.
Y la lógica divina
que imagina,
pero nunca imagen miente
—no hay espejo; todo es fuente—,
diga: sea
cuanto es, y que se vea
cuanto ve. Quieto y activo
—mar y pez y anzuelo vivo,
todo el mar en cada gota,
todo el pez en cada huevo,
todo nuevo—,

lance unánime su nota.
Todo cambia y todo queda,
piensa todo,
y es a modo,
cuando corre, de moneda,
un sueño de mano en mano.
Tiene amor rosa y ortiga,
y la amapola y la espiga
le brotan del mismo grano.
Armonía;
todo canta en pleno día.
Borra las formas del cero,
torna a ver,
brotando de su venero,
las vivas aguas del ser.

CANCIONERO APÓCRIFO

CLXVIII

JUAN DE MAIRENA,

poeta, filósofo, retórico e inventor de una Máquina de Cantar, nació en Sevilla (1865). Murió en Casariego de Tapia (1909). Es autor de una *Vida de Abel Martín*, de un *Arte poética*, de una colección de poesías: *Coplas mecánicas*, y de un tratado de metafísica: *Los siete reversos*.

MAIRENA A MARTÍN, MUERTO

Maestro, en tu lecho yaces,
en paz con Ella o con Él...
(¿Quién sabe de últimas paces,
don Abel?).
Si con Ella, bien colmada
la medida,
dice, quieta, en la almohada
tu noble cabeza hundida.
Si con Él, que todo sea
—donde sea— quieto y vivo,

el ojo en superlativo,
que mire, admire y se vea.

*

Del juglar meditativo
quede el índice ideario
para el alba que aún no ríe;
y el muñeco estrafalario
del retablo desafíe
con su gesto al sol gregario.

*

Hiedra y parra. Las paredes
de los huertos blancas son.
Por calles de Sal-Si-Puedes
brillan balcón y balcón.
Todavía, ¡oh don Abel!,
vibra la campanería
de la tarde, y un clavel
te guarda Rosa María.
Todavía
se oyen entre los cipreses
de tu huerto y laberinto
de tus calles —eses y eses,
trenzadas, de vino tinto—
tus pasos; y el mazo suena
que en la fragua de un instinto
blande la razón serena.
De tu logos variopinto,
nueva ratio,

queda el ancla en agua y viento,
buen cimiento
de tu lírico palacio.
Y cuajado en piedra el fuego
del amante
(Amor bizco y Eros ciego),
brilla al sol como diamante.

La composición continúa, algo enrevesada y difícil, con esa dificultad artificiosa del barroco conceptual, que el propio Mairena censura en su *Arte poética*. En las últimas estrofas, el sentimiento de piedad hacia el maestro parece enturbiarse con mezcla de ironía, rayana en sarcasmo. Y es que toda nueva generación ama y odia a su precedente. El elogio incondicional rara vez es sincero. Lo del *logos variopinto* no es, sin duda, expresión demasiado feliz para significar la facultad creadora de aquellos *universales cualitativos* que persiguió Martín. Y más que incomprensión parece acusar —en Mairena— una cierta malevolencia que le lleva al *sabotage* de las ideas del maestro. Lo del *amor bizco* tiene una cuádruple significación: anecdótica, lógica, estética y metafísica. Una honda explicación de ello se encuentra en la *Vida de Abel Martín*.

EL *ARTE POÉTICA* DE JUAN DE MAIRENA

Juan de Mairena se llama a sí mismo el poeta del tiempo. Sostenía Mairena que la poesía era un arte temporal —lo que ya habían dicho muchos antes que él— y que la temporalidad propia de la lírica sólo podía encontrarse en sus versos, plenamente expresada. Esta jactancia, un tanto provinciana, es propia del novato que llega al mundo de las letras dispuesto a escribir por todos —no para todos— y, en último término, contra todos. En su *Arte poética* no faltan párrafos violentos, en que Mairena se adelanta a decretar la estolidez de quienes pudieran sostener una tesis contraria a la suya. Los omitimos por vulgares, y pasamos a reproducir otros más modestos y de más substancia.

«Todas las artes —dice Juan de Mairena en la primera lección de su *Arte poética*— aspiran a productos permanentes, en realidad, a frutos intemporales. Las llamadas artes del tiempo, como la música y la poesía, no son excepción. El poeta pretende, en efecto, que su obra trascienda de los momentos psíquicos en que es producida. Pero no olvidemos que, precisamente, es el tiempo (el tiempo vital del poeta con su propia vibración) lo que el poeta pretende intemporalizar, digámoslo con toda pompa: eternizar. El poema que no tenga muy marcado el acento temporal estará más cerca de la lógica que de la lírica».

«Todos los medios de que se vale el poeta: cantidad, medida, acentuación, pausas, rima, las imágenes mismas, por su enunciación en serie, son elementos temporales. La temporalidad necesaria para que una estrofa tenga acusada la intención poética está al alcance de todo el mundo; se aprende en las más elementales Preceptivas. Pero una intensa y profunda impresión del tiempo sólo nos la dan muy contados poetas. En España, por ejemplo, la encontramos en don Jorge Manrique, en el Romancero, en Bécquer, rara vez en nuestros poetas del siglo de oro».

«Veamos —dice Mairena— una estrofa de don Jorge Manrique:

¿Qué se hicieron las damas,
sus tocados, sus vestidos,
sus olores?
¿Qué se hicieron las llamas
de los fuegos encendidos
de amadores?
¿Qué se hizo aquel trovar,
las músicas acordadas
que tañían?
¿Qué se hizo aquel danzar,
aquellas ropas chapadas
que traían?».

«Si comparamos esta estrofa del gran lírico español —añade Mairena— con otra de nuestro barroco literario, en que se pretenda expresar un pensamiento análogo: la fugacidad del tiempo y lo efímero de la vida humana, por ejemplo: el soneto *A las flores*, que pone Calderón en boca de su Príncipe Constante, veremos claramente la diferencia que media entre la lírica y la lógica rimada».

«Recordemos el soneto de Calderón:

Estas que fueron pompa y alegría,
despertando al albor de la mañana,
a la tarde serán lástima vana
durmiendo en brazos de la noche fría.
Este matiz que al cielo desafía,
iris listado de oro, nieve y grana,
será escarmiento de la vida humana:
tanto se aprende en término de un día.
A florecer las rosas madrugaron,
y para envejecerse florecieron.

Cuna y sepulcro de un botón hallaron.
Tales los hombres sus fortunas vieron:
en un día nacieron y expiraron,
que, pasados los siglos, horas fueron».

«Para alcanzar la finalidad intemporalizadora del arte, fuerza es reconocer que Calderón ha tomado un camino demasiado llano: el empleo de elementos de suyo intemporales. Conceptos e imágenes conceptuales —pensadas, no intuidas— están fuera del tiempo psíquico del poeta, del fluir de su propia conciencia. Al *panta rhei* de Heráclito sólo es excepción el pensamiento lógico. Conceptos e imágenes en función de conceptos —substantivos acompañados de adjetivos definidores, no cualificadores— tienen, por lo menos, esta pretensión: la de ser hoy lo que fueron ayer, y mañana lo que son hoy. El *albor de la mañana* vale para todos los amaneceres; la *noche fría*, en la intención del poeta, para todas las noches. Entre tales nociones definidas se establecen relaciones lógicas, no menos intemporales que ellas. Todo el encanto del soneto de Calderón —si alguno tiene— estriba en su corrección silogística. La poesía aquí no canta, razona, discurre en torno a unas cuantas definiciones. Es —como todo o casi todo nuestro barroco literario— escolástica rezagada».

«En la estrofa de Manrique nos encontramos en un clima espiritual muy otro, aunque para el somero análisis, que suele llamarse crítica literaria, la diferencia pase inadvertida. El poeta no comienza por asentar nociones que traducir en juicios analíticos, con los cuales construir razonamientos. El poeta no pretende saber nada; pregunta por damas, tocados, vestidos, olores, llamas, amantes… El ¿qué se hicieron?, el devenir en interrogante, individualiza ya estas nociones genéricas, las coloca en el tiempo, en un pasado vivo, donde el

poeta pretende intuirlas, como objetos únicos, las rememora
o evoca. No pueden ser ya cualesquiera damas, tocados, fra-
gancias y vestidos, sino aquellos que, estampados en la placa
del tiempo, conmueven —¡todavía!— el corazón del poeta.
Y *aquel trovar* y *el danzar aquel* —aquellos y no otros—
¿qué se hicieron?, insiste en preguntar el poeta, hasta llegar a
la maravilla de la estrofa: *aquellas ropas chapadas*, vistas en los
giros de una danza, las que traían los caballeros de Aragón
—o quienes fueren—, y que surgen ahora en el recuerdo,
como escapadas de un sueño, actualizando, materializando
casi el pasado, en una trivial anécdota indumentaria. Termina-
da la estrofa, queda toda ella vibrando en nuestra memoria
como una melodía única, que no podrá repetirse ni imitarse,
porque para ello sería preciso haberla vivido. La emoción del
tiempo es todo en la estrofa de don Jorge; nada, o casi nada, en
el soneto de Calderón. La diferencia es más profunda de lo que
a primera vista parece. Ella sola explica por qué en don Jorge
la lírica tiene todavía un porvenir, y en Calderón —nuestro
gran barroco— un pasado abolido, definitivamente muerto».

Se extiende después Mairena en consideraciones sobre el
barroco literario español. Para Mairena —conviene advertir-
lo—, el concepto de lo barroco dista mucho del que han pues-
to de moda los alemanes en nuestros días, y que —dicho sea
de paso— bien pudiera ser falso, aunque nuestra crítica lo
acepte, como siempre, sin crítica, por venir de fuera.

«En poesía se define —habla Mairena— como un tránsito
de lo vivo a lo artificial, de lo intuitivo a lo conceptual, de la
temporalidad psíquica al plano temporal de la lógica, como un
piétinement sur place del pensamiento que, incapaz de avan-
zar sobre intuiciones —en ninguno de los sentidos de esta pa-
labra—, vuelve sobre sí mismo, y gira y deambula en torno a
lo definido, creando enmarañados laberintos verbales; un me-

taforismo conceptual, ejercicio superfluo y pedante del pensar y del sentir, que pretende asombrar por lo difícil y cuya oquedad no advierten los papanatas».

El párrafo es violento, acaso injusto. Encierra, no obstante, alguna verdad. Porque Mairena vio claramente que el tan decantado dinamismo de lo barroco es más aparente que real, y más que la expresión de una fuerza actuante, el gesto hinchado que sobreviene a un esfuerzo extinguido.

Acaso puede argüirse a Mairena que, bajo la denominación de barroco literario, comprende la corriente culterana y la conceptista, sin hacer de ambas suficiente distinción. Mairena, sin embargo, no las confunde, sino que las ataca en su raíz común. Fiel a su maestro Abel Martín, Mairena no ve en las formas literarias sino contornos más o menos momentáneos de una materia en perpetuo cambio, y sostiene que es esta materia, este contenido, lo que, en primer término, conviene analizar. ¿En qué zona del espíritu del poeta ha sido engendrado el poema, y qué es lo que predominantemente contiene? Sigue un criterio opuesto al de la crítica de su tiempo, que sólo veía en las formas literarias moldes rígidos para rellenos de un mazacote cualquiera, y cuyo contenido, por ende, no interesa. Culteranismo y conceptismo son, pues, para Mairena dos expresiones de una misma oquedad y cuya concomitancia se explica por un creciente empobrecimiento del alma española. La misma inopia de intuiciones que, incapaz de elevarse a las ideas, lleva al pensamiento conceptista, y éste a la pura agudeza verbal, crea la metáfora culterana, no menos conceptual que el concepto conceptista, la seca y árida tropología gongorina, arduo trasiego de imágenes genéricas, en el fondo puras definiciones, a un ejercicio de mera lógica, que sólo una crítica inepta o un gusto depravado puede confundir con la poesía.

«Claro es —añade Mairena, en previsión de fáciles objeciones— que el talento poético de Góngora y el robusto ingenio de Quevedo, Gracián o Calderón son tan patentes como la inanidad estética del culteranismo y el conceptismo».

El barroco literario español, según Mairena, se caracteriza:

1.º *Por una gran pobreza de intuición.*— ¿En qué sentido? En el sentido de experiencia externa o contacto directo con el mundo sensible; en el sentido de experiencia interna o contacto con lo inmediato psíquico, estados únicos de conciencia; en el sentido teórico de enfrentamiento con las ideas, esencias, leyes y valores como objetos de visión mental; y en el resto de las acepciones de esta palabra. «Las imágenes del barroco expresan, disfrazan o decoran conceptos, pero no contienen intuiciones». «Con ellas —dice Mairena— se discurre o razona, aunque superflua y mecánicamente, pero de ningún modo se canta. Porque se puede razonar, en efecto, por medio de conceptos escuetamente lógicos, por medio de conceptos matemáticos —números y figuras— o por medio de imágenes, sin que el acto de razonar, discurrir entre lo definido, deje de ser el mismo: una función homogeneizadora del entendimiento que persigue igualdades —reales, o convenidas—, eliminando diferencias. El empleo de imágenes, más o menos coruscantes no puede nunca trocar una función esencialmente lógica en función estética, de sensibilidad. Si la lírica barroca, consecuente consigo misma, llegase a su realización perfecta, nos daría un álgebra de imágenes, fácilmente abarcable en un tratado al alcance de los estudiosos, y que tendría el mismo valor estético del álgebra propiamente dicha, es decir, un valor estéticamente nulo».

2.º *Por su culto a lo artificioso y desdeñoso de lo natural.*— «En las épocas en que el arte es realmente creador —dice Mairena— no vuelve nunca la espalda a la naturaleza, y entiendo por naturaleza todo lo que aún no es arte, incluyendo en ello el propio corazón del poeta. Porque si el artista ha de crear, y no a la manera del dios bíblico, necesita una materia que informar o transformar, que no ha de ser —¡claro está!— el arte mismo. Porque existe, en verdad, una forma de apatía estética, que pretende substituir el arte por la naturaleza misma, se deduce, groserísimamente, que el artista puede ser creador prescindiendo de ella. Esa abeja que liba en la miel y no en las flores es más ajena a toda labor creadora que el humilde arrimador de documentos reales, o que el consabido espejo de lo real, que pretende darnos por arte la innecesaria réplica de cuanto no lo es».

3.º *Por su carencia de temporalidad.*— En su análisis del verso barroco, señala Mairena la preponderancia del substantivo y su adjetivo definidor sobre las formas temporales del verbo; el empleo de la rima con carácter más ornamental que melódico y el total olvido de su valor mnemónico.

«La rima —dice Mairena— es el encuentro, más o menos reiterado, de un sonido con el recuerdo de otro. Su monotonía es más aparente que real, porque son elementos distintos, acaso heterogéneos, sensación y recuerdo, los que en la rima se conjugan; con ellos estamos dentro y fuera de nosotros mismos. Es la rima un buen artificio, aunque no el único, para poner la palabra en el tiempo. Pero cuando la rima se complica con excesivos entrecruzamientos y se distancia hasta tal punto que ya no se conjugan sensación y recuerdo, porque el recuerdo se ha extinguido cuando la sensación se repite, la rima es entonces un artificio superfluo. Y los que suprimen la rima —esa tardía invención de la métrica—, juzgándola innecesaria, suelen olvidar que lo esencial en ella es su función temporal, y que su ausencia les obliga a buscar algo que la substituya; que la poesía lleva muchos siglos cabalgando sobre asonancias y consonancias, no por capricho de la incultura medieval, sino porque el senti-

miento del tiempo, que algunos llaman impropiamente sensa-
ción de tiempo, no contiene otros elementos que los señalados
en la rima: sensación y recuerdo. Mas en el verso barroco la
rima tiene, en efecto, un carácter ornamental. Su primitiva mi-
sión de conjugar sensación y recuerdo, para crear así la emo-
ción del tiempo, queda olvidada. Y es que el verso barroco,
culterano o conceptista, no contiene elementos temporales,
puesto que conceptos e imágenes conceptuales son —habla
siempre Mairena— esencialmente ácronos».

4.° *Por su culto a lo difícil artificial y su ignorancia de las
dificultades reales.*— «La dificultad no tiene por sí misma va-
lor estético, ni de ninguna otra clase —dice Mairena—. Se
aplaude con razón el acto de atacarla y vencerla; pero no es
lícito crearla artificialmente para ufanarse de ella. Lo clásico,
en verdad, es vencerla, eliminarla; lo barroco, exhibirla. Para
el pensamiento barroco, esencialmente plebeyo, lo difícil es
siempre precioso: un soneto valdrá más que una copla en aso-
nante, y el acto de engendrar un chico, menos que el de rom-
per un adoquín con los dientes».

5.° *Por su culto a la expresión indirecta, perifrástica, como
si ella tuviera por sí misma un valor estético.*— «Porque no
existe perfecta conmensurabilidad —dice Mairena— entre el
sentir y el hablar, el poeta ha acudido siempre a formas indi-
rectas de expresión, que pretenden ser las que directamente
expresen lo inefable. Es la manera más sencilla, más recta y
más inmediata de rendir lo intuido en cada momento psíqui-
co, lo que el poeta busca, porque todo lo demás tiene formas
adecuadas de expresión en el lenguaje conceptual. Para ello
acude siempre a imágenes singulares, o singularizadas, es de-
cir, a imágenes que no puedan encerrar conceptos, sino intui-
ciones, entre las cuales establece relaciones capaces de crear a
la postre nuevos conceptos. El poeta barroco, que ha visto el

problema precisamente al revés, emplea las imágenes para adornar y disfrazar conceptos, y confunde la metáfora esencialmente poética con el eufemismo de negro catedrático. El *oro cano*, el *pino cuadrado*, la *flecha alada*, el *áspid de metal* son, en efecto, maneras bien estúpidas de aludir a la plata, a la mesa, a la flecha y a la pistola».

6.° *Por su carencia de gracia.*— «La tensión barroca —dice Mairena— con su fría vehemencia, su aparato de fuerza y falso dinamismo, su torcer y desmesurar arbitrarios —sintaxis hiperbática e imaginería hiperbólica—, con su empeño de desnaturalizar una lengua viva para ajustarla bárbaramente a los esquemas más complicados de una lengua muerta, con su hinchazón y amaneramiento y superfluo artificio podrá, en horas de agotamiento o perversión del gusto, producir un efecto que, mal analizado, se parezca a una emoción estética. Pero hay algo a que el barroco ha de renunciar, pues ni la mera apariencia le es dado contrahacer: la calidad de lo gracioso, que sólo se produce cuando el arte, de puro maestro, llega al olvido de sí mismo, y a hacerse perdonar su necesario apartamiento de la Naturaleza».

7.° *Por su culto supersticioso a lo aristocrático.*— Hablando de Góngora, dice Juan de Mairena: «Cuanto hay en él apoyado en *folklore* tiende a ser, más que lo popular (tan finamente captado por Lope), lo apicarado y grosero. Sin embargo, lo verdaderamente plebeyo de Góngora es el gongorismo. Enfrente de Lope, tan íntegramente español como hombre de la corte, Góngora será siempre un pobre cura provinciano». Y en verdad que la «obsesión de lo distinguido y aristocrático no ha producido en arte más que ñoñeces». El vulgo en arte, es decir, el vulgo a que suele aludir el artista, es, en cierto modo, una invención de los pedantes, mejor diré: un ente de ficción que el pedante fabrica con su propia sustancia.

«Ningún espíritu creador —añade Mairena— en sus momentos realmente creadores pudo pensar más que en el hombre, en el hombre esencial que ve en sí mismo, y que supone en su vecino. Que existe una masa desatenta, incomprensiva, ignorante, ruda, el artista no lo ha ignorado nunca. Pero una de dos: o la obra del artista alcanza y penetra, en más o en menos, a esa misma masa bárbara, que deja de ser vulgo *ipso facto* para convertirse en público de arte, o encuentra en ella una completa impermeabilidad, una total indiferencia. En este caso, el vulgo propiamente dicho no guarda ya relación alguna con la obra de arte y no puede ser objeto de obsesión para el artista. Pero el vulgo del culterano, del preciosista, del pedante es una masa de papanatas, a la cual se asigna una función positiva: la de rendir al artista un tributo de asombro y de admiración incomprensiva».

En suma, Mairena no se chupa el dedo en su análisis del barroco literario español. Más adelante añade —en previsión de fáciles objeciones— que él no ignora cómo en toda época, de apogeo o decadencia, ascendente o declinante, lo que se produce es lo único que puede producirse, y que aun las más patentes perversiones del gusto, cuando son realmente actuales, tendrán siempre una sutil abogacía que defiende sus mayores desatinos. Y en verdad que esa abogacía no defiende, en el fondo, ni tales perversiones ni tales desatinos, sino a un espíritu incapaz de producir otra cosa. Lo más inepto contra el culteranismo lo hizo Quevedo, publicando los versos de fray Luis de León. Fray Luis de León fue todavía un poeta, pero el sentimiento místico, que alcanzó en él una admirable expresión de remanso, distaba ya tanto de Góngora como de Quevedo, era precisamente lo que ya no podía cantar, algo definitivamente muerto a manos del espíritu jesuítico imperante.

LA METAFÍSICA DE JUAN DE MAIRENA

«Todo poeta —dice Juan de Mairena— supone una metafísica; acaso cada poema debiera tener la suya —implícita—, claro está —nunca explícita—, y el poeta tiene el deber de exponerla, por separado, en conceptos claros. La posibilidad de hacerlo distingue al verdadero poeta del mero señorito que compone versos». (*Los siete reversos*, p. 192). Digamos algunas palabras sobre la metafísica de Juan de Mairena.

Su punto de partida está en un pensamiento de su maestro Abel Martín. Dios no es el creador del mundo, sino el ser absoluto, único y real, más allá del cual nada es. No hay problema genético de lo que es. El mundo es sólo un aspecto de la divinidad; de ningún modo una creación divina. Siendo el mundo real, y la realidad única y divina, hablar de una creación del mundo equivaldría a suponer que Dios se creaba a sí mismo. Tampoco el ser, la divinidad, plantea ningún problema metafísico. Cuanto es aparece; cuanto aparece es. Todo el trabajo de la ciencia —que Mairena admira y venera— consiste en descubrir nuevas apariencias; es decir, nuevas apariciones del ser; de ningún modo nos suministra razón alguna esencial para distinguir entre lo real y aparente. Si el trabajo de la ciencia es infinito y nunca puede llegar a un término, no es porque busque una realidad que huye y se oculta tras una apariencia, sino porque lo real es una apariencia infinita, una constante e inagotable posibilidad de aparecer.

No hay, pues, problema del ser, de lo que aparece. Sólo lo que no es, lo que no aparece, puede constituir problema. Pero este problema no interesa tanto al poeta como al filósofo propiamente dicho. Para el poeta, el no ser es la creación divina, el milagro del *ser que se es*, el *fiat umbra* a que Martín alude en su soneto inmortal *Al gran cero*, la palabra

divina que al poeta asombra y cuya significación debe expli-
car el filósofo.

> Borraste el ser; quedó la nada pura.
> Muéstrame; ¡oh Dios!, la portentosa mano
> que hizo la sombra: la pizarra obscura
> donde se escribe el pensamiento humano.

(Abel Martín, *Los complementarios*)

O como más tarde dijo Mairena, glosando a Martín:

> Dijo Dios: Brote la nada.
> Y alzó la mano derecha,
> hasta ocultar su mirada.
> Y quedó la nada hecha.

Así simboliza Mairena, siguiendo a Martín, la creación divina, por un acto negativo de la divinidad, por un voluntario cegar del *gran ojo, que todo lo ve al verse a sí mismo*.

Se preguntará: ¿cómo, si no hay problema de lo que es, puesto que lo aparente y lo real son una y la misma cosa, o, dicho de otro modo, es lo real la suma de las apariciones del ser, puede haber una metafísica? A esta objeción respondía Mairena: «Precisamente la desproblematización del ser, que postula la absoluta realidad de lo aparente, pone *ipso facto* sobre el tapete el problema del *no ser*, y éste es el tema de toda futura metafísica». Es decir, que la metafísica de Mairena será la *ciencia del no ser*, de la absoluta irrealidad, o, como decía Martín, de las varias formas del cero. Esta metafísica es *ciencia de lo creado*, de la obra divina, de la pura nada, a la cual se llega por análisis de conceptos; sólo contiene, como la metafísica de escuela, pensamiento puro; pero se diferencia de ella en que no pretende definir al ser (no es, pues, ontología), sino a su contrario. Y le cuadra, en verdad, el nombre de metafísica: ciencia de lo que está más allá del ser, es decir, más allá de la física.

Los siete reversos es el tratado filosófico en que Mairena pretende enseñarnos los siete caminos por donde puede el hombre llegar a comprender la obra divina: la pura nada. Partiendo del pensamiento mágico de Abel Martín, *de la esencial heterogeneidad del ser, de la inmanente otredad del ser que se es, de la substancia única, quieta y en perpetuo cambio, de la conciencia integral, o gran ojo...*, etc.; es decir, del pensamiento poético, que acepta como principio evidente la realidad de todo contenido de conciencia, intenta Mairena la génesis del pensamiento lógico, de las formas homogéneas del pensar: la pura substancia, el puro espacio, el puro tiempo, el puro movimiento, el puro reposo, el puro *ser que no es y la pura nada*.

El libro es extenso, contiene cerca de 500 páginas, en cuarto mayor. No fue leído en su tiempo. Ni aun lo cita Menéndez y Pelayo en su índice expurgatorio del pensamiento español. Su lectura, sin embargo, debe recomendarse a los estudiosos. Su análisis detallado nos apartaría mucho del poeta. Quede para otra ocasión y volvamos ahora a las poesías de Juan de Mairena.

Sostenía Mairena que sus *Coplas mecánicas* no eran realmente suyas, sino de la *Máquina de Trovar*, de Jorge Meneses. Es decir, que Mairena había imaginado un poeta, el cual, a su vez, había inventado un aparato, cuyas eran las coplas que daba a la estampa.

DIÁLOGO ENTRE JUAN DE MAIRENA
Y JORGE MENESES

Mairena.— ¿Qué augura usted, amigo Meneses, del porvenir de la lírica?

Meneses.— Pronto el poeta no tendrá más recurso que enfundar su lira y dedicarse a otra cosa.

Mairena.— ¿Piensa usted…?

Meneses.— Me refiero al poeta lírico. El sentimiento individual, mejor diré: el polo individual del sentimiento, que está en el corazón de cada hombre, empieza a no interesar, y cada día interesará menos. La lírica moderna, desde el declive romántico hasta nuestros días (los del simbolismo), es acaso un lujo, un tanto abusivo, del hombre manchesteriano, del individualismo burgués, basado en la propiedad privada. El poeta exhibe su corazón con la jactancia del burgués enriquecido que ostenta sus palacios, sus coches, sus caballos y sus queridas. El corazón del poeta, tan rico en sonoridades, es casi un insulto a la afonía cordial de la masa, esclavizada por el trabajo mecánico. La poesía lírica se engendra siempre en la zona central de nuestra psique, que es la del sentimiento; no hay lírica que no sea sentimental. Pero el sentimiento ha de tener tanto de individual como de genérico, porque aunque no existe un corazón en general, que sienta por todos, sino que cada hombre lleva el suyo y siente con él, todo sentimiento se orienta hacia valores universales, o que pretenden serlo. Cuando el sentimiento acorta su radio y no trasciende del yo aislado, acotado, vedado al prójimo, acaba por empobrecerse y, al fin, canta de falsete. Tal es el sentimiento burgués, que a mí me parece fracasado; tal es el fin de la sentimentalidad romántica. En suma, no hay sentimiento verdadero sin simpatía, el mero *pathos* no ejerce función cordial alguna, ni tampoco estética. Un corazón solitario —ha dicho no sé quién, acaso Pero Grullo— no es un corazón; porque nadie siente si no es capaz de sentir con otro, con otros..., ¿por qué no con todos?

Mairena.— ¡Con todos! ¡Cuidado, Meneses!

Meneses.— Sí, comprendo. Usted, como buen burgués, tiene la superstición de lo selecto, que es la más plebeya de todas. Es usted un cursi.

Mairena.— Gracias.

Meneses.— Le parece a usted que sentir con todos es convertirse en multitud, en masa anónima. Es precisamente lo contrario. Pero no divaguemos. Hay una crisis sentimental que afectará a la lírica, y cuyas causas son muy complejas. El poeta pretende cantarse a sí mismo, porque no encuentra temas de comunión cordial, de verdadero sentimiento. Con la ruina de la ideología romántica, toda una sentimentalidad, concomitantemente, se viene abajo. Es muy difícil que una nueva generación siga escuchando nuestras canciones. Porque lo que a usted le pasa, en el rinconcito de su sentir, que empieza a no ser comunicable, acabará por no ser nada. Una nueva poesía supone una nueva sentimentalidad, y ésta, a su vez, nuevos valores. Un himno patriótico nos conmueve a condición de que la patria sea para nosotros algo valioso; en caso contrario, ese himno nos parecerá vacío, falso, trivial o ramplón. Comenzaremos a diputar insinceros a los románticos, declamatorios, hombres que simulan sentimientos, que, acaso, no experimentaban. Somos injustos. No es que ellos no sintieran; es, más bien, que nosotros no podemos sentir con ellos. No sé si esto lo comprende usted bien, amigo Mairena.

Mairena.— Sí, lo comprendo. Pero usted, ¿no cree en una posible lírica intelectual?

Meneses.— Me parece tan absurda como una geometría sentimental o un álgebra emotiva. Tal vez sea ésta la hazaña de los epígonos del simbolismo francés. Ya Mallarmé llevaba dentro el negro catedrático capaz de intentarla. Pero este camino no lleva a ninguna parte.

Mairena.— ¿Qué hacer, Meneses?

Meneses.— Esperar a los nuevos valores. Entretanto, como pasatiempo, simple juguete, yo pongo en marcha mi aristón poético o *máquina de trovar*. Mi modesto aparato no pretende substituir ni suplantar al poeta (aunque puede con ventaja suplir al maestro de retórica), sino registrar de una manera objetiva el estado emotivo, sentimental, de un grupo humano, más o menos nutrido, como un termómetro registra la temperatura o un barómetro la presión atmosférica.

Mairena.— ¿Cuantitativamente?

Meneses.— No. Mi artificio no registra en cifras, no traduce a lenguaje cuantitativo la lírica ambiente, sino que nos da su expresión objetiva, completamente desindividualizada, en un soneto, madrigal, jácara o letrilla que el aparato compone y recita con asombro y aplauso de la concurrencia. La canción que el aparato produce la reconocen por suya todos cuantos la escuchan, aunque ninguno, en verdad, hubiera sido capaz de componerla. Es la canción del grupo humano, ante el cual el aparato funciona. Por ejemplo, en una reunión de borrachos, aficionados al cante hondo, que corren una juerga de hombres solos, a la manera andaluza, un tanto sombría, el aparato registra la emoción dominante y la traduce en cuatro versos esenciales, que son su equivalente lírico. En una asamblea política, o de militares, o de usureros, o de profesores, o de *sportmen*, produce otra canción, no menos esencial. Lo que nunca nos da el aparato es la canción individual, aunque el individuo esté caracterizado muy enérgicamente, por ejemplo: *la canción del verdugo*. Nos da, en cambio, si se quiere, la canción de los aficionados a ejecuciones capitales, etc.

Mairena.— ¿Y en qué consiste el mecanismo de ese aristón poético o máquina de cantar?

Meneses.— Es muy complicado, y, sin auxilio gráfico, sería difícil de explicar. Además, es mi secreto. Bástele a usted, por ahora, conocer su función.

Mairena.— ¿Y su manejo?

Meneses.— Su manejo es más sencillo que el de una máquina de escribir. Esta especie de piano-fonógrafo tiene un teclado dividido en tres sectores: el positivo, el negativo y el hipotético. Sus fonogramas no son letras, sino palabras. La concurrencia ante la cual funciona el aparato elige, por mayoría de votos, el substantivo que, en el momento de la experiencia, considera más esencial, por ejemplo: *hombre* y su correlato lógico, biológico, emotivo, etc., por ejemplo: *mujer*. El verbo siempre en función en las tres zonas del aparato, salvo el caso de substitución por voluntad del manipulador, es el verbo objetivador, el verbo *ser*, en sus tres formas: *ser, no ser, poder ser,* o bien *es, no es, puede ser,* es decir, el verbo en sus formas positiva u ontológica, negativa o divina, e hipotética o humana. Ya contiene, pues, el aparato elementos muy esenciales para una copla: *es hombre, no es hombre, puede ser hombre, es mujer,* etc., etc. Los vocablos lógicamente rimados son *hombre* y *mujer*; los de la rima propiamente dicha: *mujer* y *(puede) ser*. Sólo el substantivo *hombre* queda huérfano de rima sonora. El manipulador elige el fonograma lógicamente más afín, entre los consonantes a *hombre*, es decir, *nombre*. Con estos ingredientes el manipulador intenta una o varias coplas, procediendo por tanteos, en colaboración con su público. Y comienza así:

Dicen (el sujeto suele ser un impersonal) *que el hombre no es hombre.*

Esta proposición esencialmente contradictoria la da mecánicamente el tránsito del substantivo *hombre* de la primera a la segunda zona del aparato. Mi artificio no es, como el de Lulio, máquina de pensar, sino de anotar experiencias vitales, anhelos, sentimientos, y sus contradicciones no pueden resolverse lógica, sino psicológicamente. Por esta vía ha de resolverla el manipulador, y con los solos elementos de que aún dispone: *nombre y mujer*. Y es ahora el substantivo *nombre* el que entra en función. El manipulador ha de colocarlo en la relación más esencial con *hombre* y *mujer*, que puede ser una de estas dos: el *nombre de un hombre* pronunciado por *una mujer*, o el *nombre de una mujer* pronunciado por *un hombre*. Tenemos ya el esquema de dos coplas posibles para expresar un sentimiento elementalísimo en una tertulia masculina: el sentimiento de la ausencia de la mujer, que nos da la razón psicológica que explica la contradicción lógica del verso inicial. El hombre no es hombre (lo es insuficientemente) para un grupo humano que define la hombría en función del sexo, bien por carencia de un nombre de mujer, el de la amada, que cada hombre puede pronunciar, bien por ausencia de mujer en cuyos labios suene el nombre de cada hombre.

Para abreviar, pongamos que el aristón nos da esta copla:

> Dicen que el hombre no es hombre
> mientras que no oye su nombre
> de labios de una mujer.
> Puede ser.

Este *puede ser* no es ripio, aditamento inútil o parte muerta de la copla. Está en la zona tercera del teclado, y el manipulador pudo omitirlo. Pero lo hace sonar, a instancias de la concurrencia, que encuentra en él la expresión de su propio sentir, tras un momento de reflexión autoinspectiva. Producida la copla, puede cantarse en coro.

*

En el prólogo a sus *Coplas mecánicas* hace Mairena el elogio del artificio de Meneses. Según Mairena, el aristón poético es un medio, entre otros, de racionalizar la lírica, sin incurrir en el barroco conceptual. La sentencia, reflexión o aforismo que sus coplas contienen van necesariamente adheridos a una emoción humana. El poeta, inventor y manipulador del artificio mecánico, es un investigador y colector de sentimientos elementales; un *folklorista*, a su manera, y un creador impasible de canciones populares, sin incurrir nunca en el *pastiche* de lo popular. Prescinde de su propio sentir, pero anota el de su prójimo y lo reconoce en sí mismo como sentir humano (cuando lo advierte objetivado en su apartado), como expresión exacta del ambiente cordial que le rodea. Su aparato no ripia ni pedantea, y aun puede ser fecundo en sorpresas, registrar fenómenos emotivos extraños. Claro está que su valor, como el de otros inventos mecánicos, es más didáctico y pedagógico que estético. La *máquina de trovar*, en suma, puede entretener a las masas e iniciarlas en la expresión de su propio sentir, mientras llegan los nuevos poetas, los cantores de una nueva sentimentalidad.

ÚLTIMAS LAMENTACIONES DE ABEL MARTÍN

(CANCIONERO APÓCRIFO)

Hoy, con la primavera,
soñé que un fino cuerpo me seguía
cual dócil sombra. Era
mi cuerpo juvenil, el que subía
de tres en tres peldaños la escalera.
—Hola, galgo de ayer. (Su luz de acuario
trocaba el hondo espejo
por agria luz sobre un rincón de osario).
—¿Tú, conmigo, rapaz?
—Contigo, viejo.
Soñé la galería
al huerto de ciprés y limonero;
tibias palomas en la piedra fría,
en el cielo de añil rojo pandero,
y en la mágica angustia de la infancia
la vigilia del ángel más austero.
La ausencia y la distancia
volví a soñar con túnicas de aurora;
firme en el arco tenso la saeta
del mañana, la vista aterradora
de la llama prendida en la espoleta
de su granada.
¡Oh Tiempo, oh Todavía
preñado de inminencias!,
tú me acompañas en la senda fría,
tejedor de esperanzas e impaciencias.

*

¡El tiempo y sus banderas desplegadas!
(¿Yo, capitán? Mas yo no voy contigo).
¡Hacia lejanas torres soleadas
el perdurable asalto por castigo!

*

Hoy, como un día, en la ancha mar violeta
hunde el sueño su pétrea escalinata,
y hace camino la infantil goleta,
y le salta el delfín de bronce y plata.
La hazaña y la aventura
cercando un corazón entelerido…
Montes de piedra dura
—eco y eco— mi voz han repetido.
¡Oh, descansar en el azul del día
como descansa el águila en el viento,
pobre la sierra fría,
segura de sus alas y su aliento!
La augusta confianza
a ti, Naturaleza, y paz te pido,
mi tregua de temor y de esperanza,
un grano de alegría, un mar de olvido…

CLXX

SIESTA

EN MEMORIA DE ABEL MARTÍN

Mientras traza su curva el pez de fuego,
junto al ciprés, bajo el supremo añil,
y vuela en blanca piedra el niño ciego,
y en el olmo la copla de marfil
de la verde cigarra late y suena,
honremos al Señor
—la negra estampa de su mano buena—
que ha dictado el silencio en el clamor.
Al Dios de la distancia y de la ausencia,
del áncora en el mar, la plena mar...
Él nos libra del mundo —omnipresencia—,
nos abre senda para caminar.
Con la copa de sombra bien colmada,
con este nunca lleno corazón,
honremos al Señor que hizo la Nada
y ha esculpido en la fe nuestra razón.

A LA MANERA DE JUAN DE MAIRENA

APUNTES PARA UNA GEOGRAFÍA EMOTIVA DE ESPAÑA

I

¡Torreperogil!
¡Quién fuera una torre, torre del campo
del Guadalquivir!

II

Sol en los montes de Baza.
Mágina y su nube negra.
En el Aznaitín afila
su cuchillo la tormenta.

III

En Garciez
hay más sed que agua;
en Jimena, más agua que sed.

IV

¡Qué bien los nombres ponía
quien puso Sierra Morena
a esta serranía!

V

En Alicún se cantaba:
«Si la luna sale,
mejor entre los olivos
que en los espartales».

VI

Y en la Sierra de Quesada;
«Vivo en pecado mortal:
no te debiera querer;
por eso te quiero más».

VII

Tiene una boca de fuego
y una cintura de azogue.
Nadie la bese.
Nadie la toque.
Cuando el látigo del viento
suena en el campo: ¡amapola!
(como llama que se apaga
o beso que no se logra)

su nombre pasa y se olvida.
Por eso nadie la nombra.
Lejos, por los espartales,
más allá de los olivos,
hacia las adelfas
y los tarayes del río,
con esta luna de la madrugada,
¡amazona gentil del campo frío…!

CLXXII

ABEL MARTÍN

LOS COMPLEMENTARIOS

CANCIONERO APÓCRIFO

RECUERDOS DE SUEÑO, FIEBRE Y DUERMEVELA

I

Esta maldita fiebre
que todo me lo enreda,
siempre diciendo: ¡claro!
Dormido estás: despierta.
¡Masón, masón!
Las torres
bailando están en rueda.
Los gorriones pían
bajo la lluvia fresca.
¡Oh, claro, claro, claro!

Dormir es cosa vieja,
y el toro de la noche
bufando está a la puerta.
A tu ventana llego
con una rosa nueva,
con una estrella roja,
y la garganta seca.
¡Oh, claro, claro, claro!
¿Velones? En Lucena.
¿Cuál de las tres? Son una
Lucía, Inés, Carmela;
y el limonero baila
con la encinilla negra.
¡Oh, claro, claro, claro!
Dormido estás. Alerta.
Mili, mili, en el viento;
glu-glu, glu-glu, en la arena.
Los tímpanos del alba,
¡qué bien repiquetean!
¡Oh, claro, claro, claro!

II

En la desnuda tierra…

III

Era la tierra desnuda,
y un frío viento, de cara,
con nieve menuda.
Me eché a caminar

por un encinar de sombra:
la sombra de un encinar.
El sol las nubes rompía
con sus trompetas de plata.
La nieve ya no caía.
La vi un momento asomar
en las torres del olvido.
Quise y no pude gritar.

IV

¡Oh, claro, claro, claro!
Ya están los centinelas
alertos. ¡Y esta fiebre
que todo me lo enreda…!
Pero a un hidalgo no
se ahorca; se degüella,
señor verdugo. ¿Duermes?
Masón, masón, despierta.
Nudillos infantiles
y voces de muñecas.

*

¡Tan-tan! ¿Quién llama, di?
—¿Se ahorca a un inocente
en esta casa?
—Aquí
se ahorca, simplemente.

*

¡Qué vozarrón! Remacha
el clavo en la madera.
Con esta fiebre... ¡Chito!
Ya hay público a la puerta.
La solución más linda
del último problema.
Vayan pasando, pasen;
que nadie quede fuera.

*

—¡Sambenitado, a un lado!
—¿Eso será por mí?
¿Soy yo el sambenitado,
señor verdugo?
—Sí.

*

¡Oh, claro, claro, claro!
Se da trato de cuerda,
que es lo infantil, y el trompo
de música resuena.
Pero la guillotina,
una mañana fresca...
Mejor el palo seco,
y su corbata hecha.
¿Guitarras? No se estilan.
Fagotes y cornetas,
y el gallo de la aurora,

si quiere. ¿La reventa
la hacen los curas? ¡Claro!
¡¡¡Sambenitón, despierta!!!

V

Con esta bendita fiebre
la luna empieza a tocar
su pandereta; y danzar
quiere, a la luna, la liebre.
De encinar en encinar
saltan la alondra y el día.
En la mañana serena
hay un latir de jauría,
que por los montes resuena.
Duerme. ¡Alegría! ¡Alegría!

VI

Junto al agua fría,
en la senda clara,
sombra dará algún día
ese arbolillo en que nadie repara.
Un fuste blanco y cuatro verdes hojas
que, por abril, le cuelga primavera,
y arrastra el viento de noviembre, rojas.
Su fruto, sólo un niño lo mordiera.
Su flor, nadie la vio. ¿Cuándo florece?
Ese arbolillo crece
no más que para el ave de una cita,
que es alma —canto y plumas— de un instante,

un pajarillo azul y petulante
que a la hora de la tarde lo visita.

VII

¡Qué fácil es volar, qué fácil es!
Todo consiste en no dejar que el suelo
se acerque a nuestros pies.
Valiente hazaña, ¡el vuelo!, ¡el vuelo!, ¡el vuelo!

VIII

¡Volar sin alas donde todo es cielo!
Anota este jocundo
pensamiento: Parar, parar el mundo
entre las puntas de los pies,
y luego darle cuerda del revés,
para verlo girar en el vacío,
coloradito y frío,
y callado —no hay música sin viento—.
¡Claro, claro! ¡Poeta y cornetín
son de tan corto aliento...!
Sólo el silencio y Dios cantan sin fin.

IX

Pero caer de cabeza,
en esta noche sin luna,
en medio de esta maleza,
junto a la negra laguna...

*

—¿Tu eres Caronte, el fúnebre barquero?
Esa barba limosa…
—¿Y tú, bergante?
—Un fúnebre aspirante
de tu negra barcaza a pasajero,
que al lago irrebogable se aproxima.
—¿Razón?
—La ignoro. Ahorcóme un peluquero.
—(Todos pierden memoria en este clima).
—¿Delito?
—No recuerdo.
—¿Ida, no más?
—¿Hay vuelta?
—Sí.
—Pues ida y vuelta, ¡claro!
—Sí, claro… y no tan claro: eso es muy caro.
Aguarda un momentín, y embarcarás.

X

¡Bajar a los infiernos como el Dante!
¡Llevar por compañero
a un poeta, con nombre de lucero!
¡Y este fulgor violeta en el diamante!
Dejad toda esperanza… Usted, primero.
¡Oh, nunca, nunca, nunca! Usted delante;

*

Palacios de mármol, jardín con cipreses,
naranjos redondos y palmas esbeltas.
Vueltas y revueltas,
eses y más eses.
«Calle del Recuerdo». Ya otra vez pasamos
por ella. «Glorieta de la Blanca Sor».
«Puerta de la luna». Por aquí ya entramos.
«Calle del Olvido». Pero ¿adónde vamos
por estas malditas andurrias, señor?
—Pronto te cansas, poeta.
—«Travesía del amor...»
¡y otra vez la «Plazoleta
del Desengaño Mayor»!...

XI

—Es ella... Triste y severa.
Di, más bien, indiferente
como figura de cera.

*

—Es ella... Mira y no mira.
—Pon el oído en su pecho
y, luego, dile: respira.

*

—No alcanzo hasta el mirador.
—Háblale.
—Si tú quisieras…
—Más alto.
—Darme esa flor.
¿No me respondes, bien mío?
¡Nada, nada!
Cuajadita con el frío
se quedó en la madrugada.

XII

¡Oh, claro, claro, claro!
Amor siempre se hiela.
¡Y en esa «Calle Larga»
con reja, reja y reja,
cien veces, platicando
con cien galanes, ella!
¡Oh, claro, claro, claro!
Amor es calle entera,
con celos, celosías,
canciones a las puertas…
Yo traigo un do de pecho
guardado en la cartera.
¿Qué te parece?
—Guarda.
Hoy cantan las estrellas,
y nada más.
—¿Nos vamos?

—Tira por esa calleja.
—Pero ¿otra vez empezamos?
«Plaza Donde Hila la Vieja».
Tiene esta plaza un relente...
¿Seguimos?
—Aguarda un poco.
Aquí vive un cura loco
por un lindo adolescente.
Y aquí pena arrepentido,
oyendo siempre tronar,
y viendo serpentear
el rayo que lo ha fundido.
«Calle de la Triste Alcuza».
—Un barrio feo. Gentuza.
¡Alto...! «Pretil del Valiente».
—Pregunta en el tres.
—¿Manola?
—Aquí. Pero duerme sola:
está de cuerpo presente.
¡Claro, claro! Y siempre clara,
la de la luna en la cara.
—¿Rezamos?
—No. Vámonos...
Si la madeja enredamos
con esa fiebre, ¡por Dios!,
ya nunca la devanamos.
... Sí, cuatro igual dos y dos.

CLXXIII

CANCIONES A GUIOMAR

I

No sabía
si era un limón amarillo
lo que tu mano tenía,
o el hilo de un claro día,
Guiomar, en dorado ovillo.
Tu boca me sonreía.
Yo pregunté: ¿Qué me ofreces?
¿Tiempo en fruto, que tu mano
eligió entre madureces
de tu huerta?
¿Tiempo vano
de una bella tarde yerta?
¿Dorada ausencia encantada?
¿Copia en el agua dormida?
¿De monte en monte encendida,
la alborada
verdadera?
¿Rompe en sus turbios espejos
amor la devanadera
de sus crepúsculos viejos?

II

En un jardín te he soñado,
alto, Guiomar, sobre el río,
jardín de un tiempo cerrado

con verjas de hierro frío.
Un ave insólita canta
en el almez, dulcemente,
junto al agua viva y santa,
toda sed y toda fuente.
En ese jardín, Guiomar,
el mutuo jardín que inventan
dos corazones al par,
se funden y complementan
nuestras horas. Los racimos
de un sueño —juntos estamos—
en limpia copa exprimimos,
y el doble cuento olvidamos.
(Uno: Mujer y varón,
aunque gacela y león,
llegan juntos a beber.
El otro: No puede ser
amor de tanta fortuna:
dos soledades en una,
ni aun de varón y mujer).

*

Por ti la mar ensaya olas y espumas,
y el iris, sobre el monte, otros colores,
y el faisán de la aurora canto y plumas,
y el búho de Minerva ojos mayores.
Por ti, ¡oh Guiomar…!

III

Tu poeta
piensa en ti. La lejanía
es de limón y violeta,
verde el campo todavía.
Conmigo vienes, Guiomar;
nos sorbe la serranía.
De encinar en encinar
se va fatigando el día.
El tren devora y devora
día y riel. La retama
pasa en sombra; se desdora
el oro de Guadarrama.
Porque una diosa y su amante
huyen juntos, jadeante,
los sigue la luna llena.
El tren se esconde y resuena
dentro de un monte gigante.
Campos yermos, cielo alto.
Tras los montes de granito
y otros montes de basalto,
ya es la mar y el infinito.
Juntos vamos; libres somos.
Aunque el Dios, como en el cuento
fiero rey, cabalgue a lomos
del mejor corcel del viento,
aunque nos jure, violento,
su venganza,
aunque ensille el pensamiento,
libre amor, nadie lo alcanza.

*

Hoy te escribo en mi celda de viajero,
a la hora de una cita imaginaria.
Rompe el iris al aire el aguacero,
y al monte su tristeza planetaria.
Sol y campanas en la vieja torre.
¡Oh tarde viva y quieta
que opuso al *panta rhei* su *nada corre*,
tarde niña que amaba tu poeta!
¡Y día adolescente
—ojos claros y músculos morenos—,
cuando pensaste a Amor, junto a la fuente,
besar tus labios y apresar tus senos!
Todo a esta luz de abril se transparenta;
todo en el hoy de ayer, el Todavía
que en sus maduras horas
el tiempo canta y cuenta,
se funde en una sola melodía,
que es un coro de tardes y de auroras.
A ti, Guiomar, esta nostalgia mía.

CLXXIV

OTRAS CANCIONES A GUIOMAR

A LA MANERA DE ABEL MARTÍN
Y DE JUAN DE MAIRENA

I

¡Sólo tu figura,
como una centella blanca,
en mi noche obscura!

*

¡Y en la tersa arena,
cerca de la mar,
tu carne rosa y morena,
súbitamente, Guiomar!

*

En el gris del muro,
cárcel y aposento,
y en un paisaje futuro
con sólo tu voz y el viento;

*

en el nácar frío
de tu zarcillo en mi boca,
Guiomar, y en el calofrío
de una amanecida loca;

*

asomada al malecón
que bate la mar de un sueño,
y bajo el arco del ceño
de mi vigilia, a traición,
¡siempre tú!
Guiomar, Guiomar,
mírame en ti castigado:
reo de haberte creado,
ya no te puedo olvidar.

II

Todo amor es fantasía;
él inventa el año, el día,
la hora y su melodía;
inventa el amante y, más,
la amada. No prueba nada,
contra el amor, que la amada
no haya existido jamás.

III

Escribiré en tu abanico:
te quiero para olvidarte,
para quererte te olvido.

IV

Te abanicarás
con un madrigal que diga:
en amor el olvido pone la sal.

V

Te pintaré solitaria
en la urna imaginaria
de un daguerrotipo viejo,
o en el fondo de un espejo,
viva y quieta,
olvidando a tu poeta.

VI

Y te enviaré mi canción:
«Se canta lo que se pierde»,
con un papagayo verde
que la diga en tu balcón.

VII

Que apenas si de amor el ascua humea
sabe el poeta que la voz engola
y, barato cantor, se pavonea
con su pesar o enluta su viola;
y que si amor da su destello, sola

la pura estrofa suena,
fuente de monte, anónima y serena.
Bajo el azul olvido, nada canta,
ni tu nombre ni el mío, el agua santa.
Sombra no tiene de su turbia escoria
limpio metal; el verso del poeta
lleva ansia de amor que lo engendrara
como lleva el diamante sin memoria
—frío diamante— el fuego del planeta
trocado en luz, en una joya clara...

VIII

Abre el rosal de la carroña horrible
su olvido en flor, y extraña mariposa,
jalde y carmín, de vuelo imprevisible,
salir se ve del fondo de una fosa.
Con el terror de víbora encelada,
junto al lagarto frío,
con el absorto sapo en la azulada
libélula que vuela sobre el río,
con los montes de plomo y de ceniza,
sobre los rubios agros
que el sol de mayo hechiza,
se ha abierto un abanico de milagros
—el ángel del poema lo ha querido—
en la mano creadora del olvido...
....

CLXXV

MUERTE DE ABEL MARTÍN

Pensando que no veía
porque Dios no le miraba,
dijo Abel cuando moría:
Se acabó lo que se daba.

J. DE MAIRENA, *Epigramas*

I

Los últimos vencejos revolean
en torno al campanario;
los niños gritan, saltan, se pelean.
En su rincón, Martín el solitario.
¡La tarde, casi noche, polvorienta,
la algazara infantil, y el vocerío,
a la par de sus doce en sus cincuenta!

*

¡Oh alma plena y espíritu vacío,
ante la turbia hoguera
con llama restallante de raíces,
fogata de frontera
que ilumina las hondas cicatrices!

*

Quien se vive se pierde, Abel decía.
¡Oh distancia, distancia!, que la estrella
que nadie toca, guía.

¿Quién navegó sin ella?
Distancia para el ojo —¡oh lueñe nave!—,
ausencia al corazón empedernido,
y bálsamo suave
con la miel del amor, sagrado olvido.
¡Oh gran saber del cero, del maduro
fruto sabor que sólo el hombre gusta,
agua de sueño, manantial oscuro,
sombra divina de la mano augusta!
Antes me llegue, si me llega, el Día,
la luz que ve, increada,
ahógame esta mala gritería,
Señor, con las esencias de tu Nada.

II

El ángel que sabía
su secreto salió a Martín al paso.
Martín le dio el dinero que tenía.
¿Piedad? Tal vez. ¿Miedo al chantaje? Acaso.
Aquella noche fría
supo Martín de soledad, pensaba
que Dios no le veía,
y en su mudo desierto caminaba.

III

Y vio la musa esquiva,
de pie junto a su lecho, la enlutada,
la dama de sus calles, fugitiva,

la imposible al amor y siempre amada.
Díjole Abel: Señora,
por ansia de tu cara descubierta,
he pensado vivir hacia la aurora
hasta sentir mi sangre casi yerta.
Hoy sé que no eres tú quien yo creía;
mas te quiero mirar y agradecerte
lo mucho que me hiciste compañía
con tu frío desdén.
Quiso la muerte
sonreír a Martín, y no sabía.

IV

Viví, dormí, soñé y hasta he creado
—pensó Martín, ya turbia la pupila—
un hombre que vigila
el sueño, algo mejor que lo soñado.
Mas si un igual destino
aguarda al soñador y al vigilante,
a quien trazó caminos,
y a quien siguió caminos, jadeante,
al fin, sólo es creación tu pura nada,
tu sombra de gigante,
el divino cegar de tu mirada.

V

Y sucedió a la angustia la fatiga,
que siente su esperar desesperado,
la sed que el agua clara no mitiga,

la amargura del tiempo envenenado.
¡Esta lira de muerte!
Abel palpaba
su cuerpo enflaquecido.
¿El que todo lo ve no le miraba?
¡Y esta pereza, sangre del olvido!
¡Oh, sálvame Señor!
Su vida entera,
su historia irremediable aparecía
escrita en blanda cera.
¿Y ha de borrarte el sol del nuevo día?
Abel tendió su mano
hacia la luz bermeja
de una caliente aurora de verano,
ya en el halcón de su morada vieja.
Ciego, pidió la luz que no veía.
Luego llevó, sereno,
el limpio vaso, hasta su boca fría,
de pura sombra —¡oh pura sombra!— lleno.

CLXXVI

OTRO CLIMA

¡Oh cámaras del tiempo y galerías
del alma, tan desnudas!,
dijo el poeta. De los claros días
pasan las sombras mudas.
Se apaga el canto de las viejas horas
cual rezo de alegrías enclaustradas;
el tiempo lleva un desfilar de auroras

con séquito de estrellas empañadas.
¿Un mundo muere? ¿Nace
un mundo? ¿En la marina
panza del globo hace
nueva nave su estela diamantina?
¿Quillas al sol la vieja flota yace?
¿Es el mundo nacido en el pecado,
el mundo del trabajo y la fatiga?
¿Un mundo nuevo para ser salvado
otra vez? ¡Otra vez! Que Dios lo diga.
Calló el poeta, el hombre solitario,
porque un aire de cielo aterecido
le amortecía el fino estradivario.
Sangrábale el oído.
Desde la cumbre vio el desierto llano
con sombras de gigantes con escudos,
y en el verde fragor del océano
torsos de esclavos jadear desnudos.
Y un nihil de fuego escrito
tras de la selva huraña,
en áspero granito,
y el rayo de un camino en la montaña...

Poesías sueltas

SOLEDADES (1899-1907)

I S

LA FUENTE

Desde la boca de un dragón caía
en la espalda desnuda
del Mármol del Dolor
—soñada en piedra contorsión ceñuda—
la carcajada fría
del agua, que a la pila descendía
con un frívolo, erótico rumor.
Caía al claro rebosar riente
de la taza, y cayendo, diluía
en la planicie muda de la fuente
la risa de sus ondas de ironía.
Del tosco mármol la arrugada frente
hasta el hercúleo pecho se abatía.
Misterio de la fuente, en ti las horas
sus redes tejen de invisible hiedra;
cautivo en ti, mil tardes soñadoras
el símbolo adoré de agua y de piedra.
Aún no comprendo el mágico sonido
del agua, ni del mármol silencioso

el cejijunto gesto contorcido
y el éxtasis convulso y doloroso.
Pero una doble eternidad presiento
que en mármol calla y en cristal murmura
alegre copla equívoca y lamento
de una infinita y bárbara tortura.
Y doquiera que me halle, en mi memoria,
—sin que mis pasos a la fuente guíe—,
el símbolo enigmático aparece…
y alegre el agua brota y salta y ríe,
y el ceño del titán se entenebrece.
Hay amores extraños en la historia,
de mi largo camino sin amores,
y el mayor es la fuente,
cuyo dolor anula mis dolores,
cuyo lánguido espejo sonriente
me desarma de brumas y rencores.
La vieja fuente adoro;
el sol la surca de alamares de oro,
la tarde la cairela de escarlata
y de arabescos fúlgidos de plata.
Sobre ella el cielo tiende
su loto azul más puro;
y cerca de ella, el amarillo esplende
del limonero entre el ramaje obscuro.
Misterio de la fuente, en ti las horas
sus redes tejen de invisible hiedra;
cautivo en ti, mil tardes soñadoras
el símbolo adoré de agua y de piedra;
el rebosar de tu marmórea taza,
el claro y loco borbollar riente
en el grave silencio de tu plaza,

y el ceño torvo del titán doliente.
Y en ti soñar y meditar querría
libre ya del rencor y la tristeza,
hasta sentir, sobre la piedra fría,
que se cubre de musgo mi cabeza.

II S

INVIERNO

Hoy la carne aterida
el rojo hogar en el rincón obscuro
busca medrosa. El huracán frenético
ruge y silba, y el árbol esquelético
se abate en el jardín y azota el muro.
Llueve. Tras el cristal de la ventana,
turbio, la tarde parda y rencorosa
se ve flotar en el paisaje yerto,
y la nube lejana
suda amarilla palidez de muerto.
El cipresal sombrío
lejos negrea, y el pinar menguado,
que se esfuma en el aire achubascado,
se borra al pie del Guadarrama frío.

III   S

CENIT

Me dijo el agua clara que reía,
bajo el sol, sobre el mármol de la fuente:
si te inquieta el enigma del presente
aprende el son de la salmodia mía.
Escucha bien en tu pensil de Oriente
mi alegre canturía,
que en los tristes jardines de Occidente
recordarás mi risa clara y fría.
Escucha bien que hoy dice mi salterio
su enigma de cristal a tu misterio
de sombra, caminante: Tu destino
será siempre vagar, ¡oh peregrino
del laberinto que tu sueño encierra!
Mi destino es reír: sobre la tierra
yo soy la eterna risa del camino.

IV   S

EL MAR TRISTE

Palpita un mar de acero de olas grises
dentro los toscos murallones roídos
del puerto viejo. Sopla el viento norte
y riza el mar. El triste mar arrulla
una ilusión amarga con sus olas grises.
El viento norte riza el mar, y el mar azota
el murallón del puerto.

Cierra la tarde el horizonte
anubarrado. Sobre el mar de acero
hay un cielo de plomo.
El rojo bergantín es un fantasma
sangriento, sobre el mar, que el mar sacude...
Lúgubre zumba el viento norte y silba triste
en la agria lira de las jarcias recias.
El rojo bergantín es un fantasma
que el viento agita y mece el mar rizado,
el tosco mar rizado de olas grises.

V S

CREPÚSCULO

Caminé hacia la tarde de verano
para quemar, tras el azul del monte,
la mirra amarga de un amor lejano
en el ancho flamígero horizonte.
Roja nostalgia el corazón sentía,
sueños bermejos, que en el alma brotan
de lo inmenso inconsciente,
cual de región caótica y sombría
donde ígneos astros, como nubes, flotan,
informes, en un cielo lactescente.
Caminé hacia el crepúsculo glorioso,
congoja del estío, evocadora
del infinito ritmo misterioso
de olvidada locura triunfadora.
De locura adormida, la primera
que al alma llega y que del alma huye,

y la sola que torna en su carrera
si la agria ola del ayer refluye.
La soledad, la musa que el misterio
revela al alma en sílabas preciosas
cual notas de recóndito salterio,
los primeros fantasmas de la mente
me devolvió, a la hora en que pudiera,
caída sobre la ávida pradera
o sobre el seco matorral salvaje,
un ascua del crepúsculo fulgente,
tornar en humo el árido paisaje.
Y la inmensa teoría
de gestos victoriosos
de la tarde rompía
los cárdenos nublados congojosos.
Y muda caminaba,
en polvo y sol envuelta, sobre el llano,
y en confuso tropel, mientras quemaba
sus inciensos de púrpura el verano.

VI   S

OTOÑO

El cárdeno otoño
no tiene leyendas
para mí. Los salmos
de las frondas muertas,
jamás he escuchado,

que el viento se lleva.
Yo no sé los salmos
de las hojas secas,
sino el sueño verde
de la amarga tierra.

VII   S

Dime, ilusión alegre,
¿dónde dejaste tu ilusión hermana,
la niña de ojos trémulos
cual roto sol en una alberca helada?
Era más rubia que los rubios linos.
Era más blanca que las rosas blancas.
Una mañana tibia sonríe
en su carne nevada
dulce a los besos suaves.
Liviano son de cítaras lejanas,
triste como el suspiro de los bosques
cuando en la tarde fría el viento pasa,
hubo en su voz. Y luz en flor y sombra
de oro en sus cejas tímidas brillaba.
Yo la amé como a un sueño
de lirio en lontananza;
en las vísperas lentas, cuando suenan
más dulces las campanas,
y blancas nubes su vellón esparcen
sobre la espuma azul de la montaña.

VIII S

Siempre que sale el alma de la obscura
galería de un sueño de congoja,
sobre un campo de luz tiende la vista
que un frío sol colora.
Surge el hastío de la luz; las vagas,
confusas, turbias formas
que poblaban el aire, se disipan,
ídolos del poeta, nebulosas
amadas de las vísperas carmíneas
que un sueño engendra y un oriente borra.
Y a martillar de nuevo el agrio hierro
se apresta el alma en las ingratas horas
de inútil laborar, mientras sacude
lejos la negra ola
de misteriosa marcha,
su penacho de espuma silenciosa...
¡Criaderos de oro lleva
en su vientre de sombra...!

IX S

PRELUDIO

El pífano de abril sonó en mi oído
lento, muy lento y sibilante y suave...
De la campana resonó el tañido
como un suspiro seco y sordo y grave.
El pífano de abril lento decía:
Tu corazón verdece,

tu sueño está ya en flor. Y el son plañía
de la campana: Hoy a la sombra crece
de tu sueño también, la flor sombría.

X   S

LA TARDE EN EL JARDÍN

(FRAGMENTO)

Era una tarde de un jardín umbrío,
donde blancas palomas arrullaban
un sueño inerte, en el ramaje frío.
Las fuentes melancólicas cantaban.
El agua un tenue sollozar riente
en las alegres gárgolas ponía
y por estrecho surco, a un son doliente,
entre verdes evónimos corría.
Era un rincón de olvido y sombra y rosas
frescas y blancas entre lirios. Era
donde pulsa en las liras olorosas
recónditas rapsodias Primavera,
y más lejos se ve que el sol esplende
oculto tras la tapia ennegrecida,
que el aire sueña, donde el campo tiende
su muda, alegre soledad florida.
¡Noble jardín, pensé, verde salterio
que eternizas el alma de la tarde,
y llevas en tu sombra de misterio
estrecho ritmo al corazón cobarde
y húmedo aroma al alma!, en tus veredas

silenciosas, mil sueños resucitan
de un ayer, y en tus anchas alamedas
claras, los serios mármoles meditan
inmóviles secretos verticales,
más graves que el silencio de tus plazas,
donde sangran amores los rosales
y el agua duerme en las marmóreas tazas.
Secretos viejos del fantasma hermano
que a la risa del campo, el alto muro
dictó y la amarga simetría al llano
donde hoy se yergue el cipresal obscuro,
el sauce llora y el laurel cimbrea,
el claror de los álamos desmaya
en el ambiente atónito y verdea
en el estanque el esplendor del haya.
Cantar tu paz en sombra, parque, el sueño
de tus fuentes de mármol, el murmullo
de tus cantoras gárgolas risueño,
de tus blancas palomas el arrullo,
fuera el salmo cantar de los dolores
que mi orgulloso corazón encierra:
otros dolores buscan otras flores,
otro amor, otro parque en otra tierra.

*

Abandoné el jardín, sueño y aroma,
bajo la paz del tibio azul celeste.
Orlaba lejos de oro el sol la loma;
el retamar daba su olor agreste.
Corva la luna, blanca y soñolienta,

sobre la clara estrella solitaria,
iba trazando en el azul la lenta
ingrávida mitad de su plegaria.

XI   S

NOCTURNO

A Juan Ramón Jiménez
...
berce sur l'azur qu'un vent doux effleure
l'arbre qui frissonne et l'oiseau qui pleure.

VERLAINE

Sobre el campo de Abril la noche ardía
de gema en gema en el azul... El viento
un doble acorde en su laúd tañía
de tierra en flor y sideral lamento.
....
Era un árbol sonoro en la llanura,
dulce cantor del campo silencioso,
que guardaba un silencio de amargura
ahogado en el ramaje tembloroso.
Era un árbol cantor, negro y de plata
bajo el misterio de la luna bella,
vibrante de una oculta serenata,
como el salmo escondido de una estrella.
Y era el beso del viento susurrante,
y era la brisa que las ramas besa,
y era el agudo suspirar silbante

del mirlo oculto entre la fronda espesa.
Mi corazón también cantara el almo
salmo de Abril bajo la luna clara,
y del árbol cantor el dulce salmo
en un temblor de lágrimas copiara
—que hay en el alma un sollozar de oro
que dice grave en el silencio el alma,
como un silbante suspirar sonoro
dice el árbol cantor la noche en calma—
si no tuviese mi alma un ritmo estrecho
para cantar de Abril la paz en llanto,
y no sintiera el salmo de mi pecho
saltar con eco de cristal y espanto.

XII   S

NEVERMORE

¡Amarga primavera!
¡Amarga luz a mi rincón obscuro!
Tras la cortina de mi alcoba, espera
la clara tarde bajo el cielo puro.
En el silencio turbio de mi espejo
miro, en la risa de mi ajuar ya viejo,
la grotesca ilusión. Y del lejano
jardín escucho un sollozar riente:
trémula voz del agua que borbota
alegre de la gárgola en la fuente,
entre verdes evónimos ignota.
Rápida silba, en el azul ingrave,
tras de la tenue gasa,

si obscura banda, en leve sombra suave,
de golondrinas pasa.
Lejos miente otra fiesta el campanario,
tañe el bronce de luz en el misterio,
y hay más allá un plañido solitario,
cual nota de recóndito salterio.
¡Salmodias de Abril, música breve,
sibilación escrita
en el silencio de cien mares; leve
aura de ayer que túnicas agita!
¡Espíritu de ayer!, ¡sombra velada,
que prometes tu lecho hospitalario
en la tarde que espera luminosa!
¡fugitiva sandalia arrebatada,
tenue, bajo la túnica de rosa!

*

¡Fiesta de Abril que al corazón esconde
amargo pasto, la campana tañe...!
¡Fiesta de Abril...! Y el eco le responde
un nunca más, que dolorido plañe.
Tarde vieja en el alma y virgen: miente
el agua de tu gárgola riente,
la fiesta de tus bronces de alegría;
que en el silencio turbio de mi espejo
ríe, en mi ajuar ya viejo,
la grotesca ilusión. Lejana y fría
sombra talar, en el Abril de Ocaso
tu doble vuelo siento
fugitivo, y el paso
de tu sandalia equívoca en el viento.

XIII   S

LA MUERTE

Aquel juglar burlesco
que, a son de cascabeles, me mostraba
el amargo retablo de la vida,
hoy cambió su botarga
por un traje de luto y me pregona
el sueño alegre de una alegre farsa.
Dije al juglar burlesco:
queda con Dios y tu retablo guarda.
Mas quisiera escuchar tus cascabeles
la última vez y el gesto de tu cara
guardar en la memoria, por si acaso
te vuelvo a ver, ¡canalla…!

XIV   S

AL LIBRO *NINFEAS*, DEL POETA JUAN RAMÓN JIMÉNEZ

Un libro de amores,
de flores
fragantes y bellas,
de historias de lirios que amasen estrellas;
un libro de rosas tempranas
y espumas
de mágicos lagos en tristes jardines,
y enfermos jazmines,
y brumas lejanas

de montes azules…
Un libro de olvido divino
que dice fragancia del alma, fragancia
que puede curar la amargura que da la distancia,
que sólo es el alma la flor del camino.
Un libro que dice la blanca quimera
de la Primavera,
de gemas y rosas ceñidas,
en una lejana, brumosa pradera
perdida…

París, junio de 1901

XV S

EL POETA RECUERDA A UNA MUJER
DESDE UN PUENTE DEL GUADALQUIVIR

Sobre la clara estrella del ocaso
como un alfanje, plateada, brilla
la luna en el crepúsculo de rosa
y en el fondo del agua ensombrecida.
El río lleva un rumoroso acento
de sombra cristalina
bajo el puente de piedra. ¡Lento río
que me cantas su nombre, el alma mía
quiere arrojar a tu corriente pura
la ramita más tierna y más florida
que encienda la primavera
en los verdes almendros de tu orilla!
Quiero verla caer, seguir, perderse
sobre tus ondas limpias.

Y he de llorar… Mi corazón contigo
flotará en tus rizadas lejanías.
¡Oh, tarde como aquélla, y río lento
de sombra cristalina…!
Sobre la clara estrella del ocaso
la argéntea luna brilla.

XVI   S

Y ESTAS PALABRAS INCONEXAS

¡Oh, sola gracia de la amarga tierra,
rosal de aroma, fuente del camino!
Auras… ¡Amor! Bien haya primavera;
bien haya abril florido,
y el solo amado enjambre de mis sueños,
que labra miel al corazón sombrío…

XVII   S

Y en una triste noche me aguijaba
la pavorosa espuela de mis pasos…
Sentirse caminar sobre la tierra
cosa es que lleva al corazón espanto.
Y es que la tierra ha muerto… Está en la luna
el alma de la tierra,
y en los luceros claros.

XVIII S

ARTE POÉTICA

Y en toda el alma hay una sola fiesta,
tú lo sabrás, Amor, sombra florida,
sueño de aroma, y luego… nada; andrajos,
rencor, filosofía.
Roto en tu espejo tu mejor idilio,
y vuelto ya de espaldas a la vida,
ha de ser tu oración de la mañana:
¡Oh, para ser ahorcado, hermoso día!

XIX S

LUZ

A don Miguel de Unamuno,
en prueba de mi admiración y de mi gratitud

¿Será tu corazón un harpa al viento,
que tañe el viento…? Sopla el odio y suena
tu corazón; sopla tu corazón y vibra…
¡Lástima de tu corazón, poeta!
¿Serás acaso un histrión, un mimo
de mojigangas huecas?
¿No borrarán el tizne de tu cara
lágrimas verdaderas?
¿No estallará tu corazón de risa,
pobre juglar de lágrimas ajenas?
Mas no es verdad… Yo he visto

una figura extraña,
que vestida de luto, ¡y cuán grotesca!,
vino un día a mi casa.
«De tizne y albayalde hay en mi rostro
cuanto conviene a una doliente farsa;
yo te daré la gloria del poeta,
me dijo, a cambio de una sola lágrima».
Y otro día volvió a pedirme risa
que poner en sus hueras carcajadas…
«Hay almas que hacen un bufón sombrío
de su histrión de alegres mojigangas.
Pero, en tu alma de verdad, poeta,
sean puro cristal risas y lágrimas;
sea tu corazón arca de amores,
vaso florido, sombra perfumada».

XX   S

GALERÍAS

Yo he visto mi alma en sueños…
En el etéreo espacio
donde los mundos giran,
un astro loco, un raudo
cometa con los rojos
cabellos incendiados…
Yo he visto mi alma en sueños,
cual río plateado,
de rizas ondas lentas
que fluyen dormitando…
Yo he visto mi alma en sueños,

como un estrecho y largo
corredor tenebroso,
de fondo iluminado…
Acaso mi alma tenga
risueña luz de campo,
y sus aromas lleguen
de allá, del fondo claro…
Yo he visto mi alma en sueños…
Era un desierto llano
y un árbol seco y roto
hacia el camino blanco.

XXI   S

SOLEDADES

I

O que yo pueda asesinar un día
en mi alma, al despertar, esa persona
que me hizo el mundo mientras yo dormía.

II

O que el amor me lleve
donde llorar yo pueda…
Y lejos de mi orgullo
y a solas con mi pena.

III

Y si me da el amor fuego y aroma
para quemar el alma,
¿no apagará la hoguera el agrio zumo
que el vaso turbio de mi sueño guarda?

IV

Vuela, vuela, a la tarde
y exprime el agrio jugo
del corazón, poeta,
y arroja al aire en sombra el vaso turbio…

V

Tu alma será una hoguera
en el azul invierno aterecido
para aguardar la amada primavera.

XXI bis   S

¿Cuál es el peor de todos
los afanes? Preguntar.
¿Y el mejor? —Hacer camino
sin volver la vista atrás.
¿Vivir? Sencillamente:
la sed y el agua cerca…
o el agua lejos, más, la sed y el agua,
un poco de cansancio y a beberla.

El alma melancólica…
la doncellita fea,
que guarda en cofre humilde
el limpio ajuar de fiesta
para llorar un día
sobre la mustia seda.
Taller de telarañas,
rincón de la pobreza,
bostezo irremediable
del corazón. ¡Miseria!
No preguntes, peregrino,
dónde las dichas están.
Hambre y sed te dé el camino;
lecho el mesón, agua y pan.

XXII S

A JUAN RAMÓN JIMÉNEZ

LOS JARDINES DEL POETA

El poeta es jardinero. En sus jardines
corre sutil la brisa
con livianos acordes de violines,
llanto de ruiseñores,
ecos de voz lejana y clara risa
de jóvenes amantes habladores.
Y otros jardines tiene. Allí la fuente
le dice: Te conozco y te esperaba.
Y él, al verse en la onda transparente:
¡Apenas soy aquel que ayer soñaba!

Y otros jardines tiene. Los jazmines
añoran ya verbenas del estío,
y son liras de aroma estos jardines,
dulces liras que tañe el viento frío.
Y van pasando solitarias horas,
y ya las fuentes, a la luna llena,
suspiran en los mármoles, cantoras,
y en todo el aire sólo el agua suena.

XXIII   S

SONETOS

I

Y nunca más la tierra de ceniza
a pisar volveré, que Duero abraza.
¡Oh, loma de Santana, ancha y maciza;
placeta del Mirón; desierta plaza!
Con el sol de la tarde en mis balcones
nunca os veré! No me pidáis presencia;
las almas huyen para dar canciones:
alma es distancia y horizonte: ausencia.
Mas quien escuche el agria melodía
con que divierto el corazón viajero
por estos campos de la tierra mía,
ya sabe manantial, cauce y reguero
del agua santa de la huerta mía.
¡No todas vais al mar, aguas del Duero!

Córdoba, 1913, copiado en 1924

Y nunca más la tierra de ceniza
he de volver a ver, que el Duero abraza.
¡Oh loma de Santana, ancha y maciza;
placeta del Mirón!, ¡desierta plaza
con el sol de la tarde en mis balcones,
nunca os veré! No me pidáis presencia;
las almas huyen para dar canciones:
alma es distancia y horizonte: ausencia.
Mas quien escuche agria melodía
con que divierto el corazón viajero
por estos campos de mi Andalucía,
ya sabe manantial, cauce y reguero
del agua clara de mi huerta umbría.
No todas vais al mar, aguas del Duero.

A. M. Córdoba, 1913, copiado en 1924

II

¿En dónde, sobre piedra aborrascada,
vieja ciudad de pardo caserío
te he visto, y entre montes empinada?
Al fondo de un barranco suena un río.
Vieja ciudad, la luna amoratada
asoma, enorme, en el azul vacío
sobre tu fortaleza torreada.
¡Oh ruina familiar de un sueño mío!
Mas esos claros chopos de ribera
—¡cual vence una sonrisa un duro ceño!—
me tornan a un jardín de primavera,

goces del sueño, al verdear risueño.
¡Rosa carmín y blanca arrebolera
también salís del fondo de mi sueño!

                              1907, copiado en 1924

                    XXIV S

                  CANTARES

                        I

    Señor, me cansa la vida,
    tengo la garganta ronca
    de gritar sobre los mares,
    la voz de la mar me asorda.
    Señor, me cansa la vida
    y el universo me ahoga.
    Señor, me dejaste solo,
    solo, con el mar a solas.

                        II

    O tú y yo jugando estamos
    al escondite, Señor,
    o la voz con que te llamo
    es tu voz.

III

Por todas partes te busco
sin encontrarte jamás,
y en todas partes te encuentro
sólo por irte a buscar.

CAMPOS DE CASTILLA (1907-1917)

XXV S

LA TIERRA DE ALVARGONZÁLEZ

(CUENTO-LEYENDA)

Una mañana de los primeros días de octubre decidí visitar la fuente del Duero y tomé en Soria el coche de Burgos que había de llevarme hasta Cidones. Me acomodé en la delantera del mayoral y entre dos viajeros: un indiano que tornaba de Méjico a su aldea natal, escondida en tierra de pinares, y un viajero campesino que venía de Barcelona donde embarcara a dos de sus hijos para el Plata. No cruzaréis la alta estepa de Castilla sin encontrar gentes que os hablen de Ultramar.

Tomamos la ancha carretera de Burgos, dejando a nuestra izquierda el camino de Osma, bordeado de chopos que el otoño comenzaba a dorar. Soria quedaba a nuestra espalda entre grises colinas y cerros pelados. Soria, mística y guerrera, guardaba antaño la puerta de Castilla, como una barbacana hacia los reinos moros que cruzó el Cid en su destierro. El Duero, en torno a Soria, forma una curva de ballesta. Nosotros llevábamos la dirección del venablo.

El indiano me hablaba de Veracruz, mas yo escuchaba al campesino que discutía con el mayoral sobre un crimen reciente. En los pinares de Duruelo, una joven vaquera había aparecido cosida a puñaladas y violada después de muerta. El campesino acusaba a un rico ganadero de Valdeavellano, preso por indicios en la cárcel de Soria, como autor indudable de tan bárbara fechoría, y desconfiaba de la justicia porque la víctima era pobre. En las pequeñas ciudades, las gentes se apasionan del juego y de la política, como en las grandes, del arte y de la pornografía —ocios de mercaderes—, pero en los campos sólo interesan las labores que reclaman la tierra y los crímenes de los hombres.

—¿Va usted muy lejos? —pregunté al campesino.

—A Covaleda, señor —me respondió—. ¿Y usted?

—El mismo camino llevo, porque pienso subir a Urbión y tomaré el valle del Duero. A la vuelta bajaré a Vinuesa por el puerto de Santa Inés.

—Mal tiempo para subir a Urbión. Dios le libre de una tormenta en aquella sierra.

Llegados a Cidones, nos apeamos el campesino y yo, despidiéndonos del indiano, que continuaba su viaje en la diligencia hasta San Leonardo, y emprendimos en sendas caballerías el camino de Vinuesa.

Siempre que trato con hombres del campo, pienso en lo mucho que ellos saben y nosotros ignoramos, y en lo poco que a ellos importa conocer cuanto nosotros sabemos.

El campesino cabalgaba delante de mí, silencioso. El hombre de aquellas tierras, serio y taciturno, habla cuando se le interroga, y es sobrio en la respuesta. Cuando la pregunta es tal que pudiera excusarse, apenas se digna contestar. Sólo se extiende en advertencias inútiles sobre las cosas que conoce bien, o cuando narra historias de la tierra.

Volví los ojos al pueblecillo que dejábamos a nuestra espalda. La iglesia, con su alto campanario coronado por un hermoso nido de cigüeñas, descuella sobre una cuantas casuchas de tierra. Hacia el camino real destácase la casa de un indiano, contrastando con el sórdido caserío. Es un hotelito moderno y mundano, rodeado de jardín y verja. Frente al pueblo se extiende una calva serrezuela de rocas grises, surcadas de grietas rojizas.

Después de cabalgar dos horas, llegamos a la Muedra, una aldea a medio camino entre Cidones y Vinuesa, y a pocos pasos cruzamos un puente de madera sobre el Duero.

—Por aquel sendero —me dijo el campesino, señalando a su diestra— se va a las tierras de Alvargonzález; campos malditos hoy; los mejores, antaño, de esta comarca.

—¿Alvargonzález es el nombre de su dueño? —le pregunté.

—Alvargonzález —me respondió— fue un rico labrador; mas nadie lleva ese nombre por estos contornos. La aldea donde vivió se llama como él se llamaba: Alvargonzález, y tierras de Alvargonzález a los páramos que la rodean. Tomando esa vereda llegaríamos allá antes que a Vinuesa por este camino. Los lobos, en invierno, cuando el hambre les echa de los bosques, cruzan esa aldea y se les oye aullar al pasar por las majadas que fueron de Alvargonzález, hoy vacías y arruinadas.

Siendo niño, oí contar a un pastor la historia de Alvargonzález, y sé que anda escrita en papeles y que los ciegos la cantan por tierras de Berlanga.

Roguéle que me narrase aquella historia, y el campesino comenzó así su relato:

Siendo Alvargonzález mozo, heredó de sus padres rica hacienda. Tenía casa con huerta y colmenar, dos prados de fina hierba, campos de trigo y de centeno, un trozo de encinar no lejos de la aldea, algunas yuntas para el arado, cien ovejas, un mastín y muchos lebreles de caza.

Prendóse de una linda moza en tierras del Burgo, no lejos de Berlanga, y al año de conocerla la tomó por mujer. Era Polonia, de tres hermanas, la mayor y la más hermosa, hija de labradores que llaman los Peribáñez, ricos en otros tiempos, entonces dueños de menguada fortuna.

Famosas fueron las bodas que se hicieron en el pueblo de la novia y las tornabodas que celebró en su aldea Alvargonzález. Hubo vihuelas, rabeles, flautas y tamboriles, danza aragonesa y fuego al uso valenciano. De la comarca que riega el Duero, desde Urbión donde nace, hasta que se aleja por tierras de Burgos, se habla de las bodas de Alvargonzález, y se recuerdan las fiestas de aquellos días, porque el pueblo no olvida nunca lo que brilla y truena.

Vivió feliz Alvargonzález con el amor de su esposa y el medro de sus tierras y ganados. Tres hijos tuvo, y, ya crecidos, puso el mayor a cuidar huerta y abejar, otro al ganado, y mandó al menor a estudiar en Osma, porque lo destinaba a la Iglesia.

Mucha sangre de Caín tiene la gente labradora. La envidia armó pelea en el hogar de Alvargonzález. Casáronse los mayores, y el buen padre tuvo nueras que, antes de darle nietos, le trajeron cizaña. Malas hembras y tan codiciosas para sus casas que sólo pensaban en la herencia que les cabría a la muerte de Alvargonzález, y por ansia de lo que esperaban no gozaban lo que tenían.

El menor, a quien los padres pusieron en el seminario, prefería las lindas mozas a rezos y latines, y colgó un día la sotana, dispuesto a no vestirse más por la cabeza. Declaró que estaba dispuesto a embarcarse para las Américas. Soñaba con correr tierras y pasar los mares, y ver el mundo entero.

Mucho lloró la madre. Alvargonzález vendió el encinar, y dio a su hijo cuanto había de heredar.

—Toma lo tuyo, hijo mío, y que Dios te acompañe. Sigue tu idea y sabe que mientras tu padre viva, pan y techo tienes en esta casa; pero, a mi muerte, todo será de tus hermanos.

Ya tenía Alvargonzález la frente arrugada, y por la barba le plateaba el bozo de la cara azul de la cara. Eran sus hombros todavía robustos y erguida la cabeza, que sólo blanqueaba en las sienes.

Una mañana de otoño salió solo de su casa; no iba como otras veces, entre sus finos galgos, terciada a la espalda la escopeta. No llevaba arreo de cazador ni pensaba en cazar. Largo camino anduvo bajo los álamos amarillos de la ribera, cruzó el encinar y, junto a una fuente que un olmo gigantesco sombreaba, detúvose fatigado. Enjugó el sudor de su frente, bebió algunos sorbos de agua y acostóse en la tierra.

Y a solas hablaba con Dios Alvargonzález diciendo: «Dios, mi señor, que colmaste las tierras que labran mis manos, a quien debo pan en mi mesa, mujer en mi lecho y por quien crecieron robustos los hijos que engendré, por quien mis majadas rebosan de blancas merinas y se cargan de fruto los árboles de mi huerto y tienen miel las colmenas de mi abejar; sabe, Dios mío, que sé cuánto me has dado, antes que me lo quites».

Se fue quedando dormido mientras así rezaba, porque la sombra de las ramas y el agua que brotaba la piedra parecían decirle: Duerme y descansa.

Y durmió Alvargonzález, pero su ánimo no había de reposar porque los sueños aborrascan el dormir del hombre.

Y Alvargonzález soñó que una voz le hablaba, y veía como Jacob una escala de luz que iba del cielo a la tierra. Sería tal vez la franja del sol que filtraban las ramas del olmo.

Difícil es interpretar los sueños que desatan el haz de nuestros propósitos para mezclarlos con recuerdos y temores. Muchos creen adivinar lo que ha de venir estudiando los sueños. Casi siempre yerran, pero alguna vez aciertan. En los sueños malos, que apesadumbran el corazón del durmiente, no es difícil acertar. Son estos sueños memorias de lo pasado, que teje y confunde la mano torpe y temblorosa de un personaje invisible: el miedo.

Soñaba Alvargonzález en su niñez. La alegre fogata del hogar, bajo la ancha y negra campana de la cocina, y en torno al fuego, sus padres y sus hermanos. Las nudosas manos del viejo acariciaban la rubia candela. La madre pasaba las cuentas de un negro rosario. En la pared ahumada, colgaba el hacha reluciente, con que el viejo hacía leña de las ramas de roble.

Seguía soñando Alvargonzález, y era en sus mejores días de mozo. Una tarde de verano y un prado verde tras de los muros de una huerta. A la sombra, y sobre la hierba, cuando el sol caía, tiñendo de luz anaranjada las copas de los castaños, Alvargonzález levantaba el odre de cuero y el vino rojo caía en su boca, refrescándole la seca garganta. En torno suyo estaba la familia de Peribáñez: los padres y las tres lindas hermanas. De las ramas de la huerta y de la hierba del prado se elevaba una armonía de oro y cristal, como si las estrellas cantasen en la tierra antes de aparecer dispersas en el cielo silencioso. Caía la tarde y sobre el pinar oscuro aparecía, dorada y jadeante, la luna llena, hermosa luna del amor, sobre el campo tranquilo.

Como si las hadas que hilan y tejen los sueños hubiesen puesto en sus ruecas un mechón de negra lana, ensombrecióse el soñar de Alvargonzález, y una puerta dorada abrióse lastimando el corazón del durmiente.

Y apareció un hueco sombrío y al fondo, por tenue claridad iluminada, el hogar desierto y sin leña. En la pared colgaba de una escarpia el hacha bruñida y reluciente.

El sueño abrióse al claro día. Tres niños juegan a la puerta de la casa. La mujer vigila, cose, y a ratos sonríe. Entre los mayores brinca un cuervo negro y lustroso de ojo acerado.

—Hijos, ¿qué hacéis? —les pregunta.

Los niños se miran y callan.

—Subid al monte, hijos míos, y, antes que caiga la noche, traedme un brazado de leña.

Los tres niños se alejan. El menor, que ha quedado atrás, vuelve la cara y su madre lo llama. El niño vuelve hacia la casa y los hermanos siguen su camino hacia el encinar.

Y es otra vez el hogar, el hogar apagado y desierto, y en el muro colgaba el hacha reluciente.

Los mayores de Alvargonzález vuelven del monte con la tarde, cargados de estepas. La madre enciende el candil y el mayor arroja astillas y jaras sobre el tronco de roble, y quiere hacer el fuego en el hogar, cruje la leña y los tueros, apenas encendidos, se apagan. No brota la llama en el lar de Alvargonzález. A la luz del candil brilla el hacha en el muro, y esta vez parece que gotea sangre.

—Padre, la hoguera no prende; está la leña mojada.

Acude el segundo y también se afana por hacer lumbre. Pero el fuego no quiere brotar.

El más pequeño echa sobre el hogar un puñado de estepas, y una roja llama alumbra la cocina. La madre sonríe, y Alvargonzález coge en brazos al niño y lo sienta en sus rodillas, a la diestra del fuego.

—Aunque último has nacido, tú eres el primero en mi corazón y el mejor de mi casta; porque tus manos hacen el fuego.

Los hermanos, pálidos como la muerte, se alejan por los rincones del sueño. En la diestra del mayor brilla el hacha de hierro.

Junto a la fuente dormía Alvargonzález, cuando el primer lucero brillaba en el azul, y una enorme luna teñida de púrpura se asomaba al campo ensombrecido. El agua que brotaba de la piedra parecía relatar una historia vieja y triste: la historia del crimen en el campo.

Los hijos de Alvargonzález caminaban silenciosos, y vieron al padre dormido junto a la fuente. Las sombras que alargaban la tarde llegaron al durmiente antes que los asesinos. La frente de Alvargonzález tenía un tachón sombrío entre las cejas, como la huella de una segur sobre el tronco de un roble. Soñaba Alvargonzález que sus hijos venían a matarle, y al abrir los ojos vio que era cierto lo que soñaba.

Mala muerte dieron al labrador, los malos hijos, a la vera de la fuente. Un hachazo en el cuello y cuatro puñaladas en el pecho pusieron fin al sueño de Alvargonzález. El hacha que tenían de sus abuelos y que tanta leña cortó para el hogar tajó el robusto cuello que los años no habían doblado todavía, y el cuchillo con que el buen padre cortaba el pan moreno que repartía a los suyos en torno a la mesa, hendido había el más noble corazón de aquella tierra. Porque Alvargonzález era bueno para su casa, pero era también mucha su caridad en la casa del pobre. Como padre habían de llorarle cuantos alguna vez llamaron a su puerta, o alguna vez le vieron en los umbrales de las suyas.

Los hijos de Alvargonzález no saben lo que han hecho. Al padre muerto arrastran hacia un barranco, por donde corre un río que busca al Duero. Es un valle sombrío lleno de helechos, hayedos y pinares.

Y lo llevan a la Laguna Negra, que no tiene fondo, y allí lo arrojan con una piedra atada a los pies. La laguna está rodeada de una muralla gigantesca de rocas grises y verdosas, donde anidan las águilas y los buitres. Las gentes de la sierra en aquellos tiempos no osaban acercarse a la laguna ni aun en los días claros. Los viajeros que, como usted, visitan hoy estos lugares, han hecho que se les pierda el miedo.

Los hijos de Alvargonzález tornaban por el valle, entre los pinos gigantescos y las hayas decrépitas. No oían el agua que sonaba en el fondo del barranco. Dos lobos asomaron, al verles pasar. Los lobos huyeron espantados. Fueron a cruzar el río, y el río tomó por otro cauce, y en seco lo pasaron. Caminaban por el bosque para tornar a su aldea con la noche cerrada, y los pinos, las rocas y los helechos por todas partes les dejaban vereda como si huyeran de los asesinos. Pasaron otra vez junto a la fuente, y la fuente, que contaba su vieja historia, calló mientras pasaban, y aguardó a que se alejasen para seguir contándola.

Así heredaron los malos hijos la hacienda del buen labrador que una mañana de otoño salió de su casa, y no volvió ni podía volver. Al otro día se encontró su manta cerca de la fuente y un reguero de sangre camino del barranco. Nadie osó acusar del crimen a los hijos de Alvargonzález, porque el hombre del campo teme al poderoso, y nadie se atrevió a sondar la laguna, porque hubiera sido inútil. La laguna jamás devuelve lo que se traga. Un buhonero que erraba por aquellas tierras fue preso y ahorcado en Soria, a los dos meses, porque los hijos de Alvargonzález le entregaron a la justicia, y con testigos pagados lograron perderle.

La maldad de los hombres es como la Laguna Negra, que no tiene fondo.

La madre murió a los pocos meses. Los que la vieron muerta una mañana dicen que tenía cubierto el rostro entre las manos frías y agarrotadas.

*

El sol de primavera iluminaba el campo verde, y las cigüeñas sacaban a volar a sus hijuelos en el azul de los primeros días de mayo. Crotoraban las codornices entre los trigos jóvenes; verdeaban los álamos del camino y de las riberas, y los ciruelos del huerto se llenaban de blancas flores. Sonreían las tierras de Alvargonzález a sus nuevos amos, y prometían cuanto habían rendido al viejo labrador.

Fue un año de abundancia en aquellos campos. Los hijos de Alvargonzález comenzaron a descargarse del peso de su crimen, porque a los malvados muerde la culpa cuando temen el castigo de Dios o de los hombres; pero, si la fortuna ayuda y huye el temor, comen su pan alegremente, como si estuviera bendito.

Mas la codicia tiene garras para coger, pero no tiene manos para labrar. Cuando llegó el verano siguiente, la tierra, empobrecida, parecía fruncir el ceño a sus señores. Entre los trigos había más amapolas y hierbajos que rubias espigas. Heladas tardías habían matado en flor los frutos de la huerta. Las ovejas morían por docenas porque una vieja, a quien se tenía por bruja, les hizo mala hechicería. Y, si un año era malo, otro peor le seguía. Aquellos campos estaban malditos, y los Alvargonzález venían tan a menos, como iban a más querellas y enconos entre las mujeres. Cada uno de los hermanos tuvo dos hijos que no pudieron lograrse, porque el odio había envenenado la leche de las madres.

Una noche de invierno, ambos hermanos y sus mujeres rodeaban el hogar donde ardía un fuego mezquino que se iba extinguiendo poco a poco. No tenían leña, ni podían buscarla a aquellas horas. Un viento helado penetraba por las rendijas del postigo, y se le oía bramar en la chimenea. Fuera, caía la nieve en torbellinos. Todos miraban silenciosos las ascuas mortecinas, cuando llamaron a la puerta.

—¿Quién será a estas horas? —dijo el mayor—. Abre tú.

Todos permanecieron inmóviles sin atreverse a abrir. Sonó otro golpe en la puerta y una voz que decía:

—Abrid, hermanos.

—¡Es Miguel! Abrámosle.

Cuando abrieron la puerta, cubierto de nieve y embozado en un largo capote, entró Miguel, el menor de Alvargonzález, que volvía de las Indias.

Abrazó a sus hermanos, y se sentó con ellos cerca del hogar. Todos quedaron silenciosos. Miguel tenía los ojos llenos de lágrimas, y nadie le miraba frente a frente. Miguel, que abandonó su casa siendo niño, tornaba hombre y rico. Sabía las desgracias de su hogar, mas no sospechaba de sus hermanos. Era su porte, caballero. La tez morena, algo quemada, y el rostro enjuto, porque las tierras de Ultramar dejan siempre huella, pero en la mirada de sus grandes ojos brillaba la juventud. Sobre la frente, ancha y tersa, su cabello castaño caía en finos bucles. Era el más bello de los tres hermanos, porque al mayor le afeaba el rostro lo espeso de las cejas velludas, y al segundo, los ojos pequeños, inquietos y cobardes, de hombre astuto y cruel.

Mientras Miguel permanecía mudo y abstraído, sus hermanos le miraban al pecho, donde brillaba una gruesa cadena de oro.

El mayor rompió el silencio, y dijo:

—¿Vivirás con nosotros?

—Si queréis —contestó Miguel—. Mi equipaje llegará mañana.

—Unos suben y otros bajan —añadió el segundo—. Tú traes oro y nosotros, ya ves, ni leña tenemos para calentarnos.

El viento batía la puerta y el postigo, y aullaba en la chimenea. El frío era tan grande que estremecía los huesos.

Miguel iba a hablar cuando llamaron otra vez a la puerta. Miró a sus hermanos como preguntándoles quién podría ser a aquellas horas. Sus hermanos temblaron de espanto.

Llamaron otra vez, y Miguel abrió.

Apareció el hueco sombrío de la noche, y una racha de viento le salpicó de nieve el rostro. No vio a nadie en la puerta, mas divisó una figura que se alejaba bajo los copos blancos. Cuando volvió a cerrar, notó que en el umbral había un montón de leña. Aquella noche ardió una hermosa llama en el hogar de Alvargonzález.

Fortuna traía Miguel de las Américas, aunque no tanta como soñara la codicia de sus hermanos. Decidió afincar en aquella aldea donde había nacido, mas, como sabía que toda la hacienda era de sus hermanos, les compró una parte, dándoles por ella mucho más oro del que nunca había valido. Cerróse el trato, y Miguel comenzó a labrar en las tierras malditas.

El oro devolvió la alegría al corazón de los malvados. Gastaron sin tino en el regalo y el vicio y tanto mermaron su ganancia que al año volvieron a cultivar la tierra abandonada.

Miguel trabajaba de sol a sol. Removió la tierra con el arado, limpióla de malas hierbas, sembró trigo y centeno, y, mientras los campos de sus hermanos parecían desmedrados y secos, los suyos se colmaron de rubias y macizas espigas. Sus hermanos le miraban con odio y con envidia. Miguel les ofreció el oro que le quedaba a cambio de las tierras malditas.

Las tierras de Alvargonzález eran ya de Miguel, y a ellas tornaba la abundancia de los tiempos del viejo labrador. Los mayores gastaban su dinero en locas francachelas. El juego y el vino llevábanles otra vez a la ruina.

Una noche volvían borrachos a su aldea, porque habían pasado el día bebiendo y festejando en una feria cercana. Llevaba el mayor el ceño fruncido y un pensamiento feroz bajo la frente.

—¿Cómo te explicas tú la suerte de Miguel? —dijo a su hermano—. La tierra le colma de riquezas, y a nosotros nos niega un pedazo de pan.

—Brujería y artes de Satanás —contestó el segundo.

Pasaban cerca de la huerta, y se les ocurrió asomarse a la tapia. La huerta estaba cuajada de frutos. Bajo los árboles, y entre los rosales, divisaron un hombre encorvado hacia la tierra.

—Mírale —dijo el mayor—. Hasta de noche trabaja.

—¡Eh, Miguel! —le gritaron.

Pero el hombre aquel no volvía la cara. Seguía trabajando en la tierra, cortando ramas o arrancando hierbas. Los dos atónitos borrachos achacaron al vino que les aborrascaba la cabeza el cerco de luz que parecía rodear la figura del hortelano. Después, el hombre se levantó y avanzó hacia ellos sin mirarles, como si buscase otro rincón del huerto para seguir trabajando. Aquel hombre tenía el rostro del viejo labrador. ¡De la laguna sin fondo había salido Alvargonzález para labrar el huerto de Miguel!

Al día siguiente, ambos hermanos recordaban haber bebido mucho vino y visto cosas raras en su borrachera. Y siguieron gastando su dinero hasta perder la última moneda. Miguel labraba sus tierras, y Dios le colmaba de riqueza.

Los mayores volvieron a sentir en sus venas la sangre de Caín, y el recuerdo del crimen les azuzaba al crimen.

Decidieron matar a su hermano, y así lo hicieron.

Ahogáronle en la presa del molino, y una mañana apareció flotando sobre el agua.

Los malvados lloraron aquella muerte con lágrimas fingidas, para alejar sospechas en la aldea donde nadie les quería. No faltaba quien les acusase del crimen en voz baja, aunque ninguno osó llevar pruebas a la justicia.

Y otra vez volvió a los malvados la tierra de Alvargonzález.

Y el primer año tuvieron abundancia, porque cosecharon la labor de Miguel, pero al segundo la tierra se empobreció.

Un día, seguía el mayor encorvado sobre la reja del arado que abría penosamente un surco en la tierra. Cuando volvió los ojos, reparó que la tierra se cerraba y el surco desaparecía.

Su hermano cavaba en la huerta, donde sólo medraban las malas hierbas, y vio que de la tierra brotaba sangre. Apoyado en la azada contemplaba la huerta, y un frío sudor corría por su frente.

Otro día, los hijos de Alvargonzález tomaron silenciosos el camino de la Laguna Negra.

Cuando caía la tarde, cruzaban por entre las hayas y los pinos.

Dos lobos que se asomaron a verles huyeron espantados.

—¡Padre! —gritaron, y cuando en los huecos de las rocas el eco repetía: ¡padre!, ¡padre!, ¡padre!, ya se los había tragado el agua de la laguna sin fondo.

XXVI S

PROVERBIOS Y CANTARES

En esta España de los pantalones
lleva la voz el macho;
mas si un negocio importa
los resuelven las faldas a escobazos.

XXVII S

CANTARES Y PROVERBIOS, SÁTIRAS Y EPIGRAMAS

Iam fuerit, nec post unquam revocare licebit.

LUCRECIO

I

Cuando recordar no pueda,
¿dónde mi recuerdo irá?
Una cosa es el recuerdo
y otra cosa recordar.

II

Cuando la tierra se trague
lo que se traga la tierra,
habrá mi recuerdo alzado
el ancla de la ribera.

III

Recuerdos de mis amores,
quizás no debéis temblar:
cuando la tierra me trague,
la tierra os libertará.

XXVIII   S

Adiós, campos de Soria
donde las rocas sueñan,
cerros del alto llano,
y montes de ceniza y de violeta.
Adiós, ya con vosotros
quedó la flor más dulce de la tierra.
Ya no puedo cantaros,
no os canta ya mi corazón, os reza…

XXIX   S

CANCIONES

La ciudad desierta
se sale a los montes
por las siete puertas.

XXX   S

LOS COMPLEMENTARIOS

FRAGMENTOS DE PESADILLA
LA ESPAÑA EN UN FUTURO PRÓXIMO

Sonaron unos golpecitos en la puerta.
Me desperté sobresaltado.
—¿Quién es?
—Soy yo: el verdugo.

Por un alto ventanuco entraba la luz clara y fría del amanecer.

Apareció un hombrecillo viejo y jovial, con un paquete bajo el brazo.

—Puede usted, si quiere, dormir un poquito más; todavía no es hora... Pero si le es a usted lo mismo... Yo estoy a su disposición. Ahorco a domicilio y traigo conmigo todo lo necesario.

El hombrecillo tenía aspecto de barbero.

Yo me senté sobre un lecho duro. Miré en torno mío. ¡Qué extraña habitación!

—¿A domicilio...? Esta no es mi casa.

—El domicilio del preso es la celda de la cárcel.

Y el viejecillo sonreía afablemente.

—Pero ¿es cierto que es usted el verdugo? ¿Y me va usted a ahorcar?

—Sí, pero eso no tiene importancia; se hace todos los días. Además, hoy por ti y mañana por mí.

—Eso es lo que ya no comprendo.

—Sí; que hoy viene por usted el verdugo, y mañana por mí. El verdugo es la muerte.

Me golpeé el pecho con ambas manos, para ver si estaba despierto, o si soñaba. Después, grité:

—¡¡¡Soy inocente!!!

—Oh, amigo, compañero —porque yo también soy compañero de usted; figuro en el escalafón de empleados, aunque cobro por nómina aparte—, procure reportarse. Yo ahorco por las buenas. Nada de violencia... Pero, póngase usted en mi caso. Si no le ahorco a usted, me ahorcan a mí. Además, tengo mujer e hijos... Usted se hará cargo.

En efecto, pensaba yo, los verdugos son hombres finos, que procuran no molestar demasiado a sus víctimas y aun captan su benevolencia, pidiéndoles perdón, anticipado, por la ejecución. Esto va de veras… ¡Dios mío!

—¿Se decide usted? Verá usted qué cosa tan sencilla —dijo el hombrecillo sonriente, mientras depositaba en el suelo algo envuelto en un paño negro.

Yo miraba a las paredes de la celda, húmedas y mugrientas, pintarrajeadas con almazarrón. Y leí —ya sin extrañeza— algunos letreros: «¡Mírate en ese espejo!». «El verdadero ahorcado huele a pescado». «Toribio saca la lengua».

El viejecillo levantó el paño negro y descubrió un artefacto, algo así como una horma de sombrerero, colocada sobre un mástil que iba poco a poco levantándose…

Comencé a sentir un vago malestar en el estómago, que, poco a poco, se iba adueñando de todo mi cuerpo. ¡Qué desagradable es todo esto!

—Un metro ochenta… Basta… ¿Ve usted? —añadió—. ¡Ánimo! En un periquete despachamos.

Y el viejecillo me miraba sonriente, cariñoso… Yo pensaba: este tío es un farsante.

Mientras contemplaba el extraño aparato, mi memoria se iluminaba. Empecé a recordar… Sí; se me había acusado de un crimen. Yo arrojé a la vía —según se me dijo— al revisor del expreso de Barcelona. Un juez me interrogó; después, quedé procesado y preso. Cuando se vio la causa, los jurados contestaron *sí* a tres preguntas y *no* a otras tres. Se me condenó a pena capital. Yo grité: ¡Soy inocente! Los jueces me mandaron callar con malos modos. Mientras me retiraba de la sala, conducido por dos guardias civiles, observé que los jueces conversaban de buen humor con mi abogado. Uno dijo:

—Y todo por viajar gratis, como si fuera un senador del reino.

Mi abogado hizo un chiste:

—Para el viaje que le espera, ya no necesita billete…

Lo recordaba todo, todo, menos mi viaje en el expreso de Barcelona.

—Levántese, amiguito, y procederemos a la ejecución. Si aguardamos a la hora señalada, tendré que ahorcarle a usted en el teatro, con todas las de la Ley.

—¡¡!!

—Sí… Y el público es exigente; las entradas son caras —dijo el verdugo. Y añadió con malicia y misterio—: Los curas las revenden.

¡Los curas las revenden…! En esta frase absurda latía algo horrible. En ella culminaba mi pesadilla.

—Sí —pensé—, ¡estoy perdido…!

Fuera de la celda sonaron pasos, voces, bullicio de gente que se aproximaba.

Se oyó una vocecilla femenina, casi infantil:

—¿Es aquí donde se va a ahorcar a un inocente?

Otra vocecita, no menos doncellil:

—Y si es inocente, ¿por qué lo ahorcan?

La primera vocecilla:

—Calla, boba, que esa es la gracia.

El verdugo exclamó entonces con voz tonante, que no le había sonado hasta entonces.

—Aquí se ahorca, y nada más… Pase el que quiera.

Y, volviéndose hacia mí, añadió en voz baja:

—¿Lo ve usted? Ya no hay combinación. (Alto). ¡Adelante, adelante!

Yo sudaba como un pollo y repetía maquinalmente:

—Ya no hay combinación. ¡Adelante, adelante!

El verdugo abrió el pesado portón. Una multitud abigarrada llenó, en desorden, la prisión. Burgueses, obreros, golfos, mujeres, soldados, chiquillos… Muchos arrastraban sillas, bancos y taburetes... Algunos traían canastos y tarteras con meriendas. Un naranjero pregonaba su mercancía.

El Hombre de la perilla de alabardero (al cura, sentado a su derecha): Verá usted cómo nos deja mal este verdugo.

El cura: ¿Qué se puede esperar de un peluquero?

El Hombre, etc.: En otro tiempo los verdugos eran hombres que sabían su oficio; ellos tejían y trenzaban la cuerda; levantaban el tablado. Algunos habían hecho largo aprendizaje en el matadero. Estos eran los que degollaban a los hidalgos.

El cura: Sí; era gente ruda, pero seria. Los de hoy serán más científicos, pero...

—Señores —gritó el verdugo, dirigiéndose a la concurrencia—, va a comenzar la ejecución. ¡Arriba el sambenitado!

¡El sambenitado...! Nunca me había oído llamar así.

—Se trata, señores —continuó el verdugo—, de dar una solución científica, elegante y perfectamente laica al último problema. Mi modesto aparato...

Rumores contradictorios; palmadas, silbidos. Algunos golfos, pateando a compás: ¡Camelos, no!, ¡camelos, no!

Una voz: ¡Viva la ciencia!

Otra voz: ¡Viva Cristo!

El Hombre de la perilla, etc.: ¡Fuera gentuza...! Y silencio en nombre del rey.

El cura (Aparte): ¡Vivir para ver!

El verdugo: ... Mi modesto aparato...

La jovencita: Mira qué cara tiene el sambenitado. Se comprende que lo ahorquen.

....

A la orilla del agua irrebogable.

—Esa barba verdosa... Sí, usted es Caronte.

Caronte: ¿Quién te trajo, infeliz, a esta ribera?

—Ahorcóme un peluquero; no sé por qué razón.

Caronte: ¡La de todos! Aguarda y embarcarás.

—¡La de todos…! Y yo que creí haber muerto de una manera original…

Baeza, 2 de mayo de 1914

XXXI S

PROVERBIOS Y CANTARES

Adivina lo que quiero
decir con lo que te digo.
Te doy la madeja,
saca tú el ovillo.

XXXII S

LOS COMPLEMENTARIOS

I

Obscuro para que atiendan;
claro como el agua, claro
para que nadie comprenda.

II

Oh, si la mejor poesía
se canta en el tono del
cuento de la nueva pipa…

III

Salió don Lope de casa
cuando la tarde caía...
Ya basta, cese la historia,
cuente su melancolía.

IV

Del pretérito imperfecto
salió el romance en Castilla.

XXXIII S

PROVERBIOS Y CANTARES

A esos hombres tan finos, tan discretos
me los figuro a solas
coloraditos cual amapolas.
¿O tendrán el tupé de sus secretos?

XXXIV S

Entre el vivir y el soñar
está lo que más me importa.

XXXV S

PROVERBIOS Y CANTARES

I

¡Oh el mal ladrón, que las frutas
dejó que en mi huerto había
y se llevó las virutas
de mi carpintería!

II

Tal dijo un hombre de bien,
que, al ver al ladrón robado,
sintióse ladrón también.

III

Para la buena ventura
del hijo que te dio el cielo,
debes ponerle Canuto,
por ser el nombre tan hueco.

IV

Claqueurs, polacos, guardad
para nuestros gladiadores
palmas, tabacos y honores,
dejadme mi soledad.

No me aplaudáis. Cuando el eco
de vuestro aplauso resuena
me voy poniendo tan hueco,
que vuestro aplauso… me llena.

XXXVI   S

APUNTES

I

Belerda tiene un pastor;
tiene Alicún su poeta;
Úbeda la plazoleta
del Desengaño Mayor…

II

Porque nadie te mirara,
me gustaría que fueras
monjita de Santa Clara.

III

Hora del último sol.
La damita de mis sueños
se asoma a mi corazón.

IV

Porque más vale no ver
fruta madura y dorada
que no se puede coger.

XXXVII S

APUNTES, PARÁBOLAS, PROVERBIOS
Y CANTARES

I

Si hablo, suena
mi propia voz como un eco,
y está mi canto tan hueco
que ya ni espanta mi pena.

II

Si me tengo que morir
poco me importa aprender.
Y si no puedo saber,
poco me importa vivir.

III

«¿Qué es amor?», me preguntaba
una niña. Contesté:
«Verte una vez y pensar
haberte visto otra vez».

IV

Pensar el mundo es como hacerlo nuevo
de la sombra o la nada, desustanciado y frío.
Bueno es pensar, decolorir el huevo
universal, sorberlo hasta el vacío.
Pensar: borrar primero y dibujar después,
y quien borrar no sabe camina en cuatro pies.
Una neblina opaca confunde toda cosa:
el monte, el mar, el pino, el pájaro, la rosa.
Pitágoras alarga a Cartesius la mano.
Es la extensión sustancia del universo humano.
Y sobre el lienzo blanco o la pizarra obscura
se pinta, en blanco o negro, la cifra o la figura.
Yo pienso. (Un hombre arroja una traíña al mar
y la saca vacía; no ha logrado pescar):
«No tiene el pensamiento traíñas sino amarras,
las cosas obedecen al peso de las garras»,
exclama, y luego dice: «Aunque las presas son,
lo mismo que las garras, pura figuración».
Sobre la blanca arena aparece un caimán,
que muerde ahincadamente en el bronce de Kant.
Tus formas, tus principios y tus categorías,
redes que el mar escupe, enjutas y vacías.

Kratilo ha sonreído y arrugado Zenón
el ceño, adivinando a M. de Bergson.
Puedes coger cenizas del fuego heraclitano,
mas no apuñar la onda que fluye, con tu mano.
Vuestras retortas, sabios, sólo destilan heces.
¡Oh, machacad zurrapas en vuestros almireces!
Medir las vivas aguas del mundo…, ¡desvarío!
Entre las dos agujas de tu compás va el río.
La realidad es la vida fugaz, funambulesca,
el cigarrón voltario, el pez que nadie pesca.
Si quieres saber algo del mar, vuelve otra vez,
un poco pescador y un tanto pez.
En la barra del puerto barre la marejada,
y todo el mar resuena como una carcajada.

Puerto de Santa María, 1915

XXXVIII   S

EN EL TIEMPO

1882-1890-1892

MI PADRE

Ya casi tengo un retrato
de mi buen padre, en el tiempo,
pero el tiempo se lo va llevando.
Mi padre, cazador —en la ribera
del Guadalquivir, ¡en un día tan claro!—
—es el cañón azul de su escopeta

y del tiro certero el humo blanco.
Mi padre en el jardín de nuestra casa,
mi padre entre sus libros, trabajando.
Los ojos grandes, la alta frente,
el rostro enjuto, los bigotes lacios.
Mi padre escribe (letra diminuta—)
medita, sueña, sufre, habla alto.
Pasea —oh padre mío ¡todavía!
estás ahí, el tiempo no te ha borrado.
Yo soy más viejo que eras tú, padre mío, cuando me besabas.
Pero, en el recuerdo, soy también el niño que tú llevabas
    de la mano.
¡Muchos años pasaron sin que yo te recordara, padre mío!
¿Dónde estabas tú esos años?

                                                    13 de marzo de 1916

XXXIX   S

PROVERBIOS, CANTARES, EPIGRAMAS

Dijo el caracol:
esto sí que es prisa,
voy como una exhalación.

                                                    12 de febrero de 1916

XL S

APUNTES Y CANCIONES

I

Jardines de mi infancia
de clara luz, que ya me enturbia el tiempo,
con las lluvias de Abril... con el milagro
brillad, jardines, de los ojos nuevos.

Sevilla, 1919

II

¡Oh, Puerto Real,
con tus casas blancas
para muñecas de rosa, Puerto Real,
y tus pinos verdes
cerca de la mar!

III

Muchas leguas de camino
hizo mi canción.
¿En busca de un espejo?
Buscando un corazón.

Aznaitín, 1915

IV

Tíscar tiene un ermitaño,
Belerda, más de un pastor,
Alicún, lindas caderas
y una fuente que brilla al sol.

XLI   S

De tanto y tanto soplar
su flauta no suena ni
por casualidad.

12 de febrero de 1916

NUEVAS CANCIONES
Y PRIMER CANCIONERO APÓCRIFO
(1917-1930)

XLII   S

PROVERBIOS Y CANTARES

I

Han tomado sus medidas
Sócrates y el Cristo ya:
el corazón y la mente
un mismo radio tendrán.

II

Echa roncas todavía
el siglo decimonono,
¡con la cabeza vendada,
y los huesos rotos!

III

Ya es sólo brocal el pozo;
púlpito será mañana;
pasado mañana, trono.

IV

Hombre occidental,
tu miedo al Oriente, ¿es miedo
a dormir o a despertar?

XLIII   S

APUNTES

¡Qué difícil es
cuando todo baja
no bajar también!

XLIV   S

APUNTES

¿Faltarán los lirios
a la primavera,
el canto a la moza
y el cuento a la abuela,
y al llanto del niño
la ubre materna?

¿Los encinares del monte
son de retórica vieja?
Nunca desdeñéis las cópulas
fatales, clásicas, bellas,
del potro con la llanura,
del mar con la nave hueca,
del viento con el molino,
la torre con la cigüeña.
Riman la sed con el agua,
el fuelle con la candela,
la bruja con el rosario,
la jarra con la moneda.
Los cántaros con las fuentes
y las graciosas caderas,
y con los finos tobillos
la danza y la adolescencia.
El escudo con el brazo,
la mano con la herramienta,
y los músculos de Heracles
con el león de Nemea,
Mas si digo: hay coplas
que huelen a pesca,
si: el mar huele a rosas,
sus gafas más negras,
se calan los doctos,
y me latinean:
Risum teneatis?
con gran suficiencia.
Y las nueve musas
se ríen de veras.

Segovia, 1919

XLV S

EL QUINTO DETENIDO Y LAS FUERZAS VIVAS

«El quinto detenido —dice *La Voz* del 24 de
agosto, al dar cuenta del crimen de Zaragoza,
perpetrado por un obrero, que dijo llamarse
Inocencio Domingo— es un individuo que se
presentó en la Comisaría llevando comida
para Inocencio».

El quinto detenido… Los graciosos
que juegan del vocablo
hacen su chiste en su café. Yo digo:
¡Oh santidad del pueblo! ¡Oh pueblo santo!

                              *

Cesaraugusta tiene
ira y sangre en las manos,
ira y piedad: —¡Vendas, camillas…! ¡Pronto!
Voces: «¡A la muerte el vil!». Gritos: «¡Picadlo!».

                              *

Cesaraugusta brama,
con su rejón clavado,
como un toro en la arena.
Ya el asesino es un muñeco laxo
que las turbas arrollan, que las turbas
golpean. Puños, palos.

*

Caballos y correas amarillas,
sables al sol, tricornios charolados.

*

Cesaraugusta tiene
clamor de plaza ante el balcón cerrado
de la Casa del Pueblo.
Como en Esquilo, trágicos
los brazos y las bocas...
No, es un furor judaico,
que grita enronquecido:
«¡Muera la prole de Caín el Malo!».

*

Por una calle solitaria, un hombre
de blusa azul, el rostro mal rapado,
los ojos inocentes y tranquilos
y el corazón ligero, aprieta el paso.
Lleva en la mano diestra
un bulto envuelto en un pañuelo blanco.
Dobla la esquina.
—¿Adónde vas?
—Le llevo
un poco de comida a ese muchacho.

XLVI S

APUNTES Y CANCIONES

I

APUNTES Y CANCIONES

1

Como una ballesta,
en el aire azul,
hacia la torre mudéjar…

2

La cigüeña absorta,
sobre un nido de ramas,
mirando la tarde roja.

3

Primavera vino.
Violetas moradas,
almendros floridos.

4

Se abrasó en la llama
de una velita de cera
la mariposilla blanca.

5

¡Noches de Santa Teresa!
Ya no hay quien medita de noche
con las ventanas abiertas.

6

Los cuatro quicios del mundo
tienen ya
estrellitas nuevas
que brillando están.

7

A nuevas estrellas, otros
barquitos sobre la mar.

8

Y los bolcheviques
(sobran rejas y tabiques)
di, madre, ¿cuándo vendrán?

—Si te oye don Lino,
¡válgame la Trinidad!
La honrada mocita
coser y esperar.

9

La fuente y las cuatro
acacias en flor
de la plazoleta.
Ya no quema el sol.
¡Tardecita alegre!
Canta, ruiseñor.
Es la misma hora
de mi corazón.
Por la calle arriba
—sombrero y bastón—
allá va don Diego
a buscar amor.

10

Y aquella olivita vieja,
tan lejos del olivar,
cerca de la fuente clara,
¿qué hace allá?
Su madre, la de ojos verdes
la puso donde hoy está.
A la vera del camino,
para la sombra no más.

II

COPLAS ESPAÑOLAS

1

Te dije al cruzar la calle:
«Morena, ¿cómo te llamas?»,
y a la vuelta de la esquina:
«Que no me faltes mañana».
¡Noche de Aragón!
Rondaré tu casa
que quieras que no.

2

¡Ay, quién fuera pueblo
una vez no más!
Y una vez —¿quién lo sabría?—
curar esta soledad
entre los muchos amantes
como a las verbenas van
(¡albahacas de San Lorenzo,
fogaratas de San Juan!)
con el sueño de una
vida elemental.
Tú guardas el fuego,
yo gano el pan.
Y en esta noche de todos,
tu mano en la mía está.

III

OTRAS COPLAS

Otra vez el mundo antiguo,
sin pecado original;
el claro mundo de Homero.
Nausica vuelve a lavar
su ropa: las eleusinas,
hijas de Keleo, van
con ánforas a la fuente.
Dioses, ¡qué hermosas están!
Junto a los pozos partenios
Deméter vuelve a pasar.

IV

CAMINOS DEL ALTO DUERO

Colmenero es mi novio
y a su campana,
porque Rosa me llamo,
Rosa la llama,
y a la cigüeña
le dice: que me traigas
noticias de ella.

V

OTOÑO

1

Hay una mano de niño
dispersa en la tarde gris,
o en la tarde gris se borra
una acuarela infantil.
Otoño tiene en el sueño
un iris de abril.
… no sueñes más, cazador
de escopeta y galgo.
Ya quiebra el albor.

2

Y es una mañana
tan coloradita
como una manzana.

3

En el lagar, rojo vivo;
agua en la pera madura,
oro en los chopos del río.

4

¡Mas… ya seca tos,
y las hojas negras
en el ventarrón!

5

Golpes de martillo
en la negra nave,
la del galón amarillo;
y en los aros de un tonel
jocundo y panzón
para el vino nuevo
de tu corazón.

VI

COPLA

Dice el burgués: Al pobre
la caridad, y gracias.
¿Justicia? No; justicias,
para guardar mi casa.

XLVII   S

SIMPATÍAS

Candidior postquam tondenti barba cadebat.

VIRGILIO, *Égloga I*

¿Cúya es esta frente? ¿Cúyo
este mentón azulado?
¿Cúya esta boca sumida,
y estos ojos fatigados
de la letra diminuta
y de los montes lejanos?
Siempre mira el hombre al hombre
con piedad de su retrato.

Madrid, junio de 1922

XLVIII   S

CANCIÓN DE DESPEDIDA

Como se marcha el buen amigo,
y el melancólico bordón
pulsa Recuero en su guitarra,
cantad conmigo esta canción:
¡Torres de Segovia,
cigüeñas al sol!
Eduardo va de camino
por esos campos de Dios.

En los centenos amapolas,
en los zarzales blanca flor.
Verdad que el agua del Eresma
nos va lamiendo el corazón,
y que al festín de mariposas
acude el negro abejarrón;
mas a la clara despedida
no le pongáis más de un bemol.
Y en esta tarde de verano
cantad a plena voz:
¡Torres de Segovia, etc…

Segovia, 1922

XLIX   S

PROVERBIOS Y CANTARES

I

Tres palabras suenan
al fin de tres sueños
y las tres desvelan.

II

Es la primera tu nombre;
la segunda, el nombre de ella…
Te daré más que me pidas
si me dices la tercera.

III

Ya de un tiempo heraclitano
parece apagado el fuego.
Aún lleva un ascua en la mano.

IV

Enemigo
que por el amor me hieres,
brazo de Dios, ¡Dios contigo!

V

Mas dejemos
abstrusas filosofías.
Añoremos
—en esta Hesperia de Europa—,
¡oh hermanos!, los viejos días
de un siglo de masa y tropa,
y de suspiros amargos,
y de pantalones largos,
y de sombreros de copa.
Siglo struggle-for-lifista,
cucañista,
boxeador más que guerrero,
del vapor y del acero.
Siglo disperso y gregario,
de la originalidad;
siglo multitudinario

que inventó la sociedad.
Bajo el pintado carmín,
tuvo salud y alegría;
bajo su máscara fría,
fue del candor al esplín.
Siglo que olvidó a Platón
y lapidó al Cristo vivo.
Wagner, el estudiantón,
le dio su homúnculo activo.
Azotado y errabundo,
sensible y sensacional,
tuvo una fe: la esencial
acefalía del mundo.

L S

Al cabo pintan espadas,
dijo un tahúr —porque siempre
pintan, cuando son pintadas.

LI S

ALBORADAS

En San Millán
a misa de alba
tocando están.

*

Escuchad, señora,
los campaniles del alba,
los faisanes de la aurora.

*

Mal dice el negro atavío,
negro manto y negra toca,
con el carmín de esa boca.

*

Nunca se viera
de misa, tan de mañana,
viudita más casadera.

LII   S

APUNTE DE SIERRA

Abrió la ventana.
Sonaba el planeta.
En la piedra el agua.
Hasta el río llegan
de la sierra fría
las uñas de piedra.
¡A la luna clara,
canchos de granito
donde bate el agua!
¡A la luna llena!
Guadarrama pule

las uñas de piedra.
Por aquí fue España.
Llamaban Castilla
a unas tierras altas...

LIII   S

NOCHES DE CASTILLA

I

¡Luna llena, luna llena,
tan oronda,
tan redonda,
en esta noche serena!

II

Alegre luna de marzo
tras el azul de la sierra,
tú eres un panal de luz
que labran blancas abejas.

III

Sobre los pinos del monte,
madona, sobre la piedra
del áspero Guadarrama,
miras mi ventana abierta.

IV

Yo te veo, clara luna,
siempre pensativa y buena,
con tus tijeras de plata
cortando el azul en vendas,
o hilando la seda fina
de tus gusanos de seda.

V

Tú y yo, silenciosamente,
trabajamos, compañera,
en esta noche de marzo,
hilo a hilo, letra a letra
¡con cuánto amor! mientras duerme
el campo de primavera.

LIV   S

VIEJAS CANCIONES

I

El verde que suena a seco
de los árboles de agosto,
que mueve el viento.

II

En los jardines del rey
hay muchas fuentes de piedra,
muchas fuentes solitarias,
¡cómo suena el agua en ellas!

LV   S

VERSOS INÉDITOS

I

POR EL LIBRO *PRESAGIOS*

Francisco a Pedro Salinas:
Si el arte es juego,
será con sombras divinas:
juego de manos de ciego.

II

A una mujer tres poetas,
Abel Infanzón, Juan Diego
y Vicente Gil, cantaron.
Cantó Infanzón el primero:
«El aire por donde pasas,
niña, se incendia,
y a la altura de tus ojos
relampaguea.

Guarde Dios mi campo
de la nube negra,
guárdeme Santa María
de la amorosa tormenta.
No me mires más:
fuego que encienden tus ojos
ni tú misma apagarás».

*

Trovó Juan Diego, pulsando
a rebato en su vihuela.
¡Favor a mí, que me abraso!
Un arroyuelo corría
entre los dos, y en tus manos
yo el agua clara bebía.
La niña se hizo mujer,
y el arroyo un ancho río.
Ya no me das de beber.
Ya no te alcanzo,
y es la sed que me abrasa,
sed de tus manos.

*

Siguió Vicente, pulsando
la prima de su guitarra
en el tema de Juan Diego:
la sed y el agua.
La sed y el agua, dijo,
son dos hermanas,
ni agua sin sed, morena,

ni sed sin agua.
Aunque suspiro,
bien sé que darme quieres
lo que te pido.

*

Variante:

Cantó Vicente, pulsando
la prima de su guitarra,
y, como Infanzón y Diego,
habló del fuego y el agua.
Del fuego tengo cenizas
que no matarán al fuego,
sino que guardan mi brasa
para mañana encenderlo.
Mejor se guarda
que ceniza en candela
mi sed en agua,
que es el agua que bebo
sed de mañana.
Linda morena,
como la sed va siempre
del agua cerca.
Aunque suspiro
ya sé que darme quieres
lo que te pido.

*

Quedó embebecida Inés
la última trova escuchando
y quién sabe si pensando
en alguno de los tres.

LVIS

CONSEJOS, COPLAS, APUNTES

Tengo dentro de un herbario
una tarde disecada,
lila, violeta y dorada.
—Caprichos de solitario—.
Y en la página siguiente,
una boca sonriente
y unos ojos,
los ojos de Guadalupe,
cuya color nunca supe.

*

Grises son,
grises son y ya no miran.

*

Y unos labios que suspiran,
dentro del lírico herbario
—caprichos de solitario—
toda una voz estampada

y apagada,
mas sonora
cuando le llegue la hora.

LVII S

APUNTES LÍRICOS DE UNA GEOGRAFÍA
EMOTIVA DE ESPAÑA

I

¿En dónde, sobre piedra aborrascada,
vieja ciudad de pardo caserío
te he visto, y entre montes empinada?
En la rota muralla, el viento frío.
La luna amortajada
asoma, enorme, en el azul vacío
sobre la fortaleza torreada.
Al fondo del barranco suena el río.

II

Por estas tierras de Andalucía,
¿no arrancan rejas los caballeros,
como Paredes, el gran forzudo,
de Extremadura dicen que hacía?
¿No hay bandoleros:
Esteban Lara, Jaime el Barbudo,
Diego Corrientes, José María
con sus cuadrillas de escopeteros?

¡Oh, enjauladitas hembras hispanas,
desde que os ponen el traje largo
cuán agria espera, qué tedio amargo
para vosotras, entre las rejas
de las ventanas,
de estas morunas ciudades viejas,
de estas celosas urbes gitanas!

III

COPLAS POPULARES Y NO POPULARES ANDALUZAS

1

¡El que se quiere perder
—no todos quieren guardarse—
busca a la mujer!

2

Tres veces dormí contigo,
tres veces infiel me fuiste,
morena, conmigo mismo.

3

Pasó don Juan por tu calle,
y en tu balcón le dijeron:
suba un ratito, don Nadie.

4

¡Linda dama de mis sueños
hablando siempre con otro,
con otro, sin darme celos!

5

¡Y esa gran placentería
de ruiseñores que cantan!
Ninguna voz es la mía.

6

Desde Sevilla a Sanlúcar,
desde Sanlúcar al mar,
en una barca de plata
con los remos de coral;
donde vayas, marinero,
contigo me has de llevar.

7

El aire por donde pasas,
niña, se incendia,
y a la altura de tus ojos
relampaguea.
Guárdeme Santa María
de la nube negra,

de la niebla fría;
de la tormenta amorosa
me guarde más todavía.

Segovia, 1925

LVIII   S

CANCIONES

Que si quieres que te cuente…
Verás qué historia tan linda…
Canciones de enamorados
sólo tienen melodía.
¿Y las palabras? No importan,
que las palabras se olvidan.

*

Quien guste de amor amargo
fabrica un panal de hieles
con azucenas del campo.

*

Soñaba un alma de piedra
que el amor era un cuchillo
que se iba afilando en ella.

Segovia, 1925

DE UN CANCIONERO APÓCRIFO
(1923-1936)

LIX   S

CANCIONERO APÓCRIFO

1. *Jorge Menéndez*. Nació en Chipiona en 1828. Murió en Madrid en 1904. Empleado de Hacienda y autor dramático. Colaboró con Retés. Murió de apoplejía. La composición que se copia fue enviada como anónimo a Francisco Villaespesa y se atribuyó a don Manuel Valcárcel. Su verdadero autor fue descubierto por Nilo Fabra. Don Jorge Menéndez acabó cultivando el alejandrino.

SALUDANDO A LOS MODERNISTAS

> Los del semblante amarillo
> y pelo largo lucio,
> que hoy tocan el caramillo,
> son flores de patinillo,
> lombrices de caño sucio.

1901

2. *Víctor Acucroni.* De origen italiano. Nació en Málaga en 1869. Murió en Montevideo en 1902.

> Esta bolita de marfil sonora
> que late dentro de la encina vieja
> me hace dormir…
> En sueños,
> un ave de cristal —¡mili!— el olmo suena.

3. *José María Torres.* Nació en Puerto Real en 1838. Murió en Manila en 1898. Fue gran amigo de Manuel Sawa.

MAR

> A la hora de la tarde
> viene un gigante a pensar.
> Junto al mar, que mucho suena,
> medita, sordo a la mar.
> En el fondo de sus ojos
> las naves huyendo están,
> entre delfines de bruma,
> sobre el bermejo del mar.
> Él no ve ni el mar ni el cielo,
> él sólo ve su pensar.
> ¡Gigante meditabundo
> a la vera de la mar!

4. *Manuel Cifuentes Fandanguillo.* Nació en Cádiz en 1876. Murió en Sevilla en 1899 de un ataque de alcoholismo agudo.

Las cañas de Sanlúcar
me gustan a mí
porque me quitan las penas.
Échame un ferrocarril.

*

Manzanilla en el barco
jugo de la tierra,
que van mareando.

*

En Jerez de la Frontera,
tormentas de vino blanco.

*

Para Narcisos, tu calle,
donde al que pasa le dicen:
suba un ratito, don Nadie.

5. *Antonio Machado.* Nació en Sevilla en 1875. Fue profesor en Soria, Baeza, Segovia y Teruel. Murió en Huesca, en fecha todavía no precisada. Algunos lo han confundido con el célebre poeta del mismo nombre, autor de *Soledades, Campos de Castilla,* etc.

I

ALBORADA

A la hora del rocío
sonando están,
las campanitas del alba,
¡tin tan, tin tan!
Como lágrimas de plomo
en mi oído dan,
y en tu sueño, niña, como
copos de nieve serán.
Tin tan tin tan. ¡Quién oyera
las campanitas del alba
sentado a tu cabecera!
¡Tin tan, tin tan!
Las campanitas del alba
sonando están.

II

DE ANTONIO MACHADO (APÓCRIFO)

Nunca un amor sin venda ni aventura;
huye del triste amor, de amor pacato
que espera del amor prenda segura
sin locura de amor, ¡el insensato!
Ese que el pecho esquiva al niño ciego,
y blasfema del fuego de la vida,
quiere ceniza que le guarde el fuego
de una brasa pensada y no encendida.

Y ceniza hallará, no de su llama,
cuando descubra el torpe el desvarío
que pedía sin flor fruto a la rama.
Con negra llave el aposento frío
de su cuarto abrirá. Oh, desierta cama
y turbio espejo. ¡Y corazón vacío!

6. *Abraham Macabeo de la Torre.* Nació en Osuna en 1824.
De origen judío y maestro de Rafael Cansinos y Assens. Tra-
dujo el libro de Cuzari. Murió en Toledo en 1894.

¡Oh, estrella de la paciencia
en el azul de la noche
brilla, clara estrella!
Los que aquí te vieron
te verán también
en las torres altas
de Jerusalén.

7. *Lope Robledo.* Nació en Segovia en 1812. Murió en
Sepúlveda en 1860.

Tiene el pueblo siete llaves
para siete puertas.
Son siete puertas al campo,
las siete abiertas.

8. *Tiburcio Rodrigálvarez.* Nació en Almazán en 1838.
Murió en Soria en 1908. Fue amigo de Gustavo Adolfo Béc-
quer, de quien conservó siempre grato y vivo recuerdo.

Era la mayor, Clotilde,
rubia como la candela,
era la más pequeñita
Inés, como el pan, morena.
Una tarde de verano
se partieron de la aldea;
salieron a un prado verde,
posaron sobre la hierba.

[Nota marginal:] No he podido recordar el texto del romance en que se describe una tormenta de verano. Sólo recuerdo los versos:

… el viento húmedo sopla;
los montes relampaguean.

Fue leída por su autor, que poseía también algunos autógrafos de Bécquer.

9. *Pedro Carranza.* Nació en Valladolid en 1878.

Sube y sube, pero ten
cuidado, nefelibata,
que entre las nubes también
se puede meter la pata.

10. *Abel Infanzón.* Nació en Sevilla en 1825. Murió en París en 1887.

¡Oh maravilla,
Sevilla sin sevillanos,
la gran Sevilla!

Dadme una Sevilla vieja
donde se dormía el tiempo,
con palacios, con jardines,
bajo un azul de convento.
Salud, oh sonrisa clara
del sol en el limonero
de mi rincón de Sevilla,
¡oh alegre como un pandero,
luna redonda y beata
sobre el tapial de mi huerto!
Sevilla y su verde orilla,
sin toreros ni gitanos,
Sevilla sin sevillanos,
¡oh maravilla!

11. *Andrés Santallana.* Nació en Madrid en 1899. (Apócrifo).

EL MILAGRO

En Segovia, una tarde, de paseo
por la alameda que el Eresma baña,
para leer mi Biblia
eché mano al estuche de las gafas,
en busca de ese andamio de mis ojos,
mi volado balcón de la mirada.
Abrí el estuche, con el gesto firme
y doctoral de quien se dice: aguarda,
y ahora verás si veo...
Abrí el estuche, pero, dentro: nada;
point de lunettes... ¿Huyeron? Juraría
que algo brilló cuando la negra tapa

abrí del diminuto
ataúd de bolsillo, y que volaban
huyendo de su encierro,
cual mariposa de cristal, mis gafas.
El libro bajo el brazo,
la orfandad de mis ojos paseaba
pensando: hasta las cosas que dejamos
muertas de risa en casa
tienen su doble donde estar debieran
o es un acto de fe toda mirada.

12. *José Mantecón del Palacio.* Nació en Almería en 1874.
Murió en 1902.

El aire por donde pasas,
niña, se incendia,
y a la altura de tus ojos
relampaguea.

*

Guarde Dios mi barco
de la nube negra,
y guarde mi corazón
del aire de mi morena.

*

No me mires más,
o si me miras avisa
cuando me vas a mirar.

*

Llevando el viento de cara,
yo iba de Argel a Almería.
¡Dios mío, si no llegara...!
Quizá lo mejor sería.

*

Quien ve el faro de su puerto
de lejos relampaguear,
piensa en tormentas peores
que las tormentas del mar.

13. *Froilán Meneses.* Nació en León en 1826. Murió en 1893.

I

FRAGMENTO

En Zamora hay una torre,
en la torre hay un balcón,
en el balcón una niña:
su madre la peina al sol.
Ha pasado un caballero,
¡quién sabe por qué pasó!,
y al ver a la blanca niña,
volver de noche pensó.
Embozado en negra capa
el caballero volvió,
y antes de salir la luna,

la niña se apareció.
Desde el balcón a la calle,
desde la calle al balcón,
si palabras de amor suben,
bajan palabras de amor.
....

Pasada la medianoche,
cuando quebraba el albor,
el conde vuelve de caza
de los montes de León.
Salióle al paso la niña:
—Por aquí paséis, señor,
tengo en mi lecho un hermano
que malherido cayó.
No entréis en la alcoba, Conde…
—Dejadme pasar, por Dios,
que yerbas traigo del monte
y habré de sanarle yo.
....

II

Aunque tú no lo confieses,
alguien verá, de seguro,
lo que hay de romance puro
en tu romance, Meneses.

A. M.

14. *Adrián Macizo.*

TRADUCCIÓN DE SHAKESPEARE

Mi vida, ¡cuánto te quiero!,
dijo mi amada y mentía.
Yo también mentí: te creo.
Te creo, dije, pensando:
así me tendrá por niño.
Mas ella sabe mis años.
Si dos mentirosos hablan
ya es la mentira inocente;
se mienten, mas no se engañan.
Pero los labios que besan
son de mentira tan dulce...
Mintamos a boca llena.

15. *Manuel Espejo.*

Oí decir a un gitano:
se miente más no se engaña
y se gasta más saliva
de la necesaria.

16. *José Luis Fuentes.* Poeta sanluqueño, místico y borracho, muerto en Cádiz hacia finales del siglo pasado.

Obscuro para que atiendan;
claro como el agua, claro
para que nadie comprenda.

LX   S

Perdón, madona del Pilar, si llego
al par que nuestro amado florentino,
con una mata de serrano espliego,
con una rosa de silvestre espino.
¿Qué otra flor para ti de tu poeta
si no es la flor de su melancolía?
Aquí, donde los huesos del planeta
pule el sol, hiela el viento, diosa mía,
¡con qué divino acento
me llega a mi rincón de sombra y frío
tu nombre, al acercarme el tibio aliento
de otoño, el hondo resonar del río!
Adiós; cerrada mi ventana, siento
junto a mí un corazón… ¿Oyes el mío?

LXI   S

DE «MAIRENA PÓSTUMO»
(1936-1939)

La primavera ha venido
y don Alfonso se va.
Muchos duques le acompañan
hasta cerca de la mar.
Las cigüeñas de las torres
quisieran verlo embarcar…

LXII S

DE «JUAN DE MAIRENA»
(1936)

I

RECUERDO INFANTIL (DE JUAN DE MAIRENA)

Mientras no suene un paso leve
y oiga una llave rechinar,
el niño malo no se atreve
a rebullir ni a respirar.
El niño Juan, el solitario,
oye la fuga del ratón,
y la carcoma en el armario,
y la polilla en el cartón.
El niño Juan, el hombrecito,
escucha el tiempo en su prisión:
una quejumbre de mosquito
en un zumbido de peón.
El niño está en el cuarto, obscuro,
donde su madre lo encerró;
es el poeta, el poeta puro
que canta: ¡el tiempo, el tiempo y yo!

II

COPLAS POPULARES ANDALUZAS

1

Quisiera verte y no verte,
quisiera hablarte y no hablarte;
quisiera encontrarte a solas
y no quisiera encontrarte.

2

La pena y la que no es pena,
todo es pena para mí:
ayer penaba por verte;
hoy peno porque te vi.

3

Tengo una pena, una pena,
que casi puedo decir
que yo no tengo la pena,
la pena me tiene a mí.

4

Si usted me quisiera a mí
como yo la quiero a usted,
nos llamaran a los dos
la fundación del querer.

5

El hombre, para ser hombre,
necesita haber vivido,
haber dormido en la calle
y, a veces, no haber comido.

6

El deber de la mentira
es embaucar papanatas;
y no es buena la piadosa,
sino la que engaña.

7

¡Quién fuera diamante puro!
—dijo un pepino maduro.
Todo necio
confunde valor y precio.

8

Hay blasfemia que se calla
o se trueca en oración;
hay otra que escupe al cielo,
y es la que perdona Dios.

III

UNA SAETA DE ABEL MARTÍN

Abel, solo. Entre sus libros
palpita un grueso roskopf.
Los ojos de un gato negro
—dos uvas llenas de sol—
le miran. Abel trabaja,
al voladizo balcón
de sus gafas asomado:
«Es la que perdona Dios».
… Escrito el verso, el poeta
pregunta: ¿quién me dictó?
¡Estas sílabas contadas,
quebrando el agrio blancor
del papel…! ¿Ha de perderse
un verso tan español?

IV

MAIRENA LEE Y COMENTA VERSOS DE SU MAESTRO

Sé que habrás de llorarme cuando muera
para olvidarme y, luego,
poderme recordar, limpios los ojos
que miran en el tiempo.
Más allá de tus lágrimas y de
tu olvido, en tu recuerdo,
me siento ir por una senda clara,
por un «Adiós, Guiomar» enjuto y serio.

V

EJERCICIOS POÉTICOS SOBRE TEMAS BARROCOS

1

Oro cano te doy, no plata rubia.

2

¡Oh, anhelada plata rubia,
tú humillas al oro cano!

3

Plata rubia, en leve lluvia,
es temporal de oro cano:
cuanto más la plata es rubia
menos lluvia hace verano.

4

Me dio cuatro naturales
y en Chihuahua clarecí.

POESÍAS DE LA GUERRA (1936-1939)

LXIII S

I

LA PRIMAVERA

Más fuerte que la guerra —espanto y grima—
cuando con torpe vuelo de avutarda
el ominoso trimotor se encima
y sobre tu vano techo se retarda,
hoy tu alegre zalema el campo anima,
tu claro verde el chopo en yemas guarda.
Fundida irá la nieve de la cima
al hielo rojo de la tierra parda.
Mientras retumba el monte, el mar humea,
da la sirena el lúgubre alarido,
y en el azul el avión platea,
¡cuán agudo se filtra hasta mi oído,
niña inmortal, infatigable dea,
el agrio son de tu rabel florido!

II

EL POETA RECUERDA LAS TIERRAS DE SORIA

¡Ya su perfil zancudo en el regato,
en el azul el vuelo de ballesta,
o, sobre el ancho nido de ginesta,
en torre, torre y torre, el garabato
de la cigüeña...! En la memoria mía
tu recuerdo a traición ha florecido;
y hoy comienza tu campo empedernido
el sueño verde de la tierra fría.
Soria pura, entre montes de violeta.
Di tú, avión marcial, si el alto Duero
adonde vas, recuerda a su poeta,
al revivir su rojo Romancero;
¿o es, otra vez, Caín, sobre el planeta,
bajo tus alas, moscardón guerrero?

III

AMANECER EN VALENCIA

DESDE UNA TORRE

Estas rachas de marzo, en los desvanes
—hacia la mar— del tiempo; la paloma
de pluma tornasol, los tulipanes
gigantes del jardín, y el sol que asoma,
bola de fuego entre morada bruma,
a iluminar la tierra valentina...

¡Hervor de leche y plata, añil y espuma,
y velas blancas en la mar latina!
Valencia de fecundas primaveras,
de floridas almunias y arrozales,
feliz quiero cantarte, como eras,
domando a un ancho río en tus canales,
al dios marino con tus albuferas,
al centauro de amor con tus rosales.

IV

LA MUERTE DEL NIÑO HERIDO

Otra vez en la noche… Es el martillo
de la fiebre en las sienes bien vendadas
del niño. —Madre, ¡el pájaro amarillo!
¡Las mariposas negras y moradas!
—Duerme, hijo mío. —Y la manita oprime
la madre, junto al lecho. —¡Oh, flor de fuego!
¿Quién ha de helarte, flor de sangre, dime?
Hay en la pobre alcoba olor de espliego;
fuera, la oronda luna que blanquea
cúpula y torre a la ciudad sombría.
Invisible avión moscardonea.
—¿Duermes, oh dulce flor de sangre mía?
El cristal del balcón repiquetea.
—¡Oh, fría, fría, fría, fría, fría!

V

De mar a mar entre los dos la guerra,
más honda que la mar. En mi parterre,
miro a la mar que el horizonte cierra.
Tú asomada, Guiomar, a un finisterre,
miras hacia otra mar, la mar de España
que Camoens cantara, tenebrosa.
Acaso a ti mi ausencia te acompaña,
a mí me duele tu recuerdo, diosa.
La guerra dio al amor el tajo fuerte.
Y es la total angustia de la muerte,
con la sombra infecunda de la llama
y la soñada miel de amor tardío,
y la flor imposible de la rama
que ha sentido del hacha el corte frío.

VI

Otra vez el ayer. Tras la persiana,
música y sol; en el jardín cercano,
la fruta de oro, al levantar la mano,
el puro azul dormido en la fontana.
Mi Sevilla infantil, ¡tan sevillana!
¡Cuál muerde el tiempo tu memoria en vano!
¡Tan nuestra! Aviva tu recuerdo, hermano.
No sabemos de quién va a ser mañana.
Alguien vendió la piedra de los lares
al pesado teutón, al hambre mora,
y al ítalo las puertas de los mares.

¡Odio y miedo a la estirpe redentora
que muele el fruto de los olivares,
y ayuna y labra, y siembra y canta y llora!

VII

Trazó una odiosa mano, España mía
—ancha lira, hacia el mar, entre dos mares—,
zonas de guerra, crestas militares,
en llano, loma, alcor y serranía.
Manes del odio y de la cobardía
cortan la leña de tus encinares,
pisan la baya de oro en tus lagares,
muelen el grano que tu suelo cría.
—Otra vez —¡otra vez!—, ¡oh triste España!,
cuanto se anega en viento y mar se baña
juguete de traición, cuanto se encierra
en los templos de Dios mancha el olvido,
cuanto acrisola el seno de la tierra
se ofrece a la ambición, ¡todo vendido!

VIII

A OTRO CONDE DON JULIÁN

Mas tú, varona fuerte, madre santa,
sientes tuya la tierra en que se muere,
en ella afincas la desnuda planta,
y a tu Señor suplicas: ¡Miserere!
¿Adónde irá el felón con su falsía?

¿En qué rincón se esconderá, sombrío?
Ten piedad del traidor. Paríle un día,
se engendró en el amor, es hijo mío.
Hijo tuyo es también, Dios de bondades.
Cúrale con amargas soledades.
Haz que su infamia su castigo sea.
Que trepe a un alto pino en la alta cima,
y en él ahorcado, que su crimen vea,
y el horror de su crimen lo redima.

Rocafort, marzo de 1938

IX

A LÍSTER,
JEFE EN LOS EJÉRCITOS DEL EBRO

Tu carta —oh noble corazón en vela,
español indomable, puño fuerte—,
tu carta, heroico Líster, me consuela,
de esta, que pesa en mí, carne de muerte.
Fragores en tu carta me han llegado
de lucha santa sobre el campo ibero;
también mi corazón ha despertado
entre olores de pólvora y romero.
Donde anuncia marina caracola
que llega el Ebro, y en la peña fría
donde brota esa rúbrica española,
de monte a mar, esta palabra mía:
«Si mi pluma valiera tu pistola
de capitán, contento moriría».

X

A FEDERICO DE ONÍS

Para ti la roja flor
que antaño fue blanca lis,
con el aroma mejor
del huerto de Fray Luis.

Barcelona, junio de 1938

LXIV   S

MEDITACIÓN

Ya va subiendo la luna
sobre el naranjal.
Luce Venus como una
pajarita de cristal.
Ámbar y berilo,
tras de la sierra lejana,
el cielo, y de porcelana
morada en el mar tranquilo.
Ya es de noche en el jardín
—¡el agua en sus atanores!—
y sólo huele a jazmín,
ruiseñor de los olores.
¡Cómo parece dormida
la guerra, de mar a mar,
mientras Valencia florida
se bebe el Guadalaviar!

Valencia de finas torres
y suaves noches, Valencia,
¡estaré contigo,
cuando mirarte no pueda,
donde crece la arena del campo
y se aleja la mar de violeta!

Rocafort, mayo de 1937

LXV S

EL CRIMEN FUE EN GRANADA

A FEDERICO GARCÍA LORCA

I

EL CRIMEN

Se le vio, caminando entre fusiles,
por una calle larga,
salir al campo frío,
aún con estrellas, de la madrugada.
Mataron a Federico
cuando la luz asomaba.
El pelotón de verdugos
no osó mirarle la cara.
Todos cerraron los ojos;
rezaron: ¡ni Dios te salva!
Muerto cayó Federico

—sangre en la frente y plomo en las entrañas—.
... Que fue en Granada el crimen
sabed —¡pobre Granada!—, en su Granada...

II

EL POETA Y LA MUERTE

Se le vio caminar sólo con Ella,
sin miedo a su guadaña.
—Ya el sol en torre y torre; los martillos
en yunque —yunque y yunque de las fraguas.
Hablaba Federico,
requebrando a la muerte. Ella escuchaba.
«Porque ayer en mi verso, compañera,
sonaba el golpe de tus secas palmas,
y diste el hielo a mi cantar, y el filo
a mi tragedia de tu hoz de plata,
te cantaré la carne que no tienes,
los ojos que te faltan,
tus cabellos que el viento sacudía,
los rojos labios donde te besaban...
Hoy como ayer, gitana, muerte mía,
qué bien contigo a solas,
por estos aires de Granada, ¡mi Granada!».

III

Se le vio caminar...
Labrad, amigos,
de piedra y sueño, en el Alhambra,
un túmulo al poeta,
sobre una fuente donde llore el agua,
y eternamente diga:
el crimen fue en Granada, ¡en su Granada!

LXVI   S

MEDITACIÓN DEL DÍA

Frente a la palma de fuego
que deja el sol que se va,
en la tarde silenciosa
y en este jardín de paz,
mientras Valencia florida
se bebe al Guadalaviar
—Valencia de finas torres,
en el lírico cielo de Ausias March,
trocando su río en rosas
antes que llegue a la mar—,
pienso en la guerra. La guerra
viene como un huracán
por los páramos del alto Duero,
por las llanuras de pan llevar,
desde la fértil Extremadura
a estos jardines del limonar,
desde los grises cielos astures

a las marismas de luz y sal.
Pienso en España vendida toda
de río a río, de monte a monte, de mar a mar.

Valencia, febrero de 1937

LXVII   S

COPLAS

I

Papagayo verde,
lorito real,
di tú lo que sabes
al sol que se va.

*

Tengo un olvido, Guiomar,
todo erizado de espinas,
hoja de nopal.

*

Cuando truena el cielo
(¡qué bonito está
para la blasfemia!)
y hay humo en el mar...

*

En los yermos altos
veo unos chopos de frío
y un camino blanco.

*

En aquella piedra…
(¡tierras de la luna!)
¿nadie lo recuerda?

*

Azotan el limonar
las ráfagas de febrero.
No duermo por no soñar.

II

Sobre la maleza,
las brujas de Macbeth
danzan en corro y gritan:
¡tú serás rey!
(thou shalt be king, all hail!)
Y en el ancho llano:
«Me quitarán la ventura
—dice el viejo hidalgo—,
me quitarán la ventura,
no el corazón esforzado».
Con el sol que luce
más allá del tiempo
(¿quién ve la corona

de Macbeth sangriento?)
los encantadores
del buen caballero
bruñen los mohosos
harapos de hierro.

LXVIII   S

ALERTA

HIMNO PARA LAS JUVENTUDES
DEPORTIVAS Y MILITARES

Día es de alerta, día
de plena vigilancia en plena guerra
todo día del año. ¡Ay del dormido,
del que cierra los ojos, del que ciega!
No basta despertar cuando amanece:
hay que mirar al horizonte. ¡Alerta!
Los que bañáis los cuerpos juveniles
en las aguas más frías de la alberca
y el pecho dais desnudo al viento helado
de la montaña, ¡alerta!
Alerta, deportistas y guerreros,
hoy es el día de la España vuestra.
Fortaleced los brazos,
agilizad las piernas,
los músculos despierten al combate,
cuando la sangre roja grite: ¡Alerta!
Alerta, el cuerpo vigoroso es santo,
sagrado el juego cuando el arma vela

y aprende el golpe recto
al pecho de la infamia, ¡alerta, alerta!
Alerta, amigos, porque el tiempo es malo,
el cielo se ennegrece, el mar se encrespa;
alerta el gobernalle,
al remo y a la vela;
patrón y marineros,
todos de pie en la nave. ¡Alerta, alerta!
En las encrucijadas del camino
crueles enemigos nos acechan:
dentro de casa la traición se esconde,
fuera de casa la codicia espera.
Vendida fue la puerta de los mares,
y las ondas del viento entre las sierras,
y el suelo que se labra,
y la arena del campo en que se juega,
y la roca en que yace el hierro duro;
sólo la tierra en que se muere es nuestra.
Alerta al sol que nace,
y al rojo parto de la madre vieja.
Con el arco tendido hacia el mañana
hay que velar. ¡Alerta, alerta, alerta!

Rocafort, 1937

LXIX   S

MIAJA

Tu nombre, capitán, es para escrito
en la hoja de una espada
que brille al sol, para rezarlo a solas,

en la oración de un alma,
sin más palabras, como
se escribe *César*, o se reza *España*.

LXX   S

¡Madrid, Madrid! ¡Qué bien tu nombre suena,
rompeolas de todas las Españas!
La tierra se desgarra, el cielo truena,
tú sonríes con plomo en las entrañas.

Madrid, 7 de noviembre de 1936

LXXI   S

VOZ DE ESPAÑA

A LOS INTELECTUALES DE LA RUSIA SOVIÉTICA

¡Oh Rusia, noble Rusia, Santa Rusia,
cien veces noble y santa
desde que roto el báculo y el cetro,
empuñas el martillo y la guadaña!,
en este promontorio de Occidente,
por estas tierras altas
erizadas de sierras, vastas liras
de piedra y sol, por sus llanuras pardas
y por sus campos verdes,
sus ríos hondos, sus marinas claras,
bajo la negra encina y el áureo limonero,

junto al clavel y la retama,
de monte a monte y río a río
¿oyes la voz de España?
Mientras la guerra truena
de mar a mar, ella te grita: ¡Hermana!

España, octubre de 1937

LXXII   S

A MÉJICO

Varón de nuestra raza,
équite egregio de las altas tierras
entre dos Sierras Madres,
noble por español y por azteca
tú has sentido solícito y piadoso
—sonrisa paternal, mano fraterna—
el rudo parto de la vieja España
y a la que va a nacer España nueva
acudes con amor, Méjico, libre
libertador que el estandarte llevas
de las Españas todas,
¡te colme Dios de luz y de riquezas!

LXXIII   S

TARJETAS POSTALES INFANTILES

I

Si vino la primavera
volad a las flores, como las abejas;
volad a las flores, niños;
no chupéis la cera.

II

Pequeñín que lloras
porque te lavan:
tu mejor amigo
sea el agua clara.

III

Siempre al mundo viejo
—trabajo y fatiga—
el niño lo salva
con sus ojos nuevos.

IV

Ved al niño, encaramado
en el árbol de la ciencia;
entre sus piernas, la rama;
el fruto, entre ceja y ceja.

LXXIV S

La primavera ha venido
del brazo de un capitán.
Cantad, niñas, en coro:
¡Viva Fermín Galán!
La primavera ha venido
y don Alfonso se va.
Muchos duques lo acompañan
hasta cerca de la mar.
Las cigüeñas de las torres
quisieron verlo embarcar.

LXXV S

Estos días azules y este sol de la infancia.*

* Es el último verso escrito por Machado poco antes de morir.

Poemas no incluidos
por Antonio Machado
en *Poesías completas*

VARIANTES DEL PRIMER POEMA PUBLICADO DE ANTONIO MACHADO

I

Desde la boca de un dragón caía
en la espalda desnuda
del mármol del Dolor
(de un bárbaro cincel estatua ruda)
la carcajada fría
del agua, que a la pila descendía
con un frívolo, erótico rumor.
Caía lentamente,
y cayendo reía
en la planicie muda de la fuente
al golpear sus gotas de ironía,
mientras del mármol la arrugada frente
hasta el hercúleo pecho se abatía...
En el pretil de jaspe, reclinado,
mil tardes soñadoras he pasado,
de una inerte congoja sorprendido,
el símbolo admirando de agua y piedra,
y a su misterio unido
por invisible abrazadora hiedra.
Aún no comprendo nada en el sonido
del agua, ni del mármol silencioso

al humano lenguaje he traducido
el convulsivo gesto doloroso.
Pero una doble eternidad presiento,
que en mármol calla y en cristal murmura
alegre salmo y lúgubre lamento
de una infinita y bárbara tortura.
Y doquiera que me halle, en mi memoria,
sin que mis pasos a la fuente guíe,
el símbolo gigante se aparece,
y alegre el agua pasa, y salta y ríe,
y el ceño del titán se entenebrece.
Y el disperso penacho de armonías
vuelve a reír sobre la piedra muda;
y cruzan centellantes juglerías
de luz la espalda del titán desnuda.

*

Hay amores extraños en la historia
de mi largo camino sin amores,
y el mayor es la fuente,
cuyo dolor anubla mis dolores,
cuyo lánguido espejo sonriente
me desarma de brumas y rencores.
La vieja fuente adoro;
el sol la surca de alamares de oro,
la tarde la salpica de escarlata
y de arabescos mágicos de plata.
Sobre ella el cielo tiende
su loto azul más puro,
y cerca de ella el amarillo esplende
del limonero entre el ramaje obscuro.

*

En las horas más áridas y tristes
y luminosas dejo
la estúpida ciudad, y el parque viejo
de opulento ramaje
me brinda sus veredas solitarias,
cubiertas de eucaliptus y araucarias,
como inerte fantasma de paisaje.
Donde el agua y el mármol, en estrecho
abrazo de placer y de armonía
de un infinito amor llenan mi pecho,
donde soñar y reposar querría,
libre ya del rencor y la tristeza,
hasta sentir sobre la piedra fría
que se cubre de musgo mi cabeza.

Publicado en *Electra*, el 30 de marzo de 1901

MIRANDO EL CAMPO DE LA TIERRA MÍA

Mirando el campo de la tierra mía
pensaba en un espejo,
y era yo mismo lo que en él veía.

Ya noto, al paso que me torno viejo,
que era un inmenso espejo
del universo en donde yo me veía.

Ya nota al paso que me torno viejo
que en el pulido espejo
del universo donde me veía
era el azogue lo que yo ponía.*

* Variante del poema XLIX de «Proverbios y cantares», que pertenece
a *Campos de Castilla*:

> *Ya noto, al paso que me torno viejo,*
> *que en el inmenso espejo,*
> *donde orgulloso me miraba un día,*
> *era el azogue lo que yo ponía.*
> *Al espejo del fondo de mi casa*
> *una mano fatal*
> *va rayendo el azogue, y todo pasa*
> *por él como la luz por el cristal.*

POEMAS A LEONOR

I

Yo buscaba a Dios un día.
¿Dónde estás que no te veo?
Era una voz que decía:
Creo.

Tengo en mi pecho clavado
un dardo tuyo, Señor.
Me heriste y he blasfemado
por amor.

II

La muerte ronda mi calle.
Llamará.
¡Ay, lo que yo más adoro
se lo tiene que llevar!

La muerte llama a mi puerta.
Quiere entrar.
¡Ay!, Señor, si me la llevas
ya no te vuelvo a rezar.

¡Ay!, mi corazón se rompe
de dolor.
¿Es verdad que me la quitas?
No me la quites, Señor.

Una mañana dorada
de un día de primavera
vi sentada
la muerte a su cabecera.

Quiero amarte y sólo puedo
blasfemar y aborrecer,
mátame la fe del miedo
del poder.

III

Tengo en mi pecho clavado
un dardo tuyo, Señor;
me heriste y he blasfemado
por amor.

Señor, Señor, yo te llamo.
¿Dónde estás que no te veo?
Voz que en el desierto clama.
dice: Creo, creo, creo.

VARIACIÓN DE SANTA TERESA DE JESÚS

Hace a Dios ver mi cautivo
y libre mi corazón
y es tanta mi desazón
de ver a Dios prisionero
que muero porque no muero.*

* El original de Santa Teresa de Jesús dice:

Esta divina prisión,
del amor en que yo vivo,
ha hecho a Dios mi cautivo,
y libre mi corazón;
y causa en mí tal pasión
ver a Dios mi prisionero,
que muero porque no muero.

TRADUCCIÓN DE ANTONIO MACHADO

Soneto CXXXVIII de William Shakespeare[*]

Mi amado, ¡cuánto te quiero!,
dijo mi amada, y mentía.
También yo mentí: te creo.

Te creo, dije, pensando
así me tendrá por niño,
¡ella que sabe mis años!
¿Es el amor artificio
de mentiras sin engaño?

[*] *When my love swears that she is made of truth,/ I do believe her, though I know she lies,/ That she might think me some untutored youth,/ Unlearned in the world's false subtleties./ Thus vainly thinking that she thinks me young,/ Although she knows my days are past the best,/ Simply I credit her false-speaking tongue:/ On both sides thus is simple truth suppressed./ But wherefore says she not she is unjust?/ And wherefore say not I that I am old?/ Oh, love's best habit is in seeming trust,/ And age in love loves not to have years told./ Therefore I lie with her and she with me,/ And in our faults by lies we flattered be. (N. del E.)*

¡Labios que mienten y besan!
Es la mentira tan dulce…
Mintamos a boca llena.

Nota de Antonio Machado: No es esto exactamente lo que dice Shakespeare; pero léase atentamente el soneto y se verá que es esto lo que debiera decir.

SOBRE UN LIBRO DE VERSOS,
por Federico García Lorca

Dejaría en el libro
este toda mi alma.
Este libro que ha visto
conmigo los paisajes
y vivido horas santas.

¡Qué pena de los libros que nos llenan las manos
de rosas y de estrellas
que se esfuman y pasan!
¡Qué tristeza tan honda es mirar los retablos
de dolores y penas
que un corazón levanta!

Ver pasar los espectros de vidas que se borran,
ver al hombre desnudo
en pegaso sin alas,
ver la Vida y la Muerte,
la síntesis del mundo,
que en espacio profundo
se miran y se abrazan.

Un libro de poesías
es el Otoño muerto:
los versos son las hojas negras en tierras blancas.
Y la voz que lo lee
es el soplo del viento
que les hunde en los pechos
—entrañables distancias—.

El poeta es un árbol
con frutos de tristeza
y con hojas marchitas
de llorar lo que ama.

El poeta es el médium
de la Naturaleza
que explica su grandeza
por medio de palabras.

El poeta comprende
todo lo incomprensible
y a cosas que se odian,
él, hermanas las llama.

Sabe que los senderos
son todos imposibles
y por eso en lo obscuro
va por ellos con calma.

En los libros de versos
entre rosas de sangre
van desfilando tristes y eternas caravanas

que hirieron al poeta
que lloraba en la tarde
rodeado y ceñido por sus propios fantasmas.

Poesía es Amargura,
miel celeste que mana
de un panal invisible
que fabrican las almas.

Poesía es lo imposible
hecho posible.
Arpa
que tiene en vez de cuerdas
corazones y llamas.

Poesía es la vida
que cruzamos con ansia
esperando al que lleve
sin rumbo nuestra barca.

Libros dulces de versos
son los astros que pasan
por el silencio mudo
al reino de la Nada
escribiendo en el cielo
sus estrofas de plata.

¡Oh, qué penas tan hondas
y nunca remediadas
los versos dolorosos
que los poetas cantan!

Como en el horizonte
descanso las miradas,
dejaría en el libro
este ¡toda mi alma!

19 de agosto de 1918, Asquerosa

Antonio Machado leyendo su poema «El crimen fue en Granada», dedicado a Federico García Lorca, en la plaza Castelar de Valencia, el 11 de diciembre de 1936.

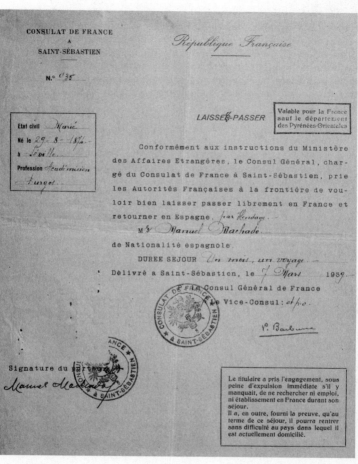

Salvoconducto otorgado a Manuel Machado para viajar a Colliure en 1939 tras la muerte de su hermano Antonio, reproducido por gentileza de la Institución Fernán González, Burgos. El documento presenta una falta de ortografía corregida a mano en el encabezamiento: «laissez-passer» (permiso, salvoconducto). En el recuadro de la derecha se lee: «Válido para Francia a excepción del departamento de los Pirineos Orientales». El cuerpo del texto detalla: «Conforme a las instrucciones del Ministerio de Asuntos Exteriores, el cónsul general a cargo del consulado de Francia en San Sebastián solicita a las autoridades francesas de la frontera que permitan pasar libremente a

Francia y de vuelta a España por Hendaya al señor Manuel Machado, de nacionalidad española. Duración de la estancia: un mes, un viaje. Expedido en San Sebastián el 7 de marzo de 1939». En el recuadro de debajo de la firma se lee: «El titular se ha comprometido, bajo pena de expulsión si así no lo hiciere, a no buscar empleo ni establecimiento en Francia durante su estancia. Además, ha proporcionado pruebas de que, al final de esta, podrá regresar sin dificultad al país en el que reside en la actualidad».

Índice de poemas y de primeros versos